Lançamento Tributário e Pretensão Punitiva

Lançamento Tributário e Pretensão Punitiva

2021

Leandro Cabral e Silva

ALMEDINA

LANÇAMENTO TRIBUTÁRIO E PRETENSÃO PUNITIVA

Autor: Leandro Cabral e Silva

Diretor Almedina Brasil: Rodrigo Mentz

Editora Jurídica: Manuella Santos de Castro
Editor de Desenvolvimento: Aurélio Cesar Nogueira
Assistentes Editoriais: Isabela Leite e Larissa Nogueira

Diagramação: Almedina
Design de Capa: FBA ou Roberta Bassanetto

ISBN: 9786556272436
Julho, 2021

Dados Internacionais de Catalogação na Publicação (CIP)
(Câmara Brasileira do Livro, SP, Brasil)

Silva, Leandro Cabral e
Lançamento tributário e pretensão punitiva/
Leandro Cabral e Silva. – 1. ed. – São Paulo: Almedina, 2021.

Bibliografia
ISBN 978-65-5627-243-6

1. Lançamento tributário 2. Lançamento tributário – Brasil 3.
Penalidade 4. Processo administrativo I. Título.

21-64287 CDU-34:336.2

Índices para catálogo sistemático:

1. Frustração do fim: Contratos: Direito civil 347.13

Maria Alice Ferreira – Bibliotecária – CRB-8/7964

Este livro segue as regras do novo Acordo Ortográfico da Língua Portuguesa (1990).

Editora: Almedina Brasil
Rua José Maria Lisboa, 860, Conj.131 e 132, Jardim Paulista | 01423-001 São Paulo | Brasil
editora@almedina.com.br
www.almedina.com.br

AGRADECIMENTOS

O alcance do importante objetivo que é a dissertação de mestrado gera gratidão. O aprendizado na pós-graduação *stricto sensu* e os relacionamentos nascidos nesta fase da vida mostram que temos muito a descobrir nos níveis pessoal e profissional. A academia proporciona um sentimento de liberdade intelectual, intensificado pelo fato de estarmos ao lado de pessoas com quem trabalhamos e, até então, não conhecíamos sua forma de pensar, suas premissas e até mesmo os seus valores. E, na discussão de temas de Direito Tributário, a *linha de defesa* do contencioso cede espaço para reflexões acerca das diferentes formas de pensar os assuntos. É libertador!

Agradeço a Deus, por conduzir-me também neste trabalho, e à minha família [Paula, Laura, Isabela e Enrico (a caminho)], pela compreensão dos momentos reservados aos estudos e, principalmente, à dissertação, sempre com expressões de carinho e amor alimentando o nosso coração com o que há de melhor. Crescemos no conhecimento e valorizamos, ainda mais, os momentos em família.

Aos meus pais e irmãos, agradeço pela constante torcida pelo sucesso desta empreitada, sempre com mensagens positivas e amor.

Minha gratidão aos professores desta primeira turma do Mestrado Profissional em Direito do IDP.

Personificando todo o empenho e excelência do corpo docente do IDP, agradeço ao meu Orientador, Professor Doutor Luiz Alberto Gurgel de Faria, abundante em conhecimento e tranquilidade arrimados em seus valores pessoais e profissionais, com quem aprendi a aprender, ouvindo e refletindo sobre aspectos elementares do Direito Tributário, e guiando--me com maestria na construção desta dissertação.

A minha admiração e profundo agradecimento ao Professor Doutor Marco Aurélio Greco, por iluminar a caminhada no mundo jurídico, não só no Direito Tributário, ensinando a importância da compreensão dos fatos – da vida, das pessoas e do mundo – à correta aplicação da lei.

Também, registro minha gratidão ao Professor Celso de Barros Correia Neto, por suas críticas na fase de qualificação que nortearam os passos seguintes do trabalho, e aos colegas e amigos conquistados ao longo deste curso, que me tornaram uma pessoa melhor.

NOTA DO AUTOR

> (...) o ponto de partida é sempre um problema e a observação torna-se algo como um ponto de partida somente se revelar um problema; ou em outras palavras, se nos surpreende, se nos mostra que algo não está, propriamente, em ordem com nosso conhecimento, com nossas expectativas, com nossas teorias. (POPPER, Karl. Lógica das Ciências Sociais. Rio de Janeiro: Universidade de Brasília, 1978. p. 15)

O tema da pretensão punitiva em matéria tributária tem ensejado muitos debates e se apresenta como um problema que desafia estudo e diálogo, notadamente pela gravidade dos efeitos da aplicação de penalidades pecuniárias, não apenas do ponto de vista financeiro, mas também na perspectiva subjetiva, bem como pela relevância do papel do julgador na aferição casuística de multas cominadas no lançamento tributário.

Na rotina profissional no contencioso administrativo tributário, nota-se que o lançamento de ofício de tributos federais via auto de infração adota como regra a automática imposição da chamada *multa vinculada*, prevista no art. 44, I, da Lei nº 9.430/1996, como se o exercício da pretensão punitiva fosse vinculado e obrigatório, em função da exigência do tributo. A regra do Fisco seria a aplicação de multa no lançamento.

A observação desse fato coloca em questão a aderência da ação fiscal às normas gerais de Direito Tributário encetadas no Código Tributário Nacional (CTN), notadamente ao comando do art. 142 do CTN, que encerra o procedimento ao exercício das pretensões arrecadatória e punitiva, via lançamento tributário. No tocante à pretensão punitiva, prescreve a sua natureza propositiva e casuística. A regra do CTN seria a proposição da multa no lançamento se for o caso – cabendo ao julgador aferir a sua aplicabilidade no caso concreto.

O presente livro reúne o resultado de extensa pesquisa nas origens do Código Tributário Nacional sobre a cominação de penalidade por meio do lançamento tributário, mais precisamente acerca da natureza da pretensão punitiva exercida no auto de infração – se propositiva ou impositiva.

Assume relevo à compreensão do tema a investigação das discussões do Anteprojeto e dos Projetos do CTN que tramitaram no Congresso Nacional e das obras de Direito Tributário contemporâneas ao período de gestação do CTN, desde 1953, passando pelos seus primeiros anos de vigência, até os estudos mais recentes, na sede de identificar a evolução do tratamento do nosso problema de pesquisa.

Nesse mergulho histórico, identificam-se as premissas de entendimento acerca do exercício da pretensão punitiva no processo do lançamento tributário, em especial nas lições de Rubens Gomes de Sousa, cuja posição é angular na condição de autor do Anteprojeto do CTN e líder dos trabalhos que resultaram na versão promulgada do CTN, de modo a compreender a sua visão ampla sobre o chamado Direito Tributário Penal.

A interpretação sistemática do Código Tributário Nacional traz à lume os dispositivos relevantes em matéria de penalidade por infração à legislação tributária e sua correlação com o comando do art. 142 do CTN, instruindo a sua interpretação teleológica à compreensão da sua função no fluxo de constituição do crédito tributário, como tal considerado o iter inaugurado pela lavratura do auto de infração e encerrado pela decisão definitiva no bojo do contencioso administrativo tributário.

A apresentação de opiniões de juristas sobre o tema em diferentes e arrimadas vertentes convida o leitor a formar sua opinião própria, inclusive discordando da natureza propositiva da pretensão punitiva, com vistas a incentivar o debate sobre a interpretação do art. 142 do CTN e os efeitos projetados sobre a legislação ordinária, com especial enfoque no nível federal.

A ordem de ideias do trabalho alinha-se à sequência metodológica proposta, partindo de um estudo histórico e chegando numa análise crítica da legislação ordinária baseada nas constatações sobre a hermenêutica da pretensão punitiva prevista no CTN e suas consequências concretas no cotidiano da relação Fisco-contribuinte.

O caráter propositivo da pretensão punitiva no lançamento tributário harmoniza-se com a natureza do processo constitutivo do crédito tributário definido pelo CTN, firme na garantia do contraditório e da ampla defesa sobre a obrigação tributária e a exigibilidade do tributo, bem como – e especialmente – no tocante à acusação de infração à legislação tributária e à aplicação de penalidade, competindo à autoridade julgadora ultimar o exercício da pretensão punitiva mediante apreciação dos fatos e do direito aplicável, inclusive quanto às hipóteses legais de vedação à cominação de multa ou de sua relevação.

PREFÁCIO

Em janeiro do ano passado, recebi um interessante convite: ministrar a disciplina Segurança Jurídica, Tributação e Desenvolvimento, de modo a integrar o corpo permanente de docentes do novo programa de pós-graduação *stricto sensu* que estava sendo implantado no Instituto Brasileiro de Ensino, Desenvolvimento e Pesquisa – IDP, em nível de Mestrado Profissional. Já tinha tido uma experiência anterior com a Instituição, pois, no segundo semestre de 2018, havia lecionado no curso de especialização em Direito Tributário por ela oferecido, quando pude constatar a excelência do seu projeto acadêmico e a atenção dispensada aos alunos e professores.

Aceito o chamado, iniciei as aulas em maio de 2019, tendo sido a primeira turma do programa formada por consultores legislativos, promotores de justiça, advogados públicos e privados, estes, em sua maioria. Eram mestrandos do Distrito Federal e de outras partes do Brasil, como Amazonas, Goiás, Rondônia, São Paulo. Todos muito interessados, mas era visível a atenção especial daqueles que tinham uma maior dedicação ao Direito Tributário. Tanto é assim que vários se tornaram meus orientandos.

Entre eles, LEANDRO CABRAL E SILVA. Tributarista com expertise no acompanhamento do contencioso administrativo, especialmente no Conselho Administrativo de Recursos Fiscais – CARF, o seu projeto de pesquisa era inicialmente direcionado ao voto de qualidade no referido órgão[1],

[1] Para os que podem imaginar que a mudança do tema seja motivada em face da redação do art. 28 da Lei n. 13.988, de 14/04/2020, que pôs fim ao voto de qualidade, antecipo que não

mas, logo em nossa primeira reunião, em novembro de 2019 (presencial, quando isso ainda era possível), ele resolveu cuidar de outro tema relevante: o caráter propositivo da pretensão punitiva no auto de infração, em uma análise do art. 142 do CTN.

Estabelecido o cronograma da pesquisa, o então mestrando seguiu à risca a programação, mesmo em tempos difíceis de pandemia da Covid-19. Entregou cada capítulo na data aprazada e foi rápido em realizar as poucas revisões necessárias após os nossos "encontros", que, em face da nova realidade, ocorreram por telefone, videoconferência e mensagens eletrônicas. As bancas de qualificação e de defesa da dissertação ocorreram rigorosamente nos dias previstos pelo IDP, o que demonstra disciplina e foco incomuns do então orientando.

Para a alegria dos estudiosos do Direito, especialmente da seara tributária, o exitoso resultado da sua pós-graduação não ficará restrito ao meio acadêmico, pois se transforma em livro. A primeira parte contempla as raízes da pretensão punitiva no lançamento tributário e traz um retrato fiel da questão, desde o projeto do Código Tributário Nacional (CTN) de 1954 até chegar ao texto aprovado em 1966, lançando um atento olhar nos trabalhos de Rubens Gomes de Sousa, protagonista das comissões instituídas para a elaboração da lei.

O segundo capítulo já é esboçado à luz do próprio CTN, perscrutando o autor da obra cada dispositivo que cuida das penalidades, desde aqueles que estão nas disposições gerais, passando pela legislação tributária e obrigação tributária, até alcançar o crédito tributário.

No terceiro, o autor analisa a natureza da pretensão punitiva de acordo com o art. 142 do referido Código e as teorias impositiva e propositiva da pretensão punitiva, posicionando-se pela adoção desta última: "inferimos que um primeiro – e talvez principal – fundamento da corrente favorável ao aspecto propositivo da pretensão punitiva seria o próprio histórico do CTN, dado que as alterações sofridas pelo Anteprojeto e pelos Projetos no tocante ao lançamento e às regras sobre penalidades, conduziria de forma coerente à definição do art. 142 do CTN a um procedimento iniciado

há nenhuma relação entre os dois fatos, pois a decisão foi anterior. Ademais, a propositura de algumas Ações Diretas de Inconstitucionalidade, como as de números 6.399/DF e 6.403/DF, revela que o tema continua a gerar polêmicas e a fomentar pesquisas.

pela proposição de penalidade, sendo esta aplicada ao final do fluxo de constituição definitiva do crédito tributário."

A derradeira parte do trabalho (quarta) é dedicada à interação entre a teoria e a prática da pretensão punitiva, com foco nas discussões de multas tributárias no âmbito do Supremo Tribunal Federal. Fiz a promessa (e a cumpro) de que iria preparar um prefácio curto, objetivo, para que você, leitor, possa se dedicar de pronto ao que efetivamente interessa: a leitura do excelente "LANÇAMENTO TRIBUTÁRIO E PRETENSÃO PUNITIVA", de autoria do novel Mestre LEANDRO CABRAL E SILVA.

Mãos, quero dizer, olhos à obra!

Brasília, dezembro/2020.

LUIZ ALBERTO GURGEL DE FARIA

Ministro do Superior Tribunal de Justiça – STJ.

Doutor e Mestre em Direito pela Universidade Federal de Pernambuco – UFPE.

Graduado pela Universidade Federal do Rio Grande do Norte – UFRN.

Professor da UFRN, atualmente em colaboração com a Universidade de Brasília-UnB.

Professor do Instituto Brasileiro de Ensino, Desenvolvimento e Pesquisa – IDP.

LISTA DE ABREVIATURAS E SIGLAS

ADCT	Ato das Disposições Constitucionais Transitórias
ADI	Ação Direta de Inconstitucionalidade
BEP	Bônus de Eficiência e Produtividade na Atividade Tributária e Aduaneira
CARF	Conselho Administrativo de Recursos Fiscais
CLT	Consolidação das Leis do Trabalho
CN	Congresso Nacional
CTN	Código Tributário Nacional
CF/88	Constituição Federal de 1988
DCN	Diário do Congresso Nacional
EC	Emenda Constitucional
IBDF	Instituto Brasileiro de Direito Financeiro
MPV	Medida Provisória
PL	Projeto de Lei
PLN	Projeto de Lei do Congresso Nacional
RE	Recurso Extraordinário
RESP	Recurso Especial
RFB	Secretaria da Receita Federal do Brasil
RFFP	Representação Fiscal para Fins Penais
STF	Supremo Tribunal Federal
STJ	Superior Tribunal de Justiça
TCU	Tribunal de Contas da União

LISTA DE QUADROS, GRÁFICOS E FLUXOGRAMAS

SUMÁRIO

INTRODUÇÃO

O Código Tributário Nacional (CTN), de 1966, é uma das mais antigas sistematizações em vigor no Brasil e, comparada com os Códigos Penal e de Processo Penal, e a CLT, é a codificação com menor número de dispositivos alterados em função do período de vigência, além de não ter sofrido declaração de inconstitucionalidade de qualquer de seus dispositivos, o que evidencia o acerto e a aderência de suas *normas gerais* tal como concebidas.

A confirmar a atualidade do Código Tributário Nacional, testemunhamos, há pouco, a conclusão do processo legislativo de regulamentação da *transação tributária* prevista em seu art. 171 – diga-se, prevista já na redação original do Código, em 1966 –, por meio da Lei n. 13.988, de 14 de abril de 2020.

Dentre os seus importantes e bem elaborados dispositivos, nos propomos a analisar com maior acurácia a redação do art. 142, que define o *lançamento*, com uma lente aumentada sobre a sua cláusula final, que trata da forma de exteriorização da pretensão punitiva pela autoridade tributária, isto é, o lançamento de penalidade.

O nosso estudo acerca do procedimento ao exercício da pretensão punitiva prevista no art. 142 do CTN adota como marco legal o próprio CTN, cuja compreensão demanda uma incursão no histórico do seu processo legislativo, a partir do Anteprojeto do Código Tributário Nacional elaborado por Rubens Gomes de Sousa.

Tal olhar distante é pertinente, porque foi ao longo da tramitação dos projetos de lei precursores do CTN – de iniciativa do Poder Executivo, por meio de seus Ministros da Fazenda –, que aflorou a redação do atual art. 142, após, praticamente, 13 anos, desde a concepção do anteprojeto pelas mãos de Gomes de Sousa.

Veremos que a sua gestação desenvolveu-se mediante notáveis trabalhos jurídicos e debates de alto nível no seio do Congresso Nacional, com especial ênfase à liderança do então Deputado Federal Aliomar Baleeiro, que, posteriormente, veio a compor o seleto rol de Ministros do Supremo Tribunal Federal, fato que lhe possibilitou seguir acompanhando os primeiros anos de vida daquele diploma que ajudara na gestação e na sua chegada ao mundo jurídico, ora da perspectiva do Poder Judiciário.

Os Trabalhos da Comissão Especial do CTN, de 1953, dizem muito, e com qualidade, sobre o Anteprojeto, assim como as Exposições de Motivos e os debates de emendas em plenário no Congresso Nacional, e nos instigam a avançar os lindes do tema da presente pesquisa.

Um traço marcante da história do CTN que merece destaque antecipado é a sua emancipação de lei ordinária para lei complementar, ultrapassando longos 55 anos e 4 Constituições, e sendo acolhido pela atual CF/88 como "a lei complementar" em matéria tributária, no exercício da competência atualmente prevista no art. 146 da Constituição Federal de 1988.

Tal marca importa, porque justifica o comando matricial sobre toda a legislação tributária infraconstitucional no âmbito de todos os entes federativos, dada a sua qualidade de lei nacional.

Realizamos um corte metodológico à abordagem do tema, enfocando a legislação ordinária federal, ou seja, nosso olhar volta-se ao exercício da pretensão punitiva prevista no art. 142 do CTN por parte das autoridades tributárias federais e, em especial, com base no art. 44 da Lei n. 9.430/1996, que, atualmente, define as multas cabíveis no lançamento de ofício de tributos.

No tocante à penalidade, o CTN prescreve que o lançamento é *procedimento* administrativo tendente a, sendo caso, *propor a aplicação* da penalidade cabível, do que se infere não encerrar ato isolado e autônomo, mas uma sucessão de atos em que a aplicação de penalidade resultaria da conclusão desse plexo de atos no bojo do processo administrativo tributário, notadamente mediante a apreciação dos fatos e do direito apresentados pelo sujeito passivo às autoridades lançadora e julgadora, no pleno exercício do contraditório e da ampla defesa.

No entanto, o Fisco federal e juristas de escol não admitem tal interpretação, pois entendem que a mera lavratura do auto de infração seria suficiente à aplicação da penalidade, sendo que a irresignação do sujeito passivo buscaria desfazer tal ato, mediante ação repressiva, e não preventiva.

Decorre disso que o tema toca pontos essenciais de Direito Tributário, a exemplo da própria formação da relação jurídico-tributária, a começar pela *obligatio*, estendendo-se pela análise dos efeitos do lançamento *vis-à-vis* com a formação do crédito tributário, incluindo a penalidade.

O nosso problema de pesquisa consiste no seguinte questionamento: de acordo com o art. 142, *caput, in fine*, do CTN, a penalidade é *aplicada* – no sentido de *imposta* – ou *proposta* – no sentido de *indicada* – pela Autoridade Administrativa que lavra o auto de infração?

O nosso objetivo geral consiste em identificar se, de acordo com o art. 142, *caput, in fine*, do CTN, a penalidade é *aplicada* ou *proposta* no átimo do lançamento de ofício, via auto de infração, e qual seria o papel da autoridade julgadora em cada hipótese, mais precisamente se teria a competência para cancelar ou não aplicar a penalidade, respectivamente.

A interpretação literal do dispositivo não nos permite compreender o objetivo do legislador ao utilizar a expressão ***propor*** *a penalidade cabível*, gerando dúvida sobre o limite da competência da autoridade lançadora no exercício da pretensão punitiva, principalmente considerando as características de vinculação e obrigatoriedade da atividade de lançamento, sob pena de responsabilidade funcional, conforme previsto no Parágrafo único do art. 142 do CTN.

Com a pesquisa se pretende descobrir se há um sentido específico para tal expressão no contexto do lançamento e, em caso afirmativo, qual(is) seria(m) a(s) sua(s) consequência(s) na interpretação do CTN e da legislação ordinária que define penalidades.

A partir do nosso objetivo geral, adotando como pedra de toque o art. 142 do CTN, pretendemos abordar as seguintes indagações:

1. A expressão "propor" significa que competiria ao agente que lavra o auto de infração indicar à autoridade julgadora a penalidade que reputa cabível, cabendo a esta última o mister de definir a sua imposição;

2. A autoridade lançadora ou julgadora poderia concluir não ser caso de propor ou aplicar penalidade, respectivamente, com fulcro nas normas do CTN, independentemente das hipóteses de dispensa de penalidades previstas em legislação ordinária federal;[2]
3. Considera-se a penalidade aplicada já na lavratura do auto de infração, ou, em havendo reclamação do sujeito passivo, somente quando da decisão final do órgão julgador;
4. Lançamento seria equivalente a auto de infração, enquanto ato isolado e autônomo de constituição do crédito tributário e aplicação de penalidade, ou se trataria de procedimento formado por diversos atos, que se inicia com a lavratura do auto de infração e se ultima com a decisão final administrativa, considerando-se constituído o crédito tributário e a penalidade somente ao final do contencioso administrativo.

A necessidade desta pesquisa decorre da ausência de uma sistematização acerca do problema de pesquisa e no potencial de contribuição prática – enraizada nos institutos relevantes de Direito Tributário que inspiram o debate – à compreensão e à eficácia da pretensão punitiva delineada pelo art. 142 do CTN, de forma coesa com as normas gerais de Direito Tributário, mediante a efetividade dos conceitos e das regras informadores do próprio CTN, à luz dos ditames constitucionais acerca dos direitos e garantias fundamentais e mesmo do regramento tributário inscrito na Constituição Federal de 1988 (CF/88).

Também, o tema apresenta característica de atualidade, pois enfoca a origem da pretensão punitiva na legislação tributária, a partir da qual ecoam diretrizes ao próprio CTN e à legislação ordinária para dispor sobre multas de ofício em suas variadas naturezas.

O tema em voga nos faz recordar de uma interessante passagem da Exposição de Motivos do Código de Processo Civil tratando de segurança jurídica atrelada à linearidade do entendimento de tribunais sobre questões de direito, nos seguintes termos: ‘Os ingleses dizem que os jurisdicionados não podem ser tratados “como cães, que só descobrem

[2] No âmbito federal, seriam as hipóteses de lançamento de ofício de tributo com exigibilidade suspensa ou já declarado ao Fisco, conforme abordaremos em detalhe neste trabalho.

que algo é proibido quando o bastão toca seus focinhos" (BENTHAM citado por R. C. CAENEGEM, Judges, Legislators & Professors, p. 161)'.[3]

Não é esse o tratamento que se almeja na relação fisco-contribuinte, tampouco ao sustento do Estado Democrático de Direito; muito pelo contrário.

Enfim, este trabalho pretende analisar os aspectos casual e propositivo da penalidade *vis-à-vis* com a prática fiscal que considera a penalidade vinculada ao tributo e não proposta, mas sim aplicada, baseando-se na razão de ser do comando contido no art. 142, *caput, in fine,* do CTN, e na interpretação sistemática do CTN.

Utilizamo-nos de método hermenêutico sobre o exercício da pretensão punitiva definido no referido dispositivo legal, a partir dos registros das discussões do Anteprojeto e dos Projetos do CTN que tramitaram no Congresso Nacional e obras de Direito Tributário contemporâneas ao período de gestação do CTN, desde o Anteprojeto, em 1954, até a redação promulgada, em 1966, com especial atenção à interpretação de Rubens Gomes de Sousa.

Passo seguinte, analisaremos os dispositivos do CTN que guardam correspondência com a pretensão punitiva encetada no art. 142 do CTN, buscando sua interpretação sistemática.

Alcançaremos o tópico angular do nosso trabalho com a identificação de opiniões doutrinárias a respeito do nosso problema de pesquisa, mais precisamente acerca da natureza propositiva ou impositiva da cominação de penalidade no auto de infração, de modo que nos permita compreender e situar o tema em diferentes perspectivas.

Ao capítulo final do trabalho, reservamos espaço para compartilhar nossas impressões sobre os resultados dos estudos engendrados e responder o nosso problema de pesquisa.

[3] *Apud* BRASIL. Senado Federal. *Código de processo civil e normas correlatas*. Brasília: Coordenação de Edições Técnicas, 2015. p. 28.

1.
Raízes da Pretensão Punitiva no Lançamento Tributário

A compreensão do art. 142 do Código Tributário Nacional, inalterada desde a promulgação do Código, demanda um olhar atento sobre o processo legislativo que a antecedeu, iniciado em 1953 e concluído mais de dez anos após, em 1966, ainda sob a batuta de Rubens Gomes de Sousa.

Esse mergulho na história da codificação das normas gerais em Direito Tributário objetiva identificar como se desenvolveu o tratamento do exercício da pretensão punitiva aliada ao lançamento de ofício de tributo, notadamente a natureza e o procedimento de cominação de penalidades decorrentes, se de forma autônoma logo no início do fluxo de formação do crédito tributário, ou somente após a realização do contraditório administrativo, e as razões atribuídas pelos respectivos projetos que tramitaram no Poder Legislativo.

A interpretação, por meio do elemento histórico,[4] das raízes do CTN compreende a interpretação gramatical ou literal dos textos legais e a pesquisa dos pensamentos daqueles que participaram do processo legislativo, dos estudos preparatórios e da evolução jurídica das normas relevantes à compreensão do art. 142 do CTN, com especial foco na sua porção final, que trata da pretensão punitiva.

[4] VANONI, Ezio. *Natureza e interpretação das leis tributárias*. Tradução Rubens Gomes de Sousa. Rio de Janeiro: Edições Financeiras, 1932. p. 209-239.

Os trabalhos produzidos por Rubens Gomes de Sousa, entre livros e artigos, contemporâneos às diferentes fases legislativas do diploma tributário, poderão revelar as suas premissas sobre as fontes da obrigação tributária e a compreensão da pretensão punitiva no processo de formação da relação jurídico-tributária decorrente de ato classificado como infração à legislação tributária passível de penalidade.

Entre outros pontos, pretendemos identificar o seu entendimento sobre a natureza do lançamento *vis-à-vis* com a constituição definitiva do crédito tributário (incluindo a penalidade), a equivalência entre lançamento e auto de infração e as competências das autoridades lançadora e julgadora quanto à aplicação e definição de penalidades decorrentes de responsabilidade por infrações à legislação tributária.

Acreditamos que esse roteiro permitirá uma leitura do art. 142 do CTN de forma mais comprometida com as suas raízes, guiando-nos numa espiral decrescente rumo à resposta ao problema de pesquisa.

1.1. Anteprojeto do CTN

Em agosto de 1953, no bojo do governo Getúlio Vargas, por iniciativa do então Ministro da Fazenda,[5] Osvaldo Aranha, foi designada uma Comissão Especial[6] para projetar a sistematização das normas gerais de direito tributário – um código tributário nacional – baseado no Anteprojeto elaborado

[5] Uma das razões ao projeto seria a influência das propostas de modernização da economia apresentadas pela Comissão Mista Brasil-EUA (CASTRO, J. A.; SANTOS, C. H.; RIBEIRO, J. A. C. *Tributação e equidade no Brasil:* um registro da reflexão do Ipea no Biênio 2008-2009. Brasília: Ipea, 2010. Disponível em: http://repositorio.ipea.gov.br/handle/11058/3273. Acesso em: 26 jan. 2020.) Aproveitando dos trabalhos de missões anteriores, com destaque à Missão Abbink (1948) – Comissão Brasileiro-Americana de estudos Econômicos – que enfocou os problemas financeiros do Brasil e recomendou melhorias à arrecadação tributária, foi instalada no âmbito e no próprio prédio do Ministério da Fazenda, em 19 de julho de 1951, com o objetivo de elaborar projetos ao desenvolvimento do potencial econômico brasileiro, cujos trabalhos se completaram em 31 de julho de 1953 e foram encerrados, oficialmente, em 31 de dezembro de 1953, com relatório final apresentado ao então Ministro da Fazenda, Eugênio Gudin, em novembro de 1954, conforme informações disponíveis em: https://www.fgv.br/cpdoc/acervo/dicionarios/verbete-tematico/comissao-mista-brasil-estados-unidos. Acesso em: 26 jan. 2020.

[6] Presidida pelo Ministro e composta por Rubens Gomes de Sousa e pelos técnicos do Ministério Afonso Almiro Ribeiro da Costa, Pedro Teixeira Soares Júnior, Gerson Augusto da Silva e Romeu Gibson.

por Rubens Gomes de Sousa,[7] mediante ampla divulgação e colaboração da sociedade durante 90 dias, tudo de acordo com a Portaria do Ministério da Fazenda n. 784, de 19 de agosto de 1953.[8]

A minuta do Anteprojeto[9] do CTN foi publicada no Diário Oficial de 25 de agosto de 1953[10] e a Comissão Especial iniciou seus trabalhos[11]

[7] Luqui acentua a qualidade técnica de Gomes de Sousa reconhecida internacionalmente – ainda em 1956: "(...) É digna de especial referência a amplitude dos processos de elaboração do projeto de código, iniciado por um trabalho saído da erudita pena de Gomes de Sousa, prestigioso especialista na matéria, cujas publicações são vastamente conhecidas na Argentina, como na América e na Europa". (LUQUI, Juan Carlo. O projeto de Código tributário nacional do Brasil. *Revista de Direito Administrativo – RDA*, n. 44, p. 540-547, 1956.)

[8] Publicada no Diário Oficial de 20 de agosto e 1953, p. 14.362.

[9] Interessante observar a *disposição preliminar* do Anteprojeto, que estabelece a sua matriz constitucional: "Art. 1º Êste Código determina, com fundamento na alínea "b" do inciso XV do art. 5º da Constituição Federal, as normas gerais do direito financeiro relativas à instituição, cobrança, arrecadação e fiscalização dos tributos, aplicando-se suas disposições, na ausência de ressalva expressa, igualmente à União, aos Estados, ao Distrito Federal, aos Territórios e aos Municípios, sem prejuízo da respectiva legislação complementar, supletiva ou regulamentar, que observará o disposto no título I do Livro III." (SOUSA, Rubens Gomes de. Anteprojeto de autoria do Prof. Rubens Gomes de Sousa, que serviu de base aos trabalhos da Comissão Especial do Código Tributário Nacional. *In*: BRASIL. Ministério da Fazenda. *Trabalhos da Comissão Especial do Código Tributário Nacional*. Rio de Janeiro: IBGE, p. 263-406, 1954. p. 265. Disponível em: http://www2.senado.leg.br/bdsf/handle/id/511517. Acesso em: 10 maio 2020.

[10] p. 14.567 e seguintes.

[11] A Exposição de Motivos do Projeto do Código Tributário Nacional de 1954 bem descreve a abertura dos trabalhos do Anteprojeto: "16. Designada a Comissão e definidas suas atribuições por Portaria ministerial, e divulgado o Anteprojeto no *Diário Oficial* e em avulso amplamente distribuído em todo o país, iniciou aquela, imediatamente, suas atividades, que se desenvolveram sem interrupção através de 70 reuniões realizadas num período de oito meses. Em uma primeira fase de seus trabalhos, a Comissão, no período de setembro a dezembro de 1953, coincidente com o prazo fixado para a apresentação de sugestões, examinou o texto do Anteprojeto artigo por artigo, confrontando-o com a legislação vigente e analisando-o à luz dos subsídios de doutrina, de jurisprudência e de direito comparado de que dispunha. Concomitantemente, procurou a Comissão, através de palestras e reuniões de debates realizadas por seus membros nas diferentes regiões geo-econômicas do país, estreitar o contacto com as autoridades fazendárias, com as entidades representativas dos contribuintes e com as associações culturais e os estudiosos da matéria, visando, de modo mais direto, sentir suas aspirações e receber sua colaboração." (ARANHA, Oswaldo. Exposição de Motivos do Ministro da Fazenda, Dr. Oswaldo Aranha, encaminhado ao Sr. Presidente da República o Projeto do Código Tributário Nacional. *In*: BRASIL. Ministério da Fazenda. *Trabalhos da Comissão Especial*

mediante uma série de reuniões e a análise de cada um dos dispositivos propostos por Gomes de Sousa, bem como considerando as 1.152 sugestões recebidas da sociedade, entre setembro de 1953 e maio de 1954.[12]

Ives Gandra da Silva Martins recorda as origens da gestação do Código Tributário Nacional na seguinte passagem:

> Na década de 50, Rubens Gomes de Sousa, maior expressão de direito tributário na história brasileira do século XX, deu início à elaboração de um anteprojeto do Código Tributário Nacional, que garantisse, simultaneamente, os direitos dos contribuintes, que sustentam o Estado, e do Fisco para arrecadar os recursos necessários ao Poder Público, objetivando a prestação de serviços públicos. Seu anteprojeto foi analisado, durante anos, pelo Instituto Brasileiro de Direito Financeiro, hoje Associação Brasileira de Direito Financeiro, por uma comissão de excepcionais juristas, tendo à frente Gilberto de Ulhôa Canto e a colaboração de Carlos da Rocha Guimarães, Tito Rezende, Gerson Augusto da Silva – sua formação anterior era a medicina – e outros. Levado ao Congresso Nacional, foi relatado pelo eminente jurista, tributarista e, posteriormente, Ministro da Suprema Corte, Aliomar Baleeiro, e aprovado em 1.966, transformando-se na Lei n. 5.172/66. Os seus 218 artigos resistiram ao tempo e às Constituições (foi elaborado à luz da Constituição de 1946 e recepcionado pelas Constituições de 67 e 88), jamais um de seus 218 artigos tendo sido considerado inconstitucional. O Código Tributário

do Código Tributário Nacional. Rio de Janeiro: IBGE, p. 1-15, 1954. p. 14-15. Disponível em: http://www2.senado.leg.br/bdsf/handle/id/511517. Acesso em: 10 maio 2020.)

[12] A Exposição de Motivos do Projeto do CTN de 1954 alude à a inspiração do Anteprojeto nas seguintes palavras: "Finalmente, dentre os diferentes estudos e projetos de codificação geral ou parcial, que, embora não convertidos em lei, apresentam acentuado valor doutrinário, a Comissão teve presentes como elemento informativo o *Anteprojeto de Código Fiscal* elaborado em 1942 para Argentina, o projeto de codificação do direito fiscal federal suíço, os trabalhos da Comissão encarregada de codificar e consolidar a legislação sôbre o impôsto de renda na Grã-Bretanha, e dois trabalhos nacionais, o *Anteprojeto de Código Tributário e Fiscal para os Municípios* elaborado pela Diretoria das Prefeituras Municipais do Estado do Rio Grande do Sul, e o *Anteprojeto de Código Tributário do mesmo Estado.*". (ARANHA, Oswaldo. Exposição de Motivos do Ministro da Fazenda, Dr. Oswaldo Aranha, encaminhado ao Sr. Presidente da República o Projeto do Código Tributário Nacional. *In*: BRASIL. Ministério da Fazenda. *Trabalhos da Comissão Especial do Código Tributário Nacional.* Rio de Janeiro: IBGE, p. 1-15, 1954. p. 14. Disponível em: http://www2.senado.leg.br/bdsf/handle/id/511517. Acesso em: 10 maio 2020.)

Nacional é fruto de um trabalho de grandes juristas, à época em que o Direito Brasileiro tinha a marca da permanência.[13]

O Anteprojeto tratava do lançamento em seu art. 168, cuja redação limitava-se à pretensão arrecadatória do Estado, definindo o conceito e a finalidade do ato de constituição do crédito tributário, nos seguintes termos:

> Art. 168. Lançamento é a atividade destinada a constituir o crédito tributário mediante a verificação da ocorrência e das circunstâncias materiais do fato gerador da obrigação tributária principal, a avaliação da matéria tributável, o cálculo do montante do tributo devido e a expedição do título formal de dívida.

As penalidades, por sua vez, eram tratadas em Título próprio, estendendo-se por 31 artigos, uma liturgia própria e complexa – entre os arts. 270 e 301 –, iniciada por sua aplicação pela autoridade fiscal, seguida da sua graduação pela autoridade julgadora, baseada em circunstâncias agravantes e atenuantes previstas em seus arts. 276 e 281, respectivamente.[14]

[13] MARTINS, Ives Gandra da Silva. De volta à tirania fiscal. *Revista Opção*, nov. 1999. p. 17. Disponível em: http://187.33.2.163/project/ives-gandra/public/uploads/2013/02/07/4a3dc65artigo_156.pdf. Acesso em: 10 maio 2020.

[14] "Art. 276. Constituem circunstâncias agravantes, para os efeitos referidos no art. 295, além de outros que sejam expressamente previstos em lei tributária: I. A circunstância da infração depender ou resultar de infração de outra lei, tributária ou não, ou de contrato social ou estatuto de pessoa jurídica de direito privado, ou ainda de excesso ou violação de mandato, função, cargo ou emprego; II. A reincidência; III. A sonegação; IV. A fraude; V. O conluio". "Art. 281. Constituem circunstâncias atenuantes, para os efeitos previstos no art. 295, sem prejuízo de outros que sejam expressamente previstos em lei tributária, ou dela decorram, observado o disposto na alínea I do art. 273: I. As circunstâncias que reduzem a imputabilidade, nos têrmos do disposto no art. 287; II. O pagamento do tributo ou o depósito da importância respectiva, nos têrmos do disposto na alínea I do art. 289, após o início da ação fiscal, mas antes de qualquer decisão condenatória. Parágrafo único. A enumeração constante dêste artigo não é taxativa, podendo a autoridade julgadora, a seu critério, considerar outras circunstâncias que resultem do processo, ainda que não expressamente previstas em lei como atenuantes". (SOUSA, Rubens Gomes de. Anteprojeto de autoria do Prof. Rubens Gomes de Sousa, que serviu de base aos trabalhos da Comissão Especial do Código Tributário Nacional. *In*: BRASIL. Ministério da Fazenda. *Trabalhos da Comissão Especial do Código Tributário Nacional.* Rio de

O mandamento da graduação se destinava ao julgador administrativo e continha instrumental próprio e suficiente à sua graduação, mediante circunstâncias agravantes e atenuantes, nos termos dos arts. 294 a 297.[15]

No Anteprojeto, Gomes de Sousa pretendeu trazer à legislação tributária uma cartilha completa e própria ao regramento de infrações e sanções tributárias, estabelecendo a sua graduação de acordo com circunstâncias selecionadas propositalmente a caracterizar atenuação ou agravamento da penalidade, a cargo da autoridade julgadora.

Janeiro: IBGE, p. 263-406, 1954. p. 336-338. Disponível em: http://www2.senado.leg.br/bdsf/handle/id/511517. Acesso em: 10 maio 2020.

[15] "Art. 294. Salvo para as infrações de dispositivos da legislação tributária referentes a obrigações tributárias acessórias, a lei tributária fixará o mínimo e o máximo da multa aplicável, designando-os expressamente pela indicação de quantias certas de dinheiro, ou de porcentagens a serem calculadas sobre o tributo devido.
Art. 295. A graduação da multa pela autoridade julgadora obedecerá aos seguintes critérios, observado ainda o disposto nos arts. 296 e 297:
I. Ocorrendo apenas circunstâncias atenuantes, a multa será aplicada no mínimo;
II. Ocorrendo apenas circunstâncias agravantes, a multa será aplicada no máximo;
III. Na ausência de circunstâncias tanto atenuantes como agravantes, a multa será aplicada na média do mínimo com o máximo;
IV. Concorrendo circunstâncias atenuantes e agravantes, a multa será fixada em quantia intermediária entre o mínimo e a média do mínimo com o máximo, se preponderarem as atenuantes; ou em quantia intermediária entre o máximo e a média do mínimo com o máximo, se preponderarem as agravantes; prevalecendo, para a conceituação da preponderância, a natureza das circunstâncias, quer atenuantes quer agravantes, sôbre o seu número;
V. Nos casos de reincidência específica, concorrendo qualquer das demais circunstâncias agravantes previstas no art. 276, a multa poderá ser elevada até o dôbro do máximo.
Art. 296. Quando seja aplicada, cumulativamente com a multa, uma ou mais de uma das outras penalidades previstas no art. 292, a multa será reduzida:
I. De um terço, se fôr cumulada com mais uma penalidade;
II. De metade, se fôr cumulada com mais duas penalidades;
III. De dois terços, se fôr cumulada com mais de duas penalidades.
Art. 297. Nos casos de infração continuada, aplicam-se cumulativamente as penalidades cominadas a cada uma das ações ou omissões que concorram para a sua consumação, desde que constituam isoladamente infrações". (SOUSA, Rubens Gomes de. Anteprojeto de autoria do Prof. Rubens Gomes de Sousa, que serviu de base aos trabalhos da Comissão Especial do Código Tributário Nacional. *In*: BRASIL. Ministério da Fazenda. *Trabalhos da Comissão Especial do Código Tributário Nacional*. Rio de Janeiro: IBGE, p. 263-406, 1954. p. 341-342. Disponível em: http://www2.senado.leg.br/bdsf/handle/id/511517. Acesso em: 10 maio 2020.

Ao longo do mês de maio de 1954, sob a relatoria geral de Gomes de Sousa, a Comissão Especial discutiu e votou o texto definitivo do Anteprojeto.

Para colaborar na discussão, o então Instituto Brasileiro de Direito Financeiro (IBDF) constituiu uma Comissão formada por seletos juristas,[16] que produziu Parecer[17] opinando sobre os arts. 1º a 446 do Anteprojeto.

As observações preliminares do Parecer[18] sintetizam os fundamentos da análise engendrada pela Comissão do IBDF, dentre os quais vale transcrevermos excertos de dois pontos pertinentes ao nosso tema:

O NASCIMENTO DO CRÉDITO FISCAL

> 30. Outro aspecto doutrinário do P. que nos (sic) merece reparos é o que se refere aos princípios informadores dos dispositivos relativos ao nascimento do crédito fiscal. O art. 140 do P. nos diz que obrigação tributária principal decorre da lei fiscal e surge com a ocorrência do fato gerador previsto na mesma. Mas o surgimento dessa obrigação não é suficiente para constituir o crédito tributário, de acordo com o P., pois êste, como se vê da parte final do citado artigo, é decorrente da obrigação, mas não se confunde pròpriamente com ela. De fato, o art. 168 do P. nos diz que o lançamento é que constitui o crédito tributário. (...) Crédito fiscal e obrigação fiscal principal são pois uma única e mesma coisa em dois momentos diferentes; a obrigação é já o crédito ainda informe, sem expressão fixada, mas contendo em seu bôjo todos os elementos de sua fixação. (...) O lançamento, tendo mero efeito declarativo, não pode ser diverso daquilo que pretende declarar, isto é, da obrigação tributária. (...) Somos pois pela sua alteração.[19]

DIREITO PENAL TRIBUTÁRIO

> 31. Regula o L.º VII o que se poderia chamar de parte geral do direito penal tributário. Tratando-se de parte geral, em princípio, seria admissível

[16] Drs. Tito Rezende (Presidente), Carlos da Rocha Guimarães, Eduardo Lopes Rodrigues, Jayme Péricles e Gilberto de Ulhôa Canto.

[17] INSTITUTO BRASILEIRO DE DIREITO FINANCEIRO (IBDF). *Codificação do direito tributário*. Rio de Janeiro: IBDF, 1955.

[18] A sigla "P." é utilizada no Parecer como referência ao Anteprojeto

[19] INSTITUTO BRASILEIRO DE DIREITO FINANCEIRO (IBDF). *Codificação do direito tributário*. Rio de Janeiro: IBDF, 1955. p. 133-136.

> a sua inclusão no P. No entanto, parece-nos inútil o tratamento da matéria, quer por conter dispositivos que são aplicados automaticamente em virtude de princípios gerais de direito (arts. 270, 272 e 273), quer por conter outros dispositivos de duvidosa aceitação no chamado direito penal tributário, como por exemplo o art. 271. (...) Embora se possa aplicar o mesmo princípio aos casos de crimes fiscais, como por exemplo o contrabando, o mesmo não se pode dizer das simples multas fiscais.
>
> Estas, segundo a tradição do nosso direito é (sic) a melhor doutrina, constituem acima de tudo reparação de natureza cível, muitas delas de caráter até moratório (art. 292, II, III). (...) O balanço de circunstâncias agravantes e atenuantes também é um detalhe que se compreende em crimes de grande gravidade, mas que não têm sentido no direito tributário. De fato naqueles o problema da imputabilidade e portanto das nuances de que se possa revestir a mesma é da essência da própria pena. No direito fiscal porém assim não é.
>
> Regra geral a imputabilidade pouco importa. As infrações se apresentam a mais das vezes sob os aspecto (sic) de infrações formais, pouco importando a intenção do contribuinte. A pesquisa dessa intenção acarretaria uma complicação tremenda no exercício de poder de punição, sem vantagens práticas apreciáveis. Por outro lado essa gradação tende a se estabelecer naturalmente, num outro sentido. As leis fiscais tendem, cada vez mais, a estabelecer multas proporcionais aos tributos fraudados ou sonegados, estabelecendo-se assim uma gradação natural. (...) Por todos esses motivos, e pela dificuldade de se disciplinar em termos gerais essa parte do direito tributário, somos pela sua eliminação do P. [20]

Acerca do nascimento do crédito tributário, o Parecer se debruça sobre a sua natureza, *vis-à-vis* com a obrigação fiscal de que decorre, proclamando a sua unidade material originada de dois momentos diferentes, sendo que a obrigação nasce informe e já composta dos elementos à sua concretização, sendo declarada pelo lançamento, do que resulta a prestação correspondente manifestada pelo crédito tributário.

A Comissão do IBDF prossegue na crítica ao Anteprojeto, justificando a exclusão do regramento de infrações e penalidades, por considerá-lo

[20] INSTITUTO BRASILEIRO DE DIREITO FINANCEIRO (IBDF). *Codificação do direito tributário*. Rio de Janeiro: IBDF, 1955. p. 136-137.

pertinente ao Direito Penal Tributário e não a um *Codex* fiscal – ou Direito Tributário Penal. Assevera tratar-se de infrações formais, sendo prescindível o elemento doloso à sua configuração, pelo que não haveria *vantagens práticas apreciáveis* em se valorar a intenção do acusado no cometimento da infração.

E rechaça a gradação de penalidades prevista no Anteprojeto – de forma ampla e dedicada, por considerar que poderia ser estabelecida (gradação) naturalmente, mediante multas proporcionais aos tributos fraudados ou sonegados, o que corresponderia a uma *gradação natural*. Nas palavras da Comissão do IBDF:[21] "As leis fiscais tendem, cada vez mais, a estabelecer multas proporcionais aos tributos fraudados ou sonegados, estabelecendo-se assim uma gradação natural".

O entendimento encimado assume especial relevância no presente trabalho, pois ilustra, de certa forma, uma visão a favor do caráter vinculado e mesmo automático da penalidade tida por cabível em caso de lançamento de ofício de tributo tido por inadimplido, cuja gradação seria de ordem diretamente proporcional ao valor do tributo – adjetivando-se de *multa proporcional*, de acordo com o Parecer.

Tal interpretação – frise-se – a um só lance, entre outros argumentos, justificou não só a eliminação da gradação da penalidade, mas também a competência da Autoridade Administrativa julgadora para fazê-lo, tal como previsto no Anteprojeto, cedendo espaço para uma gradação aplicada *ex lege*, por meio de previsão de multa como um percentual do tributo, indiferente ao casuísmo e passível de aplicação automatizada por parte da autoridade lançadora.

Importa notar que o entendimento retro foi exteriorizado pela Comissão do IBDF composta pelos Drs. Tito Rezende (Presidente), Carlos da Rocha Guimarães, Eduardo Lopes Rodrigues, Jayme Péricles e Gilberto de Ulhôa Canto, sobre o Anteprojeto da pena de Rubens Gomes de Sousa – e sem a participação deste.

Com base na compreensão encimada, a Comissão do IBDF apresentou suas sugestões de alteração ao texto do Anteprojeto.

Entre outros pontos, criticou a redação do art. 168, destacando o efeito declaratório do crédito tributário (e não constitutivo) decorrente

[21] INSTITUTO BRASILEIRO DE DIREITO FINANCEIRO (IBDF). *Codificação do direito tributário*. Rio de Janeiro: IBDF, 1955. p. 137.

do lançamento e o papel da Autoridade Administrativa de determinar a prestação objeto da obrigação tributária. Senão vejamos:

> *Artigos* 166 e 168 – Sugestão do Dr. Tito Rezende, aprovada:
>
> "Artigos 166 e 168 – Por considerar a Comissão que o lançamento é ato simplesmente declaratório da obrigação tributária e não ato *constitutivo,* propomos que se dê ao dispositivo a seguinte redação: "É privativo da autoridade administrativa competente o lançamento a que se refere o título II dêste livro". Pelo mesmo motivo, propomos que a redação do início do art. 168 seja substituída pela seguinte: "O lançamento destina-se a estabelecer o crédito tributário.... Também sugerimos a substituição da palavra *avaliação* por *determinação,* que nos parece mais compreensiva; e a supressão do final – "e a expedição do título formal de dívida", – eis que nem sempre ocorre tal expedição".[22]

No tocante às infrações e penalidades, a Comissão do IBDF sugeriu a exclusão do Livro VII, considerando a sua aplicação demasiadamente complexa e até mesmo estranha à seara tributária, conforme registram os anais da discussão do anteprojeto, nas palavras de Tito Rezende:

> *Artigos* 276 a 281 – Sugestão do Dr. Tito Rezende, aprovada:
>
> Artigos 276 a 281 – *Circunstâncias agravantes e atenuantes.* Mais uma noção de direito penal, que o Projeto quer transplantar para o campo do direito fiscal.
>
> Regras que podem parecer simples no papel, mas são de aplicação prática dificílima. Já o velho *Macedo Soares* observava ("Código Penal", 6.ª edição, pág. 96): "A teoria das agravantes e atenuantes é uma das mais complexas do Direito criminal". Até agora, ela não perturbava a imposição das multas fiscais: normalmente, são elas aplicadas no mínimo; sê-lo-ão no máximo, se bem caracterizado o dolo, ou mesmo a reincidência, – sendo que a lei do impôsto de consumo (art. 191) manda que esta última circunstância leve a multa ao dôbro. Ao nosso ver, pois, devem ser repudiadas tôdas as normas do Código, sôbre o assunto. Examinemos, todavia, de per si, algumas dessas normas.[23]

[22] INSTITUTO BRASILEIRO DE DIREITO FINANCEIRO (IBDF). *Codificação do direito tributário.* Rio de Janeiro: IBDF, 1955. p. 191.

[23] INSTITUTO BRASILEIRO DE DIREITO FINANCEIRO (IBDF). *Codificação do direito tributário.* Rio de Janeiro: IBDF, 1955. p. 226.

Fabiana Carsoni[24] ratifica o entendimento encimado, ressaltando o conteúdo de Direito Penal de alguns temas, como imputabilidade, autoria, coautoria, cumplicidade e extinção da punibilidade, sendo certo que alguns desses foram incorporados, em menor extensão, ao Código Tributário Nacional, a exemplo da denúncia espontânea da infração, cuja natureza de extinção da punibilidade é própria do Direito Penal.

Luqui[25] anota que a exclusão da maior parte dos dispositivos do Livro VII, que tratava das infrações e das penalidades, decorreria de "(...) rigoroso exame à luz do critério adotado no tocante a 'Normas Gerais' (art. 59, XV, "b", da Constituição) (...)"[26], conservando apenas "(...) as disposições que se referem à obrigação tributária penal em seus aspectos substantivos e as que correspondem a preceitos constitucionais relativos a direitos e garantias individuais (...)"[27], incorporadas ao projeto em capítulos pertinentes.

1.2. Projeto do CTN de 1954

O texto final do Anteprojeto, então vertido em Projeto, em 1954, não contemplou nenhuma das hipóteses de gradação contidas no Anteprojeto, tampouco a atribuição de competência à autoridade julgadora para fazê-lo, mas a sua marca ficou registrada na legislação tributária, especialmente naquela originada à época das discussões que antecederam o Código, mediante influência direta da metodologia de dosimetria da penalidade fiscal.[28]

[24] SILVA, Fabiana Carsoni Alves Fernandes. A individualização da pena no direito tributário sancionador: competência para a graduação da penalidade fiscal e princípios e direitos que autorizam tal atividade. *Revista Direito Tributário Atual*, n. 37. São Paulo: Instituto Brasileiro de Direito Tributário, p. 121-145, 2017.

[25] LUQUI, Juan Carlo. O projeto de Código tributário nacional do Brasil. *Revista de Direito Administrativo – RDA*, n. 44, p. 540-547, 1956.

[26] LUQUI, Juan Carlo. O projeto de Código tributário nacional do Brasil. *Revista de Direito Administrativo – RDA*, n. 44, p. 540-547, 1956. p. 541.

[27] LUQUI, Juan Carlo. O projeto de Código tributário nacional do Brasil. *Revista de Direito Administrativo – RDA*, n. 44, p. 540-547, 1956. p. 541.

[28] Ilustra essa afirmação a Lei n. 4.502/1964, que antecedeu em, praticamente, 2 anos o advento do Código Tributário Nacional, prevendo critérios de graduação da penalidade fiscal relativamente ao antigo imposto de consumo e, mais, atribuiu à autoridade julgadora a

Vê-se que o resultado dos trabalhos da Comissão Especial de 1953, com a colaboração da Comissão do IBDF, sobre o Anteprojeto, implicou relevante alteração no tratamento da pretensão punitiva do Estado no plano tributário, mormente ao retirarem do texto todas as regras voltadas à aplicação e determinação da sanção[29] tributária.

Tal fato, por certo, influenciou a redação final do art. 168, renumerado para art. 105 no Projeto do CTN, à seguinte disposição:[30]

> Art. 105. Lançamento é o ato privativo da autoridade administrativa, destinado a constituir o crédito tributário mediante a verificação da ocorrência da

aplicação da penalidade considerando circunstâncias agravantes e atenuantes, a teor dos arts. 67 e 68:

"Art. 67. Compete à autoridade julgadora, atendendo aos antecedentes do infrator, aos motivos determinantes da infração e à gravidade de suas consequências efetivas ou potenciais;

I – determinar a pena ou as penas aplicáveis ao infrator;

II – fixar, dentro dos limites legais, a quantidade da pena aplicável".

"Art. 68. A autoridade fixará a pena de multa partindo da pena básica estabelecida para a infração, como se atenuantes houvesse, só a majorando em razão das circunstâncias agravantes ou qualificativas provadas no processo.

§ 1º São circunstâncias agravantes:

I – a reincidência;

II – o fato de o imposto, não lançado ou lançado a menos, referir-se a produto cuja tributação e classificação fiscal já tenham sido objeto de decisão passada em julgado, proferida em consulta formulada pelo infrator;

III – a inobservância de instruções dos agentes fiscalizadores sobre a obrigação violada, anotada nos livros e documentos fiscais do sujeito passivo;

IV – qualquer circunstância que demonstre a existência de artifício doloso na prática da infração, ou que importe em agravar as suas consequências ou em retardar o seu conhecimento pela autoridade fazendária.

§ 2º São circunstâncias qualificativas a sonegação, a fraude e o conluio'".

[29] Hugo de Brito Machado leciona que sanção é gênero e pena é espécie, sendo que aquela pode ser executória, indenizatória ou punitiva. No âmbito tributário, a sanção se afiguraria punitiva – também chamada penalidade ou pena – dado objetivar a repressão da prática do ilícito a que corresponde, possuindo caráter patrimonial ou pessoal. A sanção punitiva pode ser classificada em administrativa – a cargo da Administração – ou penal – passível de aplicação pelo Direito Penal. A sanção punitiva passível de aplicação pela Autoridade Administrativa é a de caráter patrimonial. (MACHADO, Hugo de Brito. *Crimes contra a ordem tributária*. 4. ed. São Paulo: Atlas, 2015. p. 8-10.)

[30] INSTITUTO BRASILEIRO DE DIREITO FINANCEIRO (IBDF). *Codificação do Direito Tributário*. Rio de Janeiro: IBDF, 1955, p. 226-230.

obrigação tributária correspondente, a determinação de matéria tributável, o cálculo do montante do tributo devido, a identificação do contribuinte **e sendo caso, a aplicação da penalidade cabível**. (grifo nosso)

Nossa atenção volta-se à parte final o dispositivo, por inaugurar a previsão do tratamento da penalidade pelo lançamento, ora no sentido de, sendo caso, aplicar a penalidade cabível.

Assim nasceu a pretensão punitiva no bojo do lançamento tributário no contexto histórico do processo legislativo do CTN – ainda como Projeto, atribuindo à autoridade lançadora a tarefa de aplicar multa quando for o caso, indicando não haver espaço para sua gradação pela mesma autoridade, tampouco dúvida acerca da competência para impor a penalidade, de acordo com a sua redação.

A Comissão Especial apresentou a versão final do Anteprojeto ao então Ministro da Fazenda, Oswaldo Aranha, e este o encaminhou à Presidência da República, em julho de 1954. Em sua Exposição de Motivos,[31] o Ministro enfatizou a importância da codificação tributária ao país, mormente por sua estrutura federalista, em prol da autonomia financeira dos entes *pari passu* à sua autonomia política, bem como a concepção de um meio termo entre um código unitário e a multiplicidade de códigos locais. E destacou como razão máxima à iniciativa o advento do art. 5º, XV, "b", da Constituição de 1946, que atribuiu competência à União para legislar sobre *normas gerais e direito financeiro*.

[31] De acordo com a Exposição de Motivos do Projeto do Código Tributário Nacional de 1954: "A segunda fase dos trabalhos, de janeiro a abril de 1954, foi ocupada por um novo regime integral do Anteprojeto, já então com as alterações propostas na primeira, para estudo individual de cada uma das 1152 sugestões recebidas, classificadas pelos dispositivos a que se referiam. Concluída essa fase, a Comissão designou como Relator Geral o Professor RUBENS GOMES DE SOUSA e, no decurso do mês de maio de 1954, discutiu e votou o texto definitivo do Projeto e a justificação individual de seus artigos, constante do Relatório anexo a esta Exposição de Motivos." (ARANHA, Oswaldo. Exposição de Motivos do Ministro da Fazenda, Dr. Oswaldo Aranha, encaminhado ao Sr. Presidente da República o Projeto do Código Tributário Nacional. *In*: BRASIL. Ministério da Fazenda. *Trabalhos da Comissão Especial do Código Tributário Nacional.* Rio de Janeiro: IBGE, p. 1-15, 1954. p. 15. Disponível em: http://www2.senado.leg.br/bdsf/handle/id/511517. Acesso em: 10 maio 2020.)

Ato seguinte, por meio da Mensagem n. 373, de 20 de agosto de 1954, firmada pelo então Presidente Getúlio Vargas,[32] o texto foi apresentado à Câmara dos Deputados, onde foi recebido como Projeto de Lei (PL) n. 4.834/1954, cuja leitura e publicação ocorreu em 6 de setembro de 1954,[33] iniciando o processo no âmbito do Poder Legislativo.

O PL n. 4.834/1954 foi objeto de cuidadoso estudo do então Deputado Aliomar Baleeiro, que acolheu as 54 emendas oferecidas à consideração do Plenário, cujo parecer foi aprovado por unanimidade pela Comissão de Constituição e Justiça, em 7 de outubro de 1959, sob a relatoria do então Deputado Bilac Pinto, seguido de aprovação, também, pelas Comissões de Economia e de Finanças, em pareceres de 20 de novembro de 1959, do deputado Oscar Corrêa, e 12 de dezembro de 1962, do deputado Oton Nader.

Ocorre que, de acordo com informação publicada no Diário do Congresso Nacional, de 2 de abril de 1971, p. 45, esse Projeto de Lei[34] teria sido arquivado nos termos do art. 58, §2º, da Constituição Federal.[35] Ou seja, nos anais da Câmara dos Deputados, consta que o PL n. 4.834/1954 não teria sido aprovado, mas rejeitado na Casa, ensejando o seu arquivamento, em 1º de abril de 1971.[36]

Disso decorre que o PL n. 4.834/1954 não foi convertido em lei, o que se atribuiria ao risco de colapso do Estado de Compromisso articulado

[32] Teria sido a última Mensagem firmada pelo Presidente Getúlio Vargas, morto 4 dias após, em 24 de agosto de 1954.

[33] Conforme registrado no DCN, Seção I, de 7 de setembro de 1954, p. 6071. Disponível em: http://imagem.camara.gov.br/montaPdf.asp?narquivo=DCD07SET1954.pdf&npagina=. Acesso em: 10 maio 2020.

[34] Indicado na p. 46, coluna 4, do DCN de 02/04/1971, Seção I. Disponível em: http://imagem.camara.gov.br/montaPdf.asp?narquivo=DCD02ABR1971.pdf&npagina=. Acesso em: 10 maio 2020.

[35] O referido dispositivo da Constituição de 1967, com a redação dada pela Emenda Constitucional n. 1, de 17 de outubro de 1969, dispunha o seguinte: "Art. 58. O projeto de lei aprovado por uma Câmara será revisto pela outra, em um só turno de discussão e votação. (...) § 2º O projeto de lei, que receber, quanto ao mérito, parecer contrário de tôdas as comissões, será tido como rejeitado."

[36] Vide última ação legislativa do PL n. 4.834/1954 em: https://www.camara.leg.br/proposicoesWeb/fichadetramitacao?idProposicao=224724. Acesso em: 20 mar. 2020.

por Getúlio Vargas,[37] que pretendia formar alianças políticas e econômicas entre os interesses de grupos dominantes no cenário político, notadamente oligarquias dissidentes, visando mitigar a proeminência de determinados grupos.[38]

Tancredo Neves, então Deputado Federal, referiu-se ao impacto da mudança no Sistema Tributário Nacional sobre tal contexto político afirmando que "(...) a reforma tributária não sai enquanto depender do apoio do Congresso, porque [incide] sobre todos os grupos a ninguém interessando (...)".[39]

1.3. Projeto do CTN de 1966

A análise dos alfarrábios do Poder Legislativo nos permite desvendar o que seria a *continuidade* do PL n. 4.834/1954, mediante o Projeto de Lei do Congresso Nacional (PLN) n. 13/1966,[40] também de iniciativa do Poder Executivo, pelas mãos do então Ministro da Fazenda, Octávio Gouvêa de Bulhões,[41] endereçada ao então Presidente H. Castello Branco, que o

[37] AMED, Fernando José; NEGREIROS, Plínio José Labriola de Campos. *História dos tributos no Brasil.* São Paulo: Sinapesp, 2000. p. 272.

[38] OLIVEIRA, Fabrício Augusto de. A evolução da estrutura tributária e do fisco brasileiro: 1889-2009. *In:* CASTRO, J. A.; SANTOS, C. H. M.; RIBEIRO, J. A. C. (org.). *Tributação e equidade no Brasil:* um registro da reflexão do IPEA no biênio 2008-2009. Brasília: IPEA, p. 153-212, 2010.

[39] *Apud* BENEVIDES, M. V. *O governo Kubitschek*: desenvolvimento econômico e estabilidade política,1956-1961. Rio de Janeiro: Paz e Terra, 1976. p. 80.

[40] Interessante observar a disposição preliminar do PLN n. 13/1966, que estabelece a sua matriz constitucional: "Art. 1º Esta lei regula, com fundamento na Emenda Constitucional número 18, de 1º de dezembro de 1965, o sistema tributário nacional e estabelece, com fundamento no art. 5º, inciso XV, alínea *b*, da Constituição Federal , as normas gerais de direito tributário aplicáveis à União, aos Estados, ao Distrito Federal e aos Municípios, sem prejuízo da respectiva legislação complementar, supletiva ou regulamentar". (Diário do Congresso Nacional, Seção 1, 15/9/1966, p. 5790. Disponível em: http://imagem.camara.gov.br/montaPdf.asp?narquivo=DCD15SET1966.pdf&npagina=. Acesso em: 10 maio 2020)

[41] Signatário da Exposição de Motivos, nos seguintes termos: "EXPOSIÇÃO DE MOTIVOS N. 662. *Institui Normas Gerais de Direito Tributário aplicáveis à União, Estados e Municípios.* Excelentíssimo Sr. Presidente da República: Tenho a honra de submeter à elevada consideração de V. Exª o anexo projeto de lei que dispõe sobre o Sistema Tributário Nacional e institui Normas Gerais de Direito Tributário aplicáveis à União, Estados e Municípios. A instituição

apresentou à Câmara dos Deputados, por meio da Mensagem n. 14, de 14 de setembro de 1966,[42] cujo texto foi publicado no DCN, Seção I, de 15 de setembro de 1966.[43]

No texto desse PLN, encontramos, sob o art. 142, o comando do *lançamento* nos mesmos termos em que veio a ser aprovado e promulgado sob o CTN, a saber:

> Art. 142. Compete privativamente à autoridade administrativa constituir o crédito tributário pelo lançamento, assim entendido o procedimento administrativo tendente a verificar a ocorrência do fato gerador da obrigação correspondente, determinar a matéria tributável, calcular o montante do tributo devido, identificar o sujeito passivo **e, sendo o caso, propôr a aplicação da penalidade cabível**. (grifo nosso)

Consta que esse PLN tramitou de forma célere, entre 14 de setembro e 6 de outubro de 1966, sob breve apreciação conjunta[44] das duas Casas

de normas gerais é reclamada de longa data pelos juristas, pelos estudiosos de finanças e pelos técnicos de administração. O que se reclama é um sistema de normas gerais aplicáveis a todos os tributos, ou seja um texto básico disciplinador do exercício do poder de tributar. Essa disciplina é especialmente necessária no Brasil, país de organização federativa onde é freqüente a adoção de critérios diferentes em situações econômicas e juridicamente idênticas. (...)". (Diário do Congresso Nacional, Seção 1, 15/9/1966, p. 5801. Disponível em: http://imagem.camara.gov.br/montaPdf.asp?narquivo=DCD15SET1966.pdf&npagina=. Acesso em: 10 maio 2020)

[42] Com os seguintes dizeres: "Senhores Membros do Congresso Nacional: Na forma do artigo 5º, §3º do Ato Institucional n. 2, tenho a honra de submeter à deliberação de Vossas Excelências, acompanhado de Exposição de Motivos do Ministro de Estado dos Negócios da Fazenda, o incluso projeto de lei que dispõe sôbre o Sistema tributário Nacional e institui normas gerais de Direito Tributário, aplicáveis á união, Estados e Municípios".

[43] p. 5790 a 5799. Disponível em: http://imagem.camara.gov.br/montaPdf.asp?narquivo=DCD15SET1966.pdf&npagina=. Acesso em: 10 maio 2020.

[44] Consta do DCN, Seção I, de 16 de setembro de 1966, p. 5875, coluna 3, ofício emitido pelo Presidente do Senado Federal endereçado à Presidência da Câmara dos Deputados, reportando a deliberação daquela Casa à convocação de sessão conjunta das duas Casas para 15 de setembro de 1966 para iniciar o curso de determinadas proposições, dentre as quais o PLN n. 13/1966. Disponível em: http://imagem.camara.gov.br/montaPdf.asp?narquivo=DCD16SET1966.pdf&npagina=. Acesso em: 10 maio 2020.

do Congresso Nacional, liderada por uma Comissão Mista[45] formada para o seu estudo. O PLN recebeu 63 propostas de emendas[46] de iniciativa dos Congressistas e mais 17 propostas apresentadas pelo Relator.

Em 23 de setembro de 1966, no plenário da Câmara dos Deputados, foram lidas as emendas ao PLN n. 13/1966.[47]

[45] A composição da Comissão consta do DCN, Seção I, de 17 de setembro de 1966, p. 5961, coluna 1: Presidente: Senador Argemiro Figueiredo; Vice-Presidente: Senador José Leite; Relator: Deputado Daniel Faraco; Senadores: Eurico Rezende, Menezes Pimentel, José Leite, Neribaldo Vieira, Eugênio de Barros, Antônio Carlos, Attilio Fontana, Argemiro Figueiredo, Bezerra Neto, José Ermirio e Josaphat Marinho; Deputados: Antônio Feliciano, Dnar Mendes, Ivan Luiz, Flácio Marcílio, Daniel Faraco, Elias do Carmo, Rui Santos, César Prieto, Pacheco Chaves, Aloísio de Castro e Wilson Martins.

[46] Conforme consta do DCN, Seção I, de 24 de setembro de 1966, p. 6163-6170. Disponível em: http://imagem.camara.gov.br/montaPdf.asp?narquivo=DCD24SET1966.pdf&npagina=. Acesso em: 10 maio 2020.

[47] Por não ser relacionada ao tema deste trabalho, mas relevante, destacamos em nota a emenda n. 25, relativa ao art. 138 do PLN, aclarando a origem da redação do dispositivo que veio a tornar-se o art. 138 do CTN – a mui conhecida norma da *denúncia espontânea* –, e evidenciando a vontade expressa do legislador de que também abrangesse obrigações acessórias cumpridas a destempo, para afastar penalidades. O art. 138 do PLN possuía a seguinte redação: "A responsabilidade é excluída pela denúncia espontânea da infração, acompanhada do pagamento do tributo devido e dos juros de mora, ou do depósito da importância arbitrada pela autoridade administrativa, quando o montante do tributo dependa de apuração". A emenda n. 25 propunha incluir entre as expressões "acompanhada" e "do pagamento" a expressão "Se for o caso", sob a seguinte justificativa: "A inclusão das expressões propostas se impõe para que o art. mencionado atinja suas finalidades. De fato, como está redigido, aplica-se apenas aos casos em que a infração cometida corresponda a débito tributário, isto é, a obrigação principal. Ora, em muitos casos o contribuinte comete apenas infrações de obrigações acessórias que, não implicando débito de imposto, pode no entanto, determinar a aplicação de pesadas penalidades, como é o caso de erros de escrituração fiscal, deficiência de modelos fiscais usados, etc. Não é justo que, em tais hipóteses o contribuinte fique impedido de regularizar sua situação quando este direito lhe é dado, nos casos em que seu erro redunde em prejuízo para a fazenda", conforme registrado no Diário da Câmara dos Deputados publicado em 24 de setembro de 1966 (p. 6166). Tal emenda recebeu parecer favorável e foi incorporada na redação final do CTN, entendendo-se que a "(...) expressão proposta enriquece de clareza e propriedade o sentido do dispositivo emendado." – conforme registrado no Diário da Câmara dos Deputados publicado em 7 de outubro de 1966 (p. 6612) – originando a seguinte redação: "A responsabilidade é excluída pela denúncia espontânea da infração, acompanhada, **se for o caso**, do pagamento do tributo devido e dos juros de mora, ou do depósito da importância arbitrada pela autoridade administrativa, quando o montante do tributo dependa de apuração". Entretanto, a Secretaria da Receita Federal do

Na sessão de 27 de setembro de 1966,[48] o Relator da Comissão Mista apresentou o Parecer n. 23, de 1966 (CN), opinando sobre cada uma das emendas – acolhendo 12 das 63 propostas de emendas apresentadas e mais as 17 propostas de sua iniciativa –, ensejando o Substitutivo[49] ao PLN n. 13/1966, restando intocada a redação do art. 142[50] tal como proposta.

Referido Parecer elucida a inspiração do PLN com base no Projeto do CTN que tramitou na Câmara dos Deputados sob o PL n. 4.834/1954, apontando que não tivera andamento desde dezembro de 1962, a despeito da sua importância, que ficou demonstrada pela influência exercida sobre a doutrina, a jurisprudência e mesmo a legislação tributária do período, nos três planos da federação, tanto na perspectiva de seus princípios como no paradigma de sistematização das normas gerais de direito tributário fomentada pela crescente complexidade das leis fiscais.[51]

Brasil (RFB) e o Conselho Administrativo de Recursos Fiscais (CARF) cristalizaram entendimento contrário à *mens legis*, estabelecendo que a denúncia espontânea do art. 138 do CTN não alcançaria penalidade por atraso na entrega de declaração, conforme a Súmula CARF n. 49 – A denúncia espontânea (art. 138 do Código Tributário Nacional) não alcança a penalidade decorrente do atraso na entrega de declaração –, de aplicação obrigatória, também, no âmbito da RFB, conforme a Portaria MF n. 277, de 07/06/2018, DOU de 08/06/2018, seção 1, p. 132.

48 Conforme consta do DCN, Seção I, de 28 de setembro de 1966, p. 6267-6268. Disponível em: http://imagem.camara.gov.br/montaPdf.asp?narquivo=DCD28SET1966.pdf&npagina=. Acesso em: 10 maio 2020.

49 O substitutivo apresentado considera as emendas com parecer favorável e as emendas do Relator, conforme consta do DCN, Seção I, de 24 de setembro de 1966, p. 6271-6280. Disponível em: http://imagem.camara.gov.br/montaPdf.asp?narquivo=DCD24SET1966.pdf&npagina=. Acesso em: 10 maio 2020. O substitutivo foi republicado no DCN, Seção I, de 7 de outubro de 1966, p. 6609 a 6626, acompanhado das notas taquigráficas da ata da reunião de 27 de setembro de 1966. Disponível em: http://imagem.camara.gov.br/montaPdf.asp?narquivo=DCD07OUT1966.pdf&npagina=. Acesso em: 10 maio 2020.

50 Conforme consta do DCN, Seção I, de 24 de setembro de 1966, p. 6163-6170. Disponível em: http://imagem.camara.gov.br/montaPdf.asp?narquivo=DCD24SET1966.pdf&npagina=. Acesso em: 10 maio 2020.

51 Fato histórico relevante sobre o tema destacado no Parecer n. 23, de 1966 (CN) seria a realização do II Congresso do Instituto Latino-Americano de Direito Tributário, no México, em 1958, aprovando recomendação de que fossem promulgados em cada um dos países da América Latina códigos tributários fixando de forma sistemática e ordenada os princípios

Em tal contexto, o governo federal teria retomado os trabalhos de sistematização do direito tributário nacional, em setembro de 1964, pelo Ministério da Fazenda, constituindo uma nova comissão composta por Rubens Gomes de Sousa, Gerson Augusto da Silva e Gilberto de Ulhôa Canto, com o objetivo de rever o PL n. 4.834/1954, em função dos quase dez anos passados e da condição do país, bem como da então recém promulgada Emenda Constitucional (EC) n. 18, de 1º de dezembro de 1965,[52] que estabeleceu uma completa reorganização do Sistema Tributário Nacional.

Essa Comissão teria reformado o PL n. 4.834/1954 para refletir em texto único as leis complementares à EC n. 18/1965 e as normas gerais de direito tributário referidas no art. 5º, XV, alínea "b", da Constituição dos Estados Unidos do Brasil, de 18 de setembro de 1946.

Em sessão de 6 de outubro de 1966, o Plenário do Congresso Nacional deliberou e aprovou o Substitutivo do PLN n. 13/1966 com pequenas alterações.[53]

Encerrando o processo legislativo, seguiu ao Presidente da República e foi promulgado em 25 de outubro de 1966, originando a Lei n. 5.172/1966, publicada no Diário Oficial da União em 27 de outubro de 1966.[54]

gerais do Direito Tributário, conferindo "(...) características de permanência, certeza e clareza, a fim de assegurar a estabilidade e o conhecimento dar situações jurídicas por ele por elas regidas.". Conforme consta do DCN, Seção I, de 28 de setembro de 1966, p. 6267 a 6268. Disponível em: http://imagem.camara.gov.br/montaPdf.asp?narquivo=DCD28SET1966.pdf&npagina=. Acesso em: 10 maio 2020.

52 As Mesas da Câmara dos Deputados e do Senado Federal a promulgaram nos termos do art.217, § 4º, da Constituição de 1946. Disponível em: http://www.planalto.gov.br/ccivil_03/constituicao/emendas/emc_anterior1988/emc18-65.htm. Acesso em: 10 maio 2020.

53 O Plenário reverteu o parecer contrário à emenda n. 11 e a acresceu dentre as outras emendas acolhidas pelo Relator, restando aprovado nos demais termos, conforme deliberação consignada no DCN, Seção I, de 7 de outubro de 1966, p. 6625 e 6626. Disponível em: http://imagem.camara.gov.br/montaPdf.asp?narquivo=DCD07OUT1966.pdf&npagina=. Acesso em: 10 maio 2020.

54 DOFC de 27/10/1966, p. 12452. Retificada em 31 de outubro de 1966. RETIFICAÇÃO: DOFC de 31/10/1966, p. 12567. Disponível em: https://www.planalto.gov.br/ccivil_03/leis/l5172.htm. Acesso em: 10 maio 2020.

1.4. Código Tributário Nacional

Por meio do Ato Complementar n. 36,[55] de 13 de março de 1967, em seu art. 7º, a Lei n. 5.172/1966 passou a denominar-se Código Tributário Nacional.[56]

Mais tarde, foi reconhecida a sua natureza material de lei complementar, ditando as normas gerais de direito tributário em âmbito nacional, inclusive admitida como tal pela Constituição Federal de 1988, à luz do princípio da recepção insculpido no art. 34, §5º, do Ato das Disposições Constitucionais Transitórias (ADCT).[57]

Em tal condição, o CTN exerce a competência atribuída pela CF/88 à normatização do Sistema Tributário Nacional,[58] submetendo a legislação ordinária e demais normas infralegais em seu âmbito.[58]

[55] "Dispõe sobre o Imposto sobre Circulação de Mercadorias, altera os Atos Complementares n.os 34, de 1967 e 35, de 1967, e denomina "Código Tributário Nacional" a Lei n. 5.172, de 1966 e suas alterações". Trata-se de ato exercido pelo Presidente da República no uso das atribuições que lhe conferia o art. 30 do Ato Institucional n. 2/1965, que manteve a Constituição Federal de 1946, as Constituições Estaduais e respectivas Emendas, com as alterações introduzidas pelo Poder Constituinte originário da Revolução de 31.03.1964, entre outras providências. Segue a redação do art. 30: "O Presidente da República poderá baixar atos complementares do presente, bem como decretos-leis sobre matéria de segurança nacional.". Publicado no Diário Oficial da União em 14 de março de 1967, com vigência na mesma data, nos termos do seu art. 8º: "Êste Ato entra em vigor na data de sua publicação, ficando revogados o inciso II, do art. 52; e os §§ 6º e 7º do art. 58, da Lei número 5.172, de 25 de outubro de 1966, alterada pelo Ato Complementar n. 35; os incisos II e III do art. 10 do Ato Complementar n. 34, alterado pelo Ato Complementar n. 35 e o Art. 5º do Ato Complementar n. 35 e demais disposições em contrário." Disponível em: https://www.planalto.gov.br/ccivil_03/acp/acp-36-67.htm. Acesso em: 10 maio 2020.

[56] "Art. 7º A Lei n. 5.172, de 25 de outubro de 1966, e alterações posteriores passa a denominar-se 'Código Tributário Nacional'".

[57] "Art. 34. O sistema tributário nacional entrará em vigor a partir do primeiro dia do quinto mês seguinte ao da promulgação da Constituição, mantido, até então, o da Constituição de 1967, com a redação dada pela Emenda n. 1, de 1969, e pelas posteriores.
(...) § 5º Vigente o novo sistema tributário nacional, fica assegurada a aplicação da legislação anterior, no que não seja incompatível com ele e com a legislação referida nos §3º e § 4º." Disponível em: http://www.planalto.gov.br/ccivil_03/constituicao/constituicaocompilado.htm#adct. Acesso em: 10 maio 2020.

[58] "Art. 146. Cabe à lei complementar:
I – dispor sobre conflitos de competência, em matéria tributária, entre a União, os Estados, o Distrito Federal e os Municípios;
II – regular as limitações constitucionais ao poder de tributar;

O CTN é um dos códigos nacionais mais longevos[60] e, comparado com os Códigos Penal e de Processo Penal, e a Consolidação das Leis do Trabalho (CLT),[61] possui o menor número de dispositivos alterados *vis-à-vis* o período de vigência,[62] além do fato de nenhum de seus dispositivos ter sido declarado inconstitucional.[63]

III – estabelecer normas gerais em matéria de legislação tributária, especialmente sobre:
a) definição de tributos e de suas espécies, bem como, em relação aos impostos discriminados nesta Constituição, a dos respectivos fatos geradores, bases de cálculo e contribuintes;
b) obrigação, lançamento, crédito, prescrição e decadência tributários;
c) adequado tratamento tributário ao ato cooperativo praticado pelas sociedades cooperativas.
d) definição de tratamento diferenciado e favorecido para as microempresas e para as empresas de pequeno porte, inclusive regimes especiais ou simplificados no caso do imposto previsto no art. 155, II, das contribuições previstas no art. 195, I e §§ 12 e 13, e da contribuição a que se refere o art. 239.
Parágrafo único. A lei complementar de que trata o inciso III, d, também poderá instituir um regime único de arrecadação dos impostos e contribuições da União, dos Estados, do Distrito Federal e dos Municípios, observado que:
I – será opcional para o contribuinte;
II – poderão ser estabelecidas condições de enquadramento diferenciadas por Estado;
III – o recolhimento será unificado e centralizado e a distribuição da parcela de recursos pertencentes aos respectivos entes federados será imediata, vedada qualquer retenção ou condicionamento;
IV – a arrecadação, a fiscalização e a cobrança poderão ser compartilhadas pelos entes federados, adotado cadastro nacional único de contribuintes".

[59] Conforme preconizado pela Exposição de Motivos n. 662 (Diário do Congresso Nacional, Seção 1, 15/9/1966, p. 5801. Disponível em: http://imagem.camara.gov.br/montaPdf.asp?narquivo=DCD15SET1966.pdf&npagina=. Acesso em: 10 maio 2020).

[60] Há vinte Códigos nacionais em vigor, sendo o CTN o 7º mais antigo, precedido pelos seguintes Códigos, em ordem crescente: Código de Águas (Decreto n. 24.643/1934), Código Penal (Decreto n. 2.848/1940), Código de Processo Penal (Decreto n. 3.689/1941), Consolidação das Leis do trabalho (Decreto n. 5.452/1943), Código Brasileiro de Telecomunicações (Lei n. 4.117/1962) e Código Eleitoral (Lei n. 4.737/1965), de acordo com pesquisa no sítio eletrônico do Planalto – http://www.planalto.gov.br/CCIVIL_03/Codigos/quadro_cod.htm. Acesso em: 20 jan. 2020.

[61] Selecionados no rol das codificações mais antigas do que o CTN e de similar relevância.

[62] Considerando-se a quantidade de alterações e o número de anos de vigência, têm-se as seguintes razões de alterações por ano de vigência, de forma crescente: CTN: 0,33; CPP: 0,72; CP: 1,04; e CLT: 2,66. As alterações legislativas foram identificadas no sítio eletrônico do Planalto, sob cada codificação.

[63] Conforme pontuou Ives Gandra da Silva Martins, em 1999. (MARTINS, Ives Gandra da Silva. De volta à tirania fiscal. *Revista Opção*, p. 17, nov. 1999. Disponível em: http://187.33.2.163/

Foi concebido e promulgado sob a Constituição de 1946, perpassou a Constituição de 1967 e a Emenda Constitucional n. 1, de 1969, e foi recepcionado pela Constituição Federal de 1988.

Em sua versão final aprovada, o CTN trouxe a previsão acerca do lançamento tributário no conhecido art. 142, nos seguintes termos:

> Art. 142. Compete privativamente à autoridade administrativa constituir o crédito tributário pelo lançamento, assim entendido o procedimento administrativo tendente a verificar a ocorrência do fato gerador da obrigação correspondente, determinar a matéria tributável, calcular o montante do tributo devido, identificar o sujeito passivo **e, sendo caso, propor a aplicação da penalidade cabível**. (grifo nosso)

Em total inovação ao anteprojeto e mesmo ao projeto apresentado à Câmara dos Deputados, em 1954, encartado sob o PL n. 4.834/1954, o legislador incluiu a pretensão punitiva no lançamento, jungida à expressão "se caso" e ao termo "propor", conferindo a natureza casuística e propositiva da penalidade a cargo da Autoridade Administrativa competente à constituição do crédito tributário.

Novamente, nossa atenção volta-se à parte final do dispositivo, que, comparativamente ao texto do PL n. 4.834/1954, continuou a tratar da *penalidade*, mas sob um novo procedimento: a competência da Autoridade Administrativa ao lançamento passa a ser de ***propor*** *a aplicação da penalidade cabível.*

Ou seja, a versão aprovada do CTN não trouxe a mesma redação do Anteprojeto ou do Projeto sob o PL n. 4.834/1954, este último a referir à aplicação da penalidade cabível, mas inaugurou o comando *propositivo* da penalidade, que tomou o lugar da tarefa de *imposição.*

Fato histórico importante sobre o texto do art. 142 do CTN é a sua origem direta na vontade do Poder Executivo federal, embora baseado no PL n. 4.834/1954.

É dizer: foi uma opção do Ministério da Fazenda, órgão responsável pela elaboração e apresentação do Projeto à Presidência da República,

project/ives-gandra/public/uploads/2013/02/07/4a3dc65artigo_156.pdf. Acesso em: 10 maio 2020.). Passados 7 anos desse testemunho, o CTN continua imune à decretação de inconstitucionalidades.

via Exposição de Motivos n. 662, firmada pelo Ministro Octávio Gouvêa de Bulhões, adotar a redação do PLN n. 13/1966, e, em especial, definir o comando da pretensão punitiva no lançamento de forma casuística e propositiva.

Contrario sensu, optou-se por não atribuir – ou melhor, não manter a atribuição de – competência de aplicação de penalidade de forma automática e vinculada à cobrança de tributos como constava da redação do PL n. 4.834/1954.

Importa destacar da disposição promulgada, cuja interpretação, em suas várias formas e metodologias, há de considerar o processo legislativo, em especial o efeito da mudança do comando da pretensão punitiva de mera *aplicação* para *propor a aplicação da penalidade cabível,* sendo caso.

Note-se a relevância do contexto encimado para compreender a redação do art. 142 do CTN em vigor desde 1966 – ou seja, há quase 55 anos –, mormente pelo fato de as inúmeras leis tributárias em vigor, em especial aquelas que tratam de penalidades, serem posteriores ao CTN – a exemplo da Lei n. 9.430/1996 –, o que, à obviedade, por força hierárquica e normativa do *Codex*, implica baliza direta à vontade do legislador ordinário e mesmo das autoridades tributárias, notadamente ao exercício da pretensão punitiva.

É o CTN que define o procedimento ao exercício das pretensões arrecadatória e punitiva consubstanciado no lançamento, nos termos do art. 142, sendo defeso a sua alteração ou condicionamento por legislação ordinária.

Direto ao ponto: o CTN estabelece competência à Autoridade Administrativa para *propor a aplicação* e não para *aplicar* a penalidade, inclusive se decorrente de lançamento de tributo – a chamada multa *vinculada.*

1.5. Com a palavra, Rubens Gomes de Sousa

As lições de Rubens Gomes de Sousa confundem-se com a história do Direito Tributário brasileiro. Seus escritos correspondem à interpretação das normas gerais desta rica seara jurídica, não apenas por ser autor do Anteprojeto do CTN, mas, também, por seu integral[64] envolvimento com

[64] Digno de nota, a ilustrar o seu empenho na academia, além de seus escritos, é o fato de ter declinado convite para compor o Supremo Tribunal Federal, em 1967, também por conta da então recém-encetada Reforma Tributária, que lhe demandara divulgar e promover o

os mais variados temas tributários, tendo produzido vastíssimo material em que registra seus pensamentos, proporcionando-nos experimentar as suas lentes de leitura.

Rubens Gomes de Sousa, já em 1952, destacava a importância do trabalho interpretativo que conduza à realização prática integral das finalidades que a lei se destina a alcançar. São suas as seguintes palavras:

> (...) a doutrina moderna considera a interpretação da lei, isto é, um processo de raciocínio cuja finalidade é dupla: (1º) *Integrar a lei no sistema jurídico*, ou seja, considerar cada lei como fazendo parte de um conjunto sistematicamente orgânico, cuja finalidade última é uma só: a regulamentação, sob

Código Tributário Nacional, que completava seu 1º ano de vigência. Em carta dirigida ao então governador de São Paulo, Roberto de Abreu Sodré, datada de 25 de setembro de 1967, Gomes de Sousa relatou sua surpresa com o convite e a difícil decisão que tomara, nos seguintes termos (em excertos): "25 de setembro de 1967. Senhor Governador: Venho agradecer a Vossa Excelência a consulta, transmitida pelo meu amigo e colega Carlos Eduardo Camargo Aranha, quanto à indicação do meu nome para a vaga aberta no Supremo Tribunal Federal com a aposentadoria do Ministro Cândido Motta Filho. Ao mesmo tempo, peço licença para reiterar diretamente a Vossa Excelência às razões que me levaram a declinar do honroso convite e a pedir dispensa do serviço que ele me solicitava. (...) A reforma tributária, implantada pela Emenda Constitucional n. 18, implementada pelo Código Tributário Nacional, e consagrada, posto que com modificações, pela Constituição Federal, ainda não é um assunto encerrado. Continua ela a sofrer ataques, tanto no terreno político, que não me compete, como no científico ou técnico; subsistem as tendências de modificá-las, em aspectos não apenas de detalhe, mas estruturais; e estudos se processam nesse sentido, em diferentes planos e, presumivelmente, inspirados em distintas tendências e motivações. Assim, a minha responsabilidade pela reforma tributária, quer perante o país, quer para consigo mesmo, não está definitivamente saldada. Subsistem ainda trabalhos que me competem nesse assunto, seja para fundamentar o que foi feito, seja para comentar o que se venha a fazer. Por isso, não me é possível assumir uma posição que, pela sua própria magnitude, me retiraria definitivamente do campo de uma luta ainda não decidida. (...) Para mim, a reforma tributária começou em 1953: nesse ano, elaborei o Anteprojeto de que resultou o primitivo Projeto de Código Tributário Nacional, que no ano seguinte foi enviado ao Congresso. (...) Assim, a reforma tributária é um trabalho que me ocupa há, 14 anos, que vão dos 40 aos 54 anos da minha idade. Esse período é, na vida de um homem de estudo e de trabalho, o mais significativo em termos de maturidade de pensamento, de capacidade de produção, de cristalização de ideias e de refinamento de convicções. A ele segue-se, fatalmente, a estabilização e, depois, o declínio. Acredito, portanto, que se algo de útil me será dado produzir e deixar, esse algo será resultante do esforço que até agora consagrei à reforma tributária.". (Centro de Pesquisa e Documentação de História Contemporânea do Brasil – CPDOC, Fundação Getúlio Vargas, nos arquivos referentes a Aliomar Baleeiro e Rubens Gomes de Sousa).

> todos os aspectos, da vida humana organizada em sociedade; esta maneira de entender o problema afasta portanto os métodos de interpretação que considerem uma determinada lei, em razão do seu assunto, isoladamente e destacada do sistema jurídico a que pertence; (2º) *Integrar na lei tudo o que se contém*, isto é, encontrar na própria lei solução para todas as hipóteses que ocorram, tendo em vista a finalidade que a lei deve desempenhar como parte integrante do sistema jurídico; assim ficam afastados os métodos de interpretação que imponham adoção de resultados apriorísticos, ou seja, resultados pré-estabelecidos sem atender as peculiaridades de cada caso.[65]

Em seu relatório aprovado pela Comissão Especial de 1953, Rubens Gomes de Sousa[66] comenta o produto da revisão do seu Anteprojeto, expondo a sua interpretação das normas gerais capsuladas na redação do Projeto de 1954.

Ao presente estudo, investigamos a análise da pretensão punitiva fiscal, buscando compreender o seu entendimento sobre o tema, especialmente sobre o caráter impositivo ou propositivo no ato do lançamento.

Em seus comentários ao Projeto de 1954, o autor destaca a relevante alteração do Anteprojeto, pela Comissão Especial de 1953, que retirou o Livro atinentes a infrações e penalidades e redistribuiu os dispositivos que remanesceram, ressaltando o impacto sobre a formação da relação tributária antes atribuída ao contencioso, nas seguintes palavras:

> A eliminação dos Livros VIII e IX afetou entretanto o estudo de outros dispositivos do Anteprojeto. Neste, com efeito, a matéria processual havia sido regulada em função das idéias pessoais de seu autor sôbre a natureza do processo fiscal e seus reflexos sôbre o desenvolvimento da relação jurídica tributária (...).[67]

[65] SOUSA, Rubens Gomes de. *Compêndio de legislação tributária*. Edição póstuma. São Paulo: IBET; Resenha tributária, 1981. p. 78-79.

[66] SOUSA, Rubens Gomes de. Relatório apresentado pelo Prof. Rubens Gomes de Souza, relator geral, e aprovado pela Comissão Especial nomeada pelo Ministro da Fazenda para elaborar o Projeto de Código Tributário Nacional. *In*: BRASIL. Ministério da Fazenda. *Trabalhos da Comissão Especial do Código Tributário Nacional*. Rio de Janeiro: IBGE, p. 79-261, 1954. p. 207. Disponível em: http://www2.senado.leg.br/bdsf/handle/id/511517. Acesso em: 10 maio 2020.

[67] SOUSA, Rubens Gomes de. Relatório apresentado pelo Prof. Rubens Gomes de Souza, relator geral, e aprovado pela Comissão Especial nomeada pelo Ministro da Fazenda para

A obrigação tributária decorre, exclusivamente, da lei – e não de ato oficioso da Administração Pública[68] – como correspondente do princípio da legalidade em matéria tributária,[69] de modo que "(...) a obrigação surge desde o momento em que se verifique a situação prevista em lei (...)", de acordo com a situação jurídica decorrente, ao sujeito passivo, da "(...) aplicabilidade imediata da lei tributária à situação de fato nela prevista e efetivamente verificada.".[70-71]

elaborar o Projeto de Código Tributário Nacional. *In*: BRASIL. Ministério da Fazenda. *Trabalhos da Comissão Especial do Código Tributário Nacional*. Rio de Janeiro: IBGE, p. 79-261, 1954. p. 92. Disponível em: http://www2.senado.leg.br/bdsf/handle/id/511517. Acesso em: 10 maio 2020.

[68] JÉZE, Gaston. Natureza e regime jurídico do crédito fiscal. *Revista de Direito Administrativo*, São Paulo: RT, v. III, p. 59-68, 1946. Tradução Carlos da Rocha Guimarães.

[69] Então previsto no art. 141, §3º, da Constituição de 1946:
"Art. 141 – A Constituição assegura aos brasileiros e aos estrangeiros residentes no País a inviolabilidade dos direitos concernentes à vida, à liberdade, a segurança individual e à propriedade, nos termos seguintes:
(...) § 34 – Nenhum tributo será exigido ou aumentado sem que a lei o estabeleça; nenhum será cobrado em cada exercício sem prévia autorização orçamentária, ressalvada, porém, a tarifa aduaneira e o imposto lançado por motivo de guerra. (Vide Emenda Constitucional n. 7, de 1964)".

[70] SOUSA, Rubens Gomes de. Relatório apresentado pelo Prof. Rubens Gomes de Souza, relator geral, e aprovado pela Comissão Especial nomeada pelo Ministro da Fazenda para elaborar o Projeto de Código Tributário Nacional. *In*: BRASIL. Ministério da Fazenda. *Trabalhos da Comissão Especial do Código Tributário Nacional*. Rio de Janeiro: IBGE, p. 79-261, 1954. p. 189. Disponível em: http://www2.senado.leg.br/bdsf/handle/id/511517. Acesso em: 10 maio 2020.

[71] Interessante a referência feita por Gomes de Sousa à matriz alemã dessa doutrina: "O dispositivo filiou-se, assim, à solução do direito alemão. A *Reichsabgabenordnung*, em seu texto original (1919), dispunha, no § 81, que a obrigação tributária nasce com a ocorrência da causa geradora do tributo. Na revisão de 1934, o dispositivo passou para o § 99, determinando, mais precisamente, que o débito fiscal nasce desde que seja realizado o estado de fato do qual a lei faça depender o tributo, e esclarecendo que o nascimento do débito não é diferido pela circunstância do seu montante depender de fixação posterior. Finalmente, a *Steueranpassungsgesetz* de 1934 reproduziu o dispositivo em seu § 3º, explicitando ainda mais a sua segunda parte, no sentido de que são sem efeito sôbre o nascimento do débito fiscal o seu posterior lançamento e exigibilidade." (SOUSA, Rubens Gomes de. Relatório apresentado pelo Prof. Rubens Gomes de Souza, relator geral, e aprovado pela Comissão Especial nomeada pelo Ministro da Fazenda para elaborar o Projeto de Código Tributário Nacional. *In*: BRASIL. Ministério da Fazenda. *Trabalhos da Comissão Especial do Código Tributário Nacional*. Rio de Janeiro: IBGE, p. 79-261, 1954. p. 189. Disponível em: http://www2.senado.leg.br/bdsf/handle/id/511517. Acesso em: 10 maio 2020.)

Segundo o jurista,[72] as fontes da obrigação tributária são a lei, o fato gerador e o lançamento, correspondendo às circunstâncias fáticas ou jurídicas de que decorrem, de forma casuística, a obrigação do sujeito passivo de pagar o tributo e o direito do Estado de exigi-lo. E, conceitua obrigação nos seguintes termos:

> (...) o direito tributário pertence à categoria de direitos obrigacionais, cuja característica é de regularem relações entre dois sujeitos de direito (credor e devedor) com referência a uma prestação positiva ou negativa (objeto da obrigação). O elemento central do direito obrigacional, aquilo que constitui essencialmente o conteúdo jurídico de um direito desse tipo, é portanto a obrigação, que pode ser assim definida: obrigação é o poder jurídico por força do qual uma pessoa (*sujeito ativo*) pode exigir de outra (*sujeito passivo*) uma prestação positiva ou negativa (*objeto da obrigação*) em virtude de uma circunstância reconhecida pelo direito como produzindo aquele efeito (*causa da obrigação*).[73]

Disso decorre o efeito declaratório do lançamento acerca da obrigação tributária – previsto desde o Anteprojeto, em seu art. 140, e replicado no Projeto de 1954, em seu art. 80, além de consignado, também, no CTN[74] – como medida preliminar indispensável à liquidez e exigibilidade daquela, mediante a constituição do crédito de forma subordinada à obrigação, conforme definido pelo art. 105 do Projeto de 1954, replicando o art. 168 do Anteprojeto.[75]

[72] SOUSA, Rubens Gomes de. *Compêndio de legislação tributária*. Edição póstuma. São Paulo: IBET; Resenha tributária, 1981. p. 87.
[73] SOUSA, Rubens Gomes de. *Compêndio de legislação tributária*. Edição póstuma. São Paulo: IBET; Resenha tributária, 1981. p. 83.
[74] Art. 97, III c/c art. 113, §1º, ambos do CTN:
"Art. 97. Somente a lei pode estabelecer:
(...) III – a definição do fato gerador da obrigação tributária principal, ressalvado o disposto no inciso I do § 3º do artigo 52, e do seu sujeito passivo;"
"Art. 113. A obrigação tributária é principal ou acessória.
§ 1º A obrigação principal surge com a ocorrência do fato gerador, tem por objeto o pagamento de tributo ou penalidade pecuniária e extingue-se juntamente com o crédito dela decorrente".
[75] Na lição de Rubens Gomes de Sousa, "(...) o lançamento é ato meramente *declaratório* da obrigação, que se constitui com a ocorrência da situação material ou jurídica definida por lei como fato gerador. Todavia, os autores que se filiam a esta corrente demonstram certa

Gomes de Sousa enfatiza a equivalência entre crédito e obrigação, não se alterando tal aspecto em função do lançamento:

> O crédito nada mais é, com efeito, que a própria obrigação em estado ativo: assim sendo, os direitos recíprocos da Fazenda Pública e do contribuinte são definidos pela obrigação, representando simples regras de atuação as normas relativas ao crédito (supra: 87).[76]

E, avança dizendo que[77] "(...) para efeitos práticos, procedimento tributário e lançamento são a mesma coisa (...)", explicitando o significado da redação do art. 142 do CTN, seja no sentido da equivalência prática entre lançamento e procedimento, seja quanto à integração do contencioso

perplexidade ao terem de reconhecer no lançamento um efeito mais que meramente declaratório, de vez que, antes de exercida a atividade administrativa tendente à determinação do débito fiscal, o contribuinte não pode solvê-lo nem mesmo espontâneamente; ou, nos casos em que a liquidação do débito seja atribuída por lei ao próprio contribuinte, a própria obrigação não se reputa extinta enquanto a atividade exercitada pelo contribuinte não seja homologada pela autoridade fiscal. Os estudos mais recentes sôbre o assunto, reexaminando toda a copiosa literatura existente sôbre o tema, conduzem, entretanto, a uma solução que concilia a tese da constituição da obrigação pelo fato gerador, única compatível com a natureza *ex-lege* daquela, com a constatação prática de um efeito constitutivo inerente ao lançamento, além do seu efeito declaratório da obrigação preexistente. Assim, o lançamento, em seguida à constatação, meramente declaratória, da ocorrência do fato gerador e do conseqüente nascimento da obrigação, efetua a constituição do crédito correspondente, através da liquidação do montante a ser pago e da identificação do devedor. Como ulterior conseqüência, esta, porém, de natureza formal, o lançamento dá origem ao débito fiscal, consubstanciado no título executório que dêle decorre (ROTONDI, "L'Accertamento Tributario", em *Appunti sull'Obbligazione Tributaria* (1950), p. 75 e segs., espec. § 68)." (SOUSA, Rubens Gomes de. Relatório apresentado pelo Prof. Rubens Gomes de Souza, relator geral, e aprovado pela Comissão Especial nomeada pelo Ministro da Fazenda para elaborar o Projeto de Código Tributário Nacional. *In*: BRASIL. Ministério da Fazenda. *Trabalhos da Comissão Especial do Código Tributário Nacional.* Rio de Janeiro: IBGE, p. 79-261, 1954. p. 203-204. Disponível em: http://www2.senado.leg.br/bdsf/handle/id/511517. Acesso em: 10 maio 2020.

[76] SOUSA, Rubens Gomes de. Relatório apresentado pelo Prof. Rubens Gomes de Souza, relator geral, e aprovado pela Comissão Especial nomeada pelo Ministro da Fazenda para elaborar o Projeto de Código Tributário Nacional. *In*: BRASIL. Ministério da Fazenda. *Trabalhos da Comissão Especial do Código Tributário Nacional.* Rio de Janeiro: IBGE, p. 79-261, 1954. p. 202. Disponível em: http://www2.senado.leg.br/bdsf/handle/id/511517. Acesso em: 10 maio 2020.

[77] Em aula "Procedimento tributário", publicado em RDP n. 29, p. 284.

administrativo nessa quadra, do qual decorreria, ao final, o lançamento definitivo.[78]

Do lançamento decorre uma situação jurídica nova consubstanciada na executoriedade da obrigação nos limites da lei – que delimita a obrigação de pagamento do contribuinte e o direito de cobrança do Estado. No processo formativo da relação jurídico-tributária, a fase executória da obrigação superaria a natureza objetiva da situação – decorrente da incidência da lei e do fato gerador – e inaugura uma etapa *subjetiva*, mediante a individualização do crédito tributário e a sua atribuição a uma determinada pessoa.[79]

[78] Gilberto de Ulhôa Canto acompanha a visão de Gomes de Sousa acerca da extensão do lançamento no bojo do contencioso administrativo: "Então, há lançamento – não quer dizer que o lançamento seja definitivo, É como sentença. A decisão judicial pode tornar-se definitiva em primeira instância – salvo se se tratar de decisão contra a Fazenda Pública, em que o duplo grau de jurisdição é obrigatório – se não há recursos, e o lançamento também pode tornar-se definitivo. Mas enquanto ele for suscetível de ataque, pelo contribuinte, de acordo com a lei processual aplicável, ele não é definitivo, mas é lançamento (...)". (CANTO, Gilberto de Ulhôa. Do Processo Tributário Administrativo. *In*: *Teoria do Direito Tributário*. Curso Editado pela Secretaria da Fazenda de São Paulo, São Paulo: 1975. p. 111)

[79] Nas Palavras de Rubens Gomes de Sousa: "A esta conceituação foi observado, nos debates sôbre o Anteprojeto, promovidos pelo Instituto Brasileiro de Direito Financeiro, que a distinção entre atos constitutivos e atos meramente declaratórios está em que os primeiros criam uma situação jurídica nova, ao contrário dos segundos, que constatam situações jurídicas preexistentes, sem nada acrescentar à natureza ou aos efeitos daqueles. A isso pode-se, entretanto, responder que a situação jurídica nova, criada pelo lançamento, é exatamente a executoriedade da obrigação. Esta conclusão já podia ser extraída dos estudos de NA WIASKY *(Steuerrechtliche Grundfragen,* Monaco 1926), que sistematizou o processo formativo da relação jurídica tributária em três fases sucessivas: (a) situação jurídica abstrata, decorrente da simples existência de lei tributária oponível *erga omnes;* (b) situação jurídica concreta, decorrente da ocorrência do fato gerador, que identifica o comando legislativo genérico a uma situação concreta de fato; (c) situação jurídica subjetiva, decorrente do lançamento, que, referindo a determinado contribuinte a obrigação previamente concretizada pelo fato gerador, integra no patrimônio daquele o débito individual do tributo. (...)" (SOUSA, Rubens Gomes de. Relatório apresentado pelo Prof. Rubens Gomes de Souza, relator geral, e aprovado pela Comissão Especial nomeada pelo Ministro da Fazenda para elaborar o Projeto de Código Tributário Nacional. *In*: BRASIL. Ministério da Fazenda. *Trabalhos da Comissão Especial do Código Tributário Nacional.* Rio de Janeiro: IBGE, p. 79-261, 1954. p. 203-204. Disponível em: http://www2.senado.leg.br/bdsf/handle/id/511517. Acesso em: 10 maio 2020).

Gomes de Sousa[80] aclara os efeitos de cada uma das situações – objetiva e subjetiva – nas seguintes palavras:

> Em resumo, o que é de natureza objetiva são as hipóteses em que o tributo *será devido;* mas as hipóteses em que o tributo *é devido* são subjetivas; quanto às primeiras, é certo que o contribuinte não tem direito adquirido, mas isso não é uma situação especial ao direito tributário, porque ninguém pode ter direito adquirido contra a lei; já quanto às segundas, o contribuinte tem um direito adquirido, que é o direito de só estar obrigado a pagar aquilo que resulte da exata verificação tal como esta tenha ocorrido.[81]

O autor pinta com cores fortes sua crítica à feição objetiva da relação jurídico-tributária, afirmando que o seu corolário seria considerar o lançamento um ato administrativo meramente formal, destituído de definitividade, afigurando-se inconciliável com a natureza vinculada e não discricionária do lançamento como tal concebida no sistema dos atos administrativos, para além da seara tributária.[82]

E conclui ser de uma relação jurídica subjetiva de direito público a natureza da obrigação tributária.[83]

[80] SOUSA, Rubens Gomes de. *Compêndio de legislação tributária.* Edição póstuma. São Paulo: IBET; Resenha tributária, 1981. p. 86.

[81] Vale a transcrição do exemplo dado pelo autor que bem ilustra sua abordagem: "Quem instala uma indústria no pressuposto de pagar um imposto de 5% porque seja esse o previsto na lei vigente ao tempo da sua instalação, nada pode reclamar contra uma lei que venha elevar o imposto para 10%, ainda que possa ter prejuízo ou mesmo ser obrigado a fechar o estabelecimento: trata-se de uma situação regulada objetivamente na lei, contra qual ninguém pode invocar direito adquirido. Todavia, quanto aos produtos fabricados anteriormente à nova lei, o contribuinte, no exemplo figurado, pode invocar um direito adquirido a só pagar o imposto à razão de 5%: trata-se de uma situação jurídica subjetiva que se concretizou com o nascimento da obrigação tributária. Na prática, o exemplo que acabamos de referir constitui uma aplicação da teoria dos efeitos do lançamento (...)." (SOUSA, Rubens Gomes de. *Compêndio de legislação tributária.* Edição póstuma. São Paulo: IBET; Resenha tributária, 1981. p. 86)

[82] SOUSA, Rubens Gomes de. Relatório apresentado pelo Prof. Rubens Gomes de Souza, relator geral, e aprovado pela Comissão Especial nomeada pelo Ministro da Fazenda para elaborar o Projeto de Código Tributário Nacional. *In*: BRASIL. Ministério da Fazenda. *Trabalhos da Comissão Especial do Código Tributário Nacional.* Rio de Janeiro: IBGE, p. 79-261, 1954. p. 204. Disponível em: http://www2.senado.leg.br/bdsf/handle/id/511517. Acesso em: 10 maio 2020.

[83] SOUSA, Rubens Gomes de. *Compêndio de legislação tributária.* Edição póstuma. São Paulo: IBET; Resenha tributária, 1981. p. 86.

Avançando nos comentários acerca do tema no Projeto de 1954, Gomes de Sousa define o lançamento como um ato complexo formado por uma sucessão regrada de atos conjugados em vista de um objetivo comum, o que motivou a Comissão a alterar a redação do art. 168 do Anteprojeto, para excluir a terminologia *atividade* – de *atividade destinada a constituir o crédito tributário* – cedendo espaço à natureza de *procedimento* – tal como veio a ser definido no Projeto de 1966 e no CTN.[84]

O jurista conceitua lançamento como fonte da obrigação tributária e destaca seus efeitos de ordem prática à composição do crédito tributário nos seguintes termos:[85]

> Como decorre da noção do desenvolvimento da obrigação tributária (§20), a função do lançamento é individualizar a obrigação prevista em abstrato pela lei e surgida em concreto com ocorrência do fato gerador. O lançamento pode portanto ser definido como *o ato ou série de atos de administração vinculada e obrigatória que tem como fim a contratação e a valoração qualitativa e quantitativa das situações que a lei define como pressupostos da incidência e, como consequência, a criação da obrigação tributária em sentido formal* (...).[86]

O conceito encimado abriga duas características que merecem especial atenção à sua correta compreensão no bojo do lançamento – ato de administração "vinculada" e "obrigatória" –, registradas na redação do art. 106 do Projeto de 1954,[87] ao dispor que o exercício do lançamento é vinculado e obrigatório.

[84] SOUSA, Rubens Gomes de. Relatório apresentado pelo Prof. Rubens Gomes de Souza, relator geral, e aprovado pela Comissão Especial nomeada pelo Ministro da Fazenda para elaborar o Projeto de Código Tributário Nacional. *In*: BRASIL. Ministério da Fazenda. *Trabalhos da Comissão Especial do Código Tributário Nacional.* Rio de Janeiro: IBGE, p. 79-261, 1954. p. 202. Disponível em: http://www2.senado.leg.br/bdsf/handle/id/511517. Acesso em: 10 maio 2020.

[85] SOUSA, Rubens Gomes de. *Compêndio de legislação tributária*. Edição póstuma. São Paulo: IBET; Resenha tributária, 1981. p. 101-102.

[86] O autor prossegue em sua obra analisando cada uma das características que compõem o conceito.

[87] "Art. 106. O exercício do lançamento é vinculado e obrigatório, sob pena de responsabilidade funcional, ressalvadas as hipóteses de exclusão ou suspensão do crédito tributário previstas neste Código". (BRASIL. Ministério da Fazenda. Projeto de Código Tributário Nacional. *In*: *Trabalhos da Comissão Especial do Código Tributário Nacional.* Rio de Janeiro: IBGE,

Gomes de Sousa explica que a característica de *vinculado* decorreria da inexistência de discricionariedade administrativa em matéria fiscal, e a condição de *obrigatório* adviria da aplicação específica da regra geral do art. 104 do Projeto de 1954,[88] que veda a dispensa da efetivação ou das garantias do crédito tributário fora das hipóteses expressamente previstas no Código.[89]

Numa nova incursão em sua obra "Compêndio de Legislação Tributária", identificamos lição elucidativa acerca da motivação das características *vinculado* e *obrigatório,* registrando serem atribuídas à própria administração, ou ao ato de administrar, e imanentes ao tributo, dado que o lançamento constata a ocorrência *in concreto* do fato gerador tributário e formaliza a obrigação tributária nos estritos termos da lei. As palavras de Gomes de Sousa assim expressam:

> Por administração *vinculada* (ou *regrada*) entende-se aquela que não é *discricionária*; por sua vez atos discricionários são aqueles que a administração pode praticar a seu critério, sem estar ligada a nenhuma regra imposta por lei quanto à maneira de praticá-los. O lançamento não é um ato discricionário: ao praticá-lo, a administração deve agir estritamente de acordo com o que a lei tributária dispuser a respeito, não podendo agir a seu critério: trata-se portanto de ato de administração vinculada ou regrada. Por outro lado, trata-se de ato de administração *obrigatória*: isto significa que a atividade da administração em matéria de lançamento não é *facultativa*. Por outras palavras,

1954. p. 17-78. Disponível em: http://www2.senado.leg.br/bdsf/handle/id/511517. Acesso em: 10 maio 2020)

[88] "Art. 104. O crédito tributário regularmente constituído somente se modifica, suspende, extingue ou exclui nas hipóteses previstas neste Código, fora das quais não podem ser dispensadas a sua efetivação ou as respectivas garantias, sob pena de responsabilidade funcional". BRASIL. Ministério da Fazenda. Projeto de Código Tributário Nacional. *In*: *Trabalhos da Comissão Especial do Código Tributário Nacional.* Rio de Janeiro: IBGE, p. 17-78, 1954. p. 48-49. Disponível em: http://www2.senado.leg.br/bdsf/handle/id/511517. Acesso em: 10 maio 2020.)

[89] SOUSA, Rubens Gomes de. Relatório apresentado pelo Prof. Rubens Gomes de Souza, relator geral, e aprovado pela Comissão Especial nomeada pelo Ministro da Fazenda para elaborar o Projeto de Código Tributário Nacional. *In*: BRASIL. Ministério da Fazenda. *Trabalhos da Comissão Especial do Código Tributário Nacional.* Rio de Janeiro: IBGE, p. 79-261, 1954. p. 205. Disponível em: http://www2.senado.leg.br/bdsf/handle/id/511517. Acesso em: 10 maio 2020.

> sempre que verifique que ocorreu uma situação prevista em lei como dando origem a uma obrigação tributária (isto é, um fato gerador) a administração está obrigada a fazer o lançamento. Não se pode deixar de fazer lançamento de tributos (o que equivale a dispensar o seu pagamento), nem mesmo por eqüidade (§38): por eqüidade só se podem dispensar multas ou penalidades, mas nunca o próprio tributo, a não ser por lei expressa, p.ex., uma lei que conceda moratória ou cancele débitos fiscais.[90]

Nota-se, uma vez mais, a ênfase conferida ao tributo como objeto da atividade *vinculada* e *obrigatória,* o que viria a ser registrado no próprio conceito de tributo inscrito no art. 3º do CTN – o dispositivo precursor no Projeto de 1954 seria o art. 17,[91] que não consignava essas características.

Chegando na previsão do art. 111 do Projeto de 1954,[92] que trata do lançamento de ofício, o autor[93] se debruça nas hipóteses ditas *penais* de apuração de ação ou omissão passível de penalidade, por meio de auto de infração, cuja natureza essencial seria de um lançamento, dado que a finalidade de ambos seria a apuração da ocorrência de fato anterior pre-

[90] SOUSA, Rubens Gomes de. *Compêndio de legislação tributária*. Edição póstuma. São Paulo: IBET; Resenha tributária, 1981. p. 102-103.

[91] "Art. 17. Tributo é tôda prestação pecuniária instituída por lei com caráter compulsório pela União, pelos Estados, pelo Distrito Federal ou pelos Municípios, no uso de competência constitucional inerente à sua condição de pessoa jurídica de direito público." (BRASIL. Ministério da Fazenda. Projeto de Código Tributário Nacional. *In*: *Trabalhos da Comissão Especial do Código Tributário Nacional.* Rio de Janeiro: IBGE, p. 17-78, 1954. p. 23. Disponível em: http://www2.senado.leg.br/bdsf/handle/id/511517. Acesso em: 10 maio 2020)

[92] "Art. 111. O lançamento é efetuado de ofício pela autoridade administrativa, nos seguintes casos:
(...) V. Quando seja apurada ação ou omissão, por parte do contribuinte ou de terceiro, que dê lugar à aplicação de penalidade pecuniária;
VI. Quando seja averiguado que o contribuinte, ou terceiro em seu benefício, agiu com dolo, fraude ou simulação; (...)". (BRASIL. Ministério da Fazenda. Projeto de Código Tributário Nacional. *In*: *Trabalhos da Comissão Especial do Código Tributário Nacional.* Rio de Janeiro: IBGE, p. 17-78, 1954. p. 50-51. Disponível em: http://www2.senado.leg.br/bdsf/handle/id/511517. Acesso em: 10 maio 2020.)

[93] SOUSA, Rubens Gomes de. Relatório apresentado pelo Prof. Rubens Gomes de Souza, relator geral, e aprovado pela Comissão Especial nomeada pelo Ministro da Fazenda para elaborar o Projeto de Código Tributário Nacional. *In*: BRASIL. Ministério da Fazenda. *Trabalhos da Comissão Especial do Código Tributário Nacional.* Rio de Janeiro: IBGE, p. 79-261, 1954. p. 207. Disponível em: http://www2.senado.leg.br/bdsf/handle/id/511517. Acesso em: 10 maio 2020.

visto em lei, sua valoração econômica e a constituição do crédito tributário correspondente atribuída a determinado sujeito passivo.[94]

No tocante a infrações e penalidades, o entendimento de Gomes de Sousa consta de forma esparsa refletido em seu Relatório nos dispositivos remanescentes da profunda alteração sofrida pelo Anteprojeto, conforme *suso* comentado, também considerando a sua doutrina contemporânea aos fatos em comento.

A atual regra alcunhada de *in dubio pro contribuinte* constava do art. 78[95] do Projeto de 1954 sob a classificação de *princípio da equidade*, nas palavras de Rubens Gomes de Sousa,[96] estabelecendo limites à regra de interpretação das disposições de cunho *penal* pela forma mais favorável ao acusado.[97]

Tratando dos arts. 172[98] a 174, enfeixados no Capítulo IV (Da Responsabilidade) do Projeto de 1954, Gomes de Sousa pondera a incipiência de estudo sobre a natureza própria das infrações tributárias para

[94] Com espeque na lição de Gadelha de Mello: MELLO, Roque Gadelha de. *Teoria e prática do processo fiscal.* Imprenta: Curitiba: Guaira, 1946. p. 11.

[95] "Art. 78. A lei tributária que defina infrações, ou lhes comine penalidades, interpreta-se da maneira mais favorável ao acusado, em caso de dúvida:
I. Quanto à capitulação legal, a natureza ou as circunstâncias materiais do fato, ou quanto à natureza ou extensão de seus efeitos;
II. Quanto à autoria, imputabilidade ou punibilidade;
III. Quanto à natureza da penalidade aplicável, ou à sua graduação." (BRASIL. Ministério da Fazenda. Projeto de Código Tributário Nacional. *In*: *Trabalhos da Comissão Especial do Código Tributário Nacional.* Rio de Janeiro: IBGE, p. 17-78, 1954. p. 41-42. Disponível em: http://www2.senado.leg.br/bdsf/handle/id/511517. Acesso em: 10 maio 202).

[96] SOUSA, Rubens Gomes de. Relatório apresentado pelo Prof. Rubens Gomes de Souza, relator geral, e aprovado pela Comissão Especial nomeada pelo Ministro da Fazenda para elaborar o Projeto de Código Tributário Nacional. *In*: BRASIL. Ministério da Fazenda. *Trabalhos da Comissão Especial do Código Tributário Nacional.* Rio de Janeiro: IBGE, p. 79-261, 1954. p. 184. Disponível em: http://www2.senado.leg.br/bdsf/handle/id/511517. Acesso em: 10 maio 2020.

[97] Segundo o autor, tal regra já contaria com entendimento pacífico na jurisprudência fiscal, ilustrada pelos julgados indicados em: *Direito,* 3/260, 15/445; *Revista Forense,* 90/124; *Arquivo Judiciário,* 63/237.

[98] "Art. 172. Salvo disposição expressa em contrário, a responsabilidade por infrações da legislação tributária independe da intenção do agente ou do responsável e da efetividade, natureza e extensão dos efeitos do ato". (BRASIL. Ministério da Fazenda. Projeto de Código Tributário Nacional. *In*: *Trabalhos da Comissão Especial do Código Tributário Nacional.* Rio de Janeiro: IBGE, p. 17-78, 1954. p. 70. Disponível em: http://www2.senado.leg.br/bdsf/handle/id/511517. Acesso em: 10 maio 202)

além da distinção entre as sanções administrativas em matéria tributária e as penas afetas ao Direito Penal, e, ainda, as reparações de caráter civil.[99]

Pontua que as infrações tributárias teriam por característica conceitual a circunstância de "(...) não configurarem um ilícito jurídico por si mesmas, senão apenas em conexão com uma obrigação de outra natureza, a obrigação tributária principal ou acessória (...)".[100]

De acordo com o jurista, tal traço distintivo justificaria a expressa eliminação do elemento subjetivo na conceituação das infrações fiscais – na forma consignada no art. 172 do Projeto de 1954 – para adotar-se uma presunção absoluta de que a motivação do agente tenha sido o próprio descumprimento, considerando a prática de ação ou omissão destituída de conteúdo jurídico próprio e insuscetível de efeitos práticos que superem o descumprimento de uma obrigação legal. E, dizendo:

> É êsse, portanto, o fundamento da norma de que as infrações fiscais são consideradas objetivamente, ou seja, como fatos concretos, independentemente de suas causas intelectuais ou de seus efeitos materiais, conclusão a que chega a jurisprudência embora por fundamentos diversos e não necessàriamente sistematizados.
>
> (...) Pela finalidade atribuída ao artigo, foi rejeitada a sugestão supressiva 1.032, prejudicadas as de ns. 416 e 790 pela supressão da exigência de conhecimento real ou presumido da infração pelo responsável, em consonância com o princípio consagrado pelo artigo, que já importa, tàcitamente, naquela mesma presunção. (...) Êste, como já foi dito, inclui na presunção do elemento intencional o próprio conhecimento da infração pelo seu responsável.[101]

[99] SOUSA, Rubens Gomes de. Relatório apresentado pelo Prof. Rubens Gomes de Souza, relator geral, e aprovado pela Comissão Especial nomeada pelo Ministro da Fazenda para elaborar o Projeto de Código Tributário Nacional. *In*: BRASIL. Ministério da Fazenda. *Trabalhos da Comissão Especial do Código Tributário Nacional*. Rio de Janeiro: IBGE, p. 79-261, 1954. p. 243-245. Disponível em: http://www2.senado.leg.br/bdsf/handle/id/511517. Acesso em: 10 maio 2020.

[100] SOUSA, Rubens Gomes de. Relatório apresentado pelo Prof. Rubens Gomes de Souza, relator geral, e aprovado pela Comissão Especial nomeada pelo Ministro da Fazenda para elaborar o Projeto de Código Tributário Nacional. *In*: BRASIL. Ministério da Fazenda. *Trabalhos da Comissão Especial do Código Tributário Nacional*. Rio de Janeiro: IBGE, p. 79-261, 1954. p. 243. Disponível em: http://www2.senado.leg.br/bdsf/handle/id/511517. Acesso em: 10 maio 2020.

[101] SOUSA, Rubens Gomes de. Relatório apresentado pelo Prof. Rubens Gomes de Souza, relator geral, e aprovado pela Comissão Especial nomeada pelo Ministro da Fazenda para elaborar o Projeto de Código Tributário Nacional. *In*: BRASIL. Ministério da Fazenda. *Trabalhos*

Excepcionando o *princípio da objetividade,*[102] o legislador estabeleceria *numerus clausus* as infrações com caráter pessoal da responsabilidade penal por decorrer (essa personalização) da própria natureza da infração ou das circunstâncias da sua prática – então previstas no art. 173[103] do Projeto de 1954 –, a exemplo de infrações que também caracterizem crimes ou contravenções – com as exceções previstas, ou que a própria lei tributária consigne o elemento intencional do dolo específico à caracterização da infração.

Outra hipótese de responsabilização pessoal teria lugar em caso de fraude exercida pelo agente contra o responsável – o que se configuraria quando o mandatário, preposto ou empregado, exercendo atividade dolosa em proveito próprio, venha causar a infração fiscal.

Outra exceção à regra da responsabilidade objetiva por infração à legislação tributária seria a denúncia espontânea da infração e sua concomitante reparação.[104-105].

da Comissão Especial do Código Tributário Nacional. Rio de Janeiro: IBGE, p. 79-261, 1954. p. 244-245. Disponível em: http://www2.senado.leg.br/bdsf/handle/id/511517. Acesso em: 10 maio 2020.

[102] Assim alcunhado por Rubens Gomes de Sousa.

[103] "Art. 173. A responsabilidade é pessoal ao agente:
1. Quanto às infrações conceituadas por lei como crimes ou contravenções, salvo quando praticadas no exercício regular de administração, mandato, função, cargo, ou emprêgo, ou no cumprimento de ordem expressa emitida por quem de direito;
lI. Quanto às infrações em cuja definição o dolo específico do agente seja elementar;
IlI. Quanto às infrações que decorram direta e exclusivamente de dolo específico do mandatário, preposto ou empregado contra o mandante, preponente ou empregador." (BRASIL. Ministério da Fazenda. Projeto de Código Tributário Nacional. *In*: *Trabalhos da Comissão Especial do Código Tributário Nacional.* Rio de Janeiro: IBGE, p. 17-78, 1954. p. 70. Disponível em: http://www2.senado.leg.br/bdsf/handle/id/511517. Acesso em: 10 maio 2020.)

[104] Previsto no art. 174 do Projeto de 1954: "Art. 174. A responsabilidade é excluída pela denúncia espontânea da infração, acompanhada do pagamento do tributo devido e dos juros de mora, ou do depósito da importância arbitrada pela autoridade administrativa, quando º montante do tributo devido dependa de apuração. Parágrafo único. Não se considera espontânea a denúncia apresentada depois do início de qualquer procedimento administrativo ou medida de fiscalização". (BRASIL. Ministério da Fazenda. Projeto de Código Tributário Nacional. *In*: *Trabalhos da Comissão Especial do Código Tributário Nacional.* Rio de Janeiro: IBGE, p. 17-78, 1954. p. 70. Disponível em: http://www2.senado.leg.br/bdsf/handle/id/511517. Acesso em: 10 maio 2020)

[105] De acordo com o autor, essa hipótese já seria consagrada pela legislação vigente em 1954, a exemplo da Consolidação das Leis do Impôsto de Consumo – Decreto n. 26.149/1949, em seu

Na visão do autor, nem toda infração à lei constitui crime, pois este depende de definição legal e punição como tal. Mesmo não sendo crimes, os atos contrários à lei são passíveis de punição mediante sanções que se caracterizam como penalidades, ou, simplesmente, penas (não criminais).[106]

Rubens Gomes de Sousa acena a favor da classificação em Direito Tributário Penal o sistema de dispositivos que fixam penalidade em matéria tributária e constituem um capítulo próprio do direito tributário e não da seara penal. São duas as razões do seu entendimento:

> (1º) porque o direito penal em sentido específico só se refere aos crimes e às contravenções, e nem todas as infrações tributárias, como veremos, têm essas naturezas; (2º) porque os atos de que cuida direito penal específico são punidos por si mesmos, ao passo que aqueles de que cuida o direito penal tributário só são punidos em relação com a obrigação tributária; assim, o homicídio, por exemplo, é definido pelo direito penal (específico) como um crime em si mesmo, isto é, independentemente das circunstâncias em que for praticado, dos motivos do criminoso, e das consequências do ato; ao passo que um ato que importe em sonegação de tributo só é punido pelo direito penal tributário em virtude dessa circunstância, isto é, porque dá em resultado, ou tem em vista o não pagamento de tributo devido, ou o pagamento de tributo menor que o devido.[107]

Algumas infrações tributárias também constituem crimes ou contravenções por serem previstas como tais pelo Direito Penal (específico), enquanto aquelas não tipificadas em tal seara são punidas apenas pelo Direito Tributário, o que justifica a classificação feita por Gomes de Sousa entre: crimes em matéria tributária, contravenções em matéria tributária

art. 200, que assim dispunha: "Os contribuintes que procurarem espontaneamente a repartição arrecadadora, antes de qualquer procedimento fiscal, para sanar qualquer irregularidade ou recolher imposto devido à Fazenda Nacional, poderão ser atendidos dentro de dez (10) dias, contados da data do requerimento, independente de qualquer penalidade." (Disponível em: http://www.planalto.gov.br/ccivil_03/decreto/1930-1949/D26149.htm. Acesso em: 10 jul 2020)

[106] SOUSA, Rubens Gomes de. *Compêndio de legislação tributária*. Edição póstuma. São Paulo: IBET; Resenha tributária, 1981. p. 129-130.

[107] SOUSA, Rubens Gomes de. *Compêndio de legislação tributária*. Edição póstuma. São Paulo: IBET; Resenha tributária, 1981. p. 131.

e infrações tributárias simples – desta última se ocupando o Direito Tributário Penal.[108]

Atendo-nos ao escopo do nosso estudo, interessa-nos identificar a visão do autor acerca do processo de aplicação de penalidade nas chamadas *infrações tributárias simples*, dado que as demais ficam sujeitas às penas previstas no Direito Penal, por ato das autoridades judiciárias.

De acordo com o jurista, as penas previstas na legislação tributária são impostas em processo perante a Autoridade Administrativa, que, quando autorizada por lei, poderia, inclusive, decidir por equidade para relevar penalidades, mediante "(...) adaptação da lei, pelo seu aplicador, ao caso concreto, isto é, o temperamento do rigor legal para atender às circunstâncias peculiares da hipótese submetida a julgamento."[109]

Tal *iter* corresponde ao contencioso administrativo tributário, compreendido no *processo de lançamento*, ultimando-se com a decisão final acerca da contestação do sujeito passivo, que poderá manter, modificar ou anular o ato vergastado – i.e., crédito tributário. Pela riqueza da lição, transcrevemos as palavras de Gomes de Sousa sobre o ponto:

> Uma primeira característica do contencioso tributário é portanto a de constituir uma *continuação*, ou uma *antecipação*, ou ainda uma *reabertura* do processo de lançamento: em qualquer hipótese, o contencioso é sempre um processo da mesma natureza do processo de lançamento. Com efeito, se o contribuinte contesta os resultados do processo de lançamento, este fica em suspenso até decisão final do processo, e essa decisão é que constituirá afinal o lançamento definitivo, que poderá ser idêntico ao lançamento anterior contestado (se o contribuinte perder o processo), ou poderá modificá-la (se o contribuinte ganhar parcialmente o processo), ou ainda anulá-lo (se o contribuinte ganhar totalmente).[110]

Disso decorre que o contencioso sempre é de iniciativa do contribuinte – frente à iniciativa exclusiva do Fisco ao lançamento –, ou contestando o

[108] SOUSA, Rubens Gomes de. *Compêndio de legislação tributária*. Edição póstuma. São Paulo: IBET; Resenha tributária, 1981. p. 132.

[109] SOUSA, Rubens Gomes de. *Compêndio de legislação tributária*. Edição póstuma. São Paulo: IBET; Resenha tributária, 1981. p. 143.

[110] SOUSA, Rubens Gomes de. *Compêndio de legislação tributária*. Edição póstuma. São Paulo: IBET; Resenha tributária, 1981. p. 146.

lançamento já efetuado, ou pleiteando que não o seja, pelas razões jurídicas que entender pertinentes. O mesmo se aplica ao débito já inscrito em Dívida Ativa, cujo contencioso se forma a partir da irresignação formal do sujeito passivo em face da cobrança executiva.

Contrario sensu, inexiste contencioso se o sujeito passivo não impugnar o lançamento ou a cobrança executiva, resolvendo-se o processo a favor do Fisco por questão processual – preclusão ou revelia, ou pelo adimplemento da obrigação pelo sujeito passivo.

Ratificando o lançamento como sucessão de atos que compõem o processo de constituição do crédito tributário – e não um ato isolado, tampouco de caráter definitivo –, o Projeto de 1954 estabelece como fase última do tratamento do crédito tributário a sua inscrição em Dívida Ativa, condicionada ao encerramento da contenda por decisão final em processo regular,[111] com o efeito de torná-lo titular de presunção de liquidez e certeza com efeito de prova pré-constituída.[112]

Avaliando as alterações promovidas na redação do Anteprojeto à formação do Projeto de 1954, em especial sobre o regramento da Dívida Ativa, Gomes de Sousa anota que se justificaria a permanência das normas gerais acerca de Dívida Ativa, em função da sua complementariedade aos efeitos do lançamento.

Por *efeitos do lançamento* complementados pela inscrição em Dívida Ativa, pode se considerar o ato de ensejar a liquidez e certeza do crédito tributário cujo processo de formação iniciou com o oficioso e unilateral auto de infração – no caso de lançamento de ofício com proposta de penalidade.

[111] "Art. 191. Constitui dívida ativa tributária a proveniente de crédito dessa natureza, regularmente inscrita na repartição administrativa competente, depois de esgotado o prazo fixado, para pagamento, pela lei ou por decisão final proferida em processo regular." (BRASIL. Ministério da Fazenda. Projeto de Código Tributário Nacional. *In: Trabalhos da Comissão Especial do Código Tributário Nacional.* Rio de Janeiro: IBGE, p. 17-78, 1954. p. 75-76. Disponível em: http://www2.senado.leg.br/bdsf/handle/id/511517. Acesso em: 10 maio 2020.)

[112] "Art. 194. A dívida ativa regularmente inscrita goza da presunção de certeza e liquidez e tem efeito de prova pré-constituída.
Parágrafo único. A presunção a que se refere êste artigo é relativa e pode ser ilidida por prova inequívoca, a cargo do contribuinte ou do terceiro a quem aproveite." (BRASIL. Ministério da Fazenda. Projeto de Código Tributário Nacional. *In: Trabalhos da Comissão Especial do Código Tributário Nacional.* Rio de Janeiro: IBGE, p. 17-78, 1954. p. 76. Disponível em: http://www2.senado.leg.br/bdsf/handle/id/511517. Acesso em: 10 maio 2020.)

Finalmente, em debate travado em 1972 durante o III Curso de Especialização em Direito Tributário, realizado na Pontifícia Universidade Católica de São Paulo, em aula magna ministrada por Rubens Gomes de Sousa sobre Procedimento Tributário,[113] encontramos o autor do Anteprojeto externando a sua interpretação da natureza *propositiva* da pretensão punitiva encerrada no comando do art. 142 do CTN.

Convidando Geraldo Ataliba (coordenador do Curso) a discutir a interpretação desse comando legal, Gomes de Sousa destaca a diferença entre as atividades de constituir o crédito tributário *stricto sensu* (i.e., tributo) e cominar penalidade, ambas no bojo do lançamento, e suscita que este (lançamento) seria impositivo quanto ao tributo e propositivo em relação à penalidade. São suas as palavras transcritas a seguir:

> (...) ao distinguir entre a atividade administrativa de constituição de um crédito tributário e a atividade administrativa de imposição de uma penalidade, que podem ser separadas ou concomitantes, e na maioria dos casos serão concomitantes; basta ver o art. 142 do Código Tributário, que diz que o objetivo do lançamento é propor a aplicação das penalidades. Compete privativamente à autoridade administrativa constituir o crédito tributário pelo lançamento, assim entendido o procedimento administrativo tendente a verificar a ocorrência do fato gerador, determinar a matéria tributável, calcular o montante do tributo devido, identificar o sujeito passivo e, sendo caso, propor a aplicação de penalidade cabível. De maneira que o lançamento é ato impositivo, no que tange ao tributo? No que se refere à aplicação de uma sanção, de uma penalidade, ele é apenas uma propositura, suposta e obviamente, para uma autoridade hierarquicamente superior àquela que emite o lançamento.[114]

[113] SOUSA, Rubens Gomes de. Do procedimento tributário. *In*: ATALIBA, Geraldo. *Elementos de direito tributário*: notas taquigráficas do III Curso de Especialização em Direito Tributário, realizado na Pontifícia Universidade Católica de São Paulo, São Paulo: Revista dos Tribunais, p. 369-409, 1978.

[114] SOUSA, Rubens Gomes de. Do procedimento tributário. *In*: ATALIBA, Geraldo. *Elementos de direito tributário*: notas taquigráficas do III Curso de Especialização em Direito Tributário, realizado na Pontifícia Universidade Católica de São Paulo, São Paulo: Revista dos Tribunais, p. 369-409, 1978. p. 386.

Em resposta, Geraldo Ataliba pondera que o caráter propositivo seria imanente à competência da autoridade lançadora em ato praticado anteriormente ao exercício do direito de defesa por parte do sujeito passivo, refletindo a sistemática do direito administrativo. As palavras de Ataliba são esclarecedoras:

> Como, na nossa sistemática, as medidas de maior responsabilidade para administração são tomadas por órgãos superiores, chefes, diretores, às vezes até secretários ou ministros curvando-se a esta sistemática, que adotamos no direito administrativo, a lei diz que o fiscal procede ao lançamento imediatamente e propõe, ao seu superior imediato ou não, a penalidade a ser aplicada e este só irá aplicá-la depois da defesa do contribuinte, depois que ele exponha seus argumentos, deduza suas provas e assim exerça o direito de ampla defesa. (...) Ela se dá na própria esfera administrativa. Assim se interpreta, sistematicamente, esta disposição.[115]

Portanto, em se tratando de lançamento decorrente de auto de infração com proposta de penalidade, é de se ver que o crédito tributário torna-se definitivo e a penalidade aplicada mediante decisão final administrativa, caso esta mantenha a proposição feita pela autoridade lançadora, sujeitando-se à inscrição em Dívida Ativa e, somente a partir daí, gozando de presunção de certeza e liquidez e com efeito de prova pré-constituída, representando, somente em tal estágio, o entendimento da Autoridade Administrativa acerca da obrigação tributária correspondente.

1.6. Síntese do processo legislativo acerca da pretensão punitiva no lançamento tributário prevista no art. 142 do CTN

Para ilustrar o histórico da atual redação do art. 142 do CTN, importa cotejá-lo com o art. 168 do Anteprojeto e com o art. 105 do Projeto de 1954, destacando a porção dos textos atinentes à *penalidade*. Vide o Quadro 1 a seguir:

[115] SOUSA, Rubens Gomes de. Do procedimento tributário. *In*: ATALIBA, Geraldo. *Elementos de direito tributário*: notas taquigráficas do III Curso de Especialização em Direito Tributário, realizado na Pontifícia Universidade Católica de São Paulo, São Paulo: Revista dos Tribunais, p. 369-409, 1978. p. 387.

QUADRO 1 – **Comparação da redação do art. 142 do CTN com o art. 168 do Anteprojeto e o art. 105 do Projeto de 1954**

<table>
<tr><th>Art. 168 do Anteprojeto</th><th>Art. 105 do Projeto de 1954</th></tr>
<tr><td>Art. 168. Lançamento é a atividade destinada a constituir o crédito tributário mediante a verificação da ocorrência e das circunstâncias materiais do fato gerador da obrigação tributária principal, a avaliação da matéria tributável, o cálculo do montante do tributo devido e a expedição do título formal de dívida.</td><td>Art. 105. Lançamento é ato privativo da Autoridade Administrativa, destinado a constituir o crédito tributário mediante a verificação da ocorrência da obrigação tributária correspondente, a determinação de matéria tributável, o cálculo do montante do tributo devido, a identificação do contribuinte, e sendo caso, a aplicação da penalidade cabível. (grifo nosso)</td></tr>
<tr><th colspan="2">Art. 142 do PLN n. 13/1966 e do CTN</th></tr>
<tr><td colspan="2">Art. 142. Compete privativamente à Autoridade Administrativa constituir o crédito tributário pelo lançamento, assim entendido o procedimento administrativo tendente a verificar a ocorrência do fato gerador da obrigação correspondente, determinar a matéria tributável, calcular o montante do tributo devido, identificar o sujeito passivo e, sendo caso, propor a aplicação da penalidade cabível. (grifo nosso)</td></tr>
</table>

Importa notar que nos três diplomas em que previstos, esses dispositivos inauguram o tópico[116] *Da Constituição do Crédito Tributário* e, mais precisamente, o subtópico[117] *Do Lançamento*. Numa linha do tempo, vemos que o lançamento, (i) no Anteprojeto, não teria penalidade por objeto; (ii) no Projeto de 1954, implicaria aplicação da penalidade cabível, sendo caso; e (iii) no CTN, permitiria à Autoridade Administrativa propor a aplicação da penalidade cabível, sendo caso, conforme se pretende mostrar no Fluxograma 1 a seguir:

[116] No Anteprojeto e no PL n. 4.834/1954 correspondem ao Título II e no PLN n. 13/1966 e CTN situa-se no Capítulo II.

[117] No Anteprojeto e no PL n. 4.834/1954 correspondem ao Capítulo I e no PLN n. 13/1966 e CTN situa-se na Seção I.

Fluxograma 1 – **Pretensão punitiva no lançamento**

Não havia pretensão punitiva na redação do art. 168 do Anteprojeto, o qual se restringia à pretensão arrecadatória, definindo critérios atinentes ao tributo devido. Podemos elucubrar que a pretensão punitiva já se encontrava encerrada em tomo próprio – Livro VII – Das Infrações e das Penalidades – preenchido com extenso e profundo regramento acerca da cominação de penalidades por infrações à legislação tributária, valendo ressaltar o comando de aplicação atribuído à autoridade julgadora no bojo do processo administrativo fiscal.

É dizer: a penalidade não se originaria de ato unilateral do Fisco, mas do exercício da sua função judicante e equidistante do credor e do devedor, mediante apreciação de argumentos e evidências de ambos os lados para, então, concluir acerca do cometimento ou não de infração passível de penalidade e a sua graduação.

No entanto, tal regramento não teve guarida no Projeto de 1954 e este parece ter buscado uma solução simples ao acomodamento da pretensão punitiva num diploma bastante reconfigurado nesse particular, mediante a previsão de aplicação da penalidade no bojo do lançamento de ofício, na redação do art. 105.

Com isso, no Projeto de 1954, de forma largamente dissociada da vontade do Anteprojeto, a penalidade é prevista como aplicável pela autoridade lançadora, destituída de gradação.

Entretanto, o Projeto de 1954 minguou, constando de relatos da época que o seria por falta de acordo político para tamanho passo tanto no plano federal, como no âmbito nacional, especialmente considerando o escopo do CTN de estabelecer normas gerais de Direito Tributário para União,

Estados e Municípios, sem ferir a autonomia de cada um dos entes e o pacto federativo.

Passados 12 anos, foi retomado o processo de codificação do Direito Tributário, sob a mesma liderança intelectual de Rubens Gomes de Sousa, que trouxe um novo texto baseado no seu Anteprojeto e no aprendizado que ensejou a redação do Projeto de 1954.

No novo Projeto, de 1966, a pretensão punitiva aparece de *cara nova,* claramente reformulada por conta da reconfiguração do sistema normativo de infrações e penalidades originalmente previsto no Anteprojeto, para recuperar a feição propositiva da penalidade manejada pela autoridade lançadora, atribuindo ao julgador administrativo o mister de aferir a efetiva aplicabilidade da sanção, no curso do processo de constituição do crédito tributário iniciado pelo lançamento.

A inscrição do art. 142 do CTN, que consigna o comando propositivo da pretensão punitiva, adota a expressão "propor", substituindo o comando de "aplicar" a penalidade cabível, em clara demonstração da vontade do legislador de assim definir a conduta das autoridades administrativas, afastando, pois, qualquer amparo à *imposição* de penalidade, tampouco de forma vinculada ao tributo e de natureza automática.

É essa *novidade* na versão aprovada do CTN que inaugura o debate acerca da atividade da autoridade lançadora de, sendo caso, propor a penalidade cabível à apreciação da autoridade julgadora, sendo desta última a competência de aplicá-la no bojo do processo administrativo parametrizado por contraditório e ampla defesa.

Contudo, a doutrina não é uníssona e a jurisprudência ainda não se ocupou do tema, conforme veremos em tópico próprio adiante.

A par dos registros históricos das discussões acerca das normas gerais de Direito Tributário, temos nas lições de Rubens Gomes de Sousa o entendimento acerca das primeiras normas que encetaram não apenas o Anteprojeto do CTN, mas também os Projetos de 1954 e 1966, dado que o referido jurista compôs (como líder dos trabalhos) todas as comissões formadas ao seu estudo e aperfeiçoamento, inclusive considerando os diferentes momentos políticos, econômicos e sociais em que se enfeixaram os debates.

Se, por um lado, o autor do Anteprojeto do CTN entende ausente o elemento subjetivo na conceituação das infrações fiscais, havendo uma presunção absoluta de que o agente motivou-se pelo descumprimento da obrigação, Gomes de Sousa, por outro lado, assevera que as características *vinculado* e *obrigatório* referem-se ao lançamento do tributo e não à cominação de penalidade, somado ao fato de que o lançamento tributário não se encerra num só ato, mas estende-se ao longo do processo administrativo.

Das lições de Rubens Gomes de Sousa é possível inferir fundamentos consistentes pela natureza propositiva da pretensão punitiva prevista no art. 142 do CTN, notadamente por considerar a penalidade aplicada não no átimo do lançamento de ofício, mas na decisão final administrativa que mantém a proposição de penalidade vazada pela autoridade lançadora, ou seja, quando da constituição definitiva do crédito tributário.

A análise do texto e do contexto legislativo que desaguou no CTN é de extrema importância à compreensão do exercício da pretensão punitiva encetada no art. 142 do CTN, pois permite identificar a relevante alteração sofrida pelo Anteprojeto do CTN no seu capítulo de infrações e penalidades, e a solução encontrada anos após para se resgatar a natureza propositiva da penalidade, por parte da autoridade fiscal, e da sua aplicação pelas mãos do julgador administrativo.

Identificado o histórico legislativo de formação do art. 142 do CTN e a visão de Rubens Gomes de Sousa acerca de pontos fundamentais do fluxo de formação do crédito tributário, no bojo do qual se exerce a pretensão punitiva, passamos a analisar tal preceito no contexto das normas gerais de Direito Tributário, investigando as balizas ao cabimento de penalidades mediante a acusação de infrações à legislação tributária no bojo do lançamento de ofício.

2.
Correlação da Pretensão Punitiva no CTN: Disposições Relativas a Penalidades e o Art. 142 do CTN

A interpretação sistemática[118] do Código Tributário Nacional importa à correta compreensão da pretensão punitiva prevista no art. 142 do CTN, especialmente da sua cláusula final, identificando-se os dispositivos relevantes em matéria de penalidade por infrações à legislação tributária que se relacionem à sua validade, sua interpretação e a sua própria aplicação – incluindo hipóteses de dispensa –, buscando uma visão coerente do sistema do Direito Tributário Penal, cujo resultado colabore com a construção de resposta ao problema de pesquisa.

2.1. Disposições Gerais acerca do Sistema Tributário Nacional

Definição de tributo e sua diferenciação de penalidade: art. 3º do CTN

Ao definir que sanção de ato ilícito não caracteriza tributo, o art. 3º do CTN[119] enceta importante diferenciação que se espraia por todo o *Codex* fiscal, assumindo especial relevância à compreensão do crédito tributário – que ora compreende apenas tributo, ora refere-se a tributo e penalidade

[118] MAXIMILIANO, Carlos. *Hermenêutica e* aplicação do direito. 20. ed. Rio de Janeiro: Forense, 2011. p. 100.

[119] "Art. 3º Tributo é toda prestação pecuniária compulsória, em moeda ou cujo valor nela se possa exprimir, que não constitua sanção de ato ilícito, instituída em lei e cobrada mediante atividade administrativa plenamente vinculada."

pecuniária – e ao procedimento de cobrança de cada uma das prestações (tributo e penalidade pecuniária).

Também possui relevância para o nosso estudo a parte final do dispositivo, que define o tributo por sua cobrança *mediante atividade administrativa plenamente vinculada.*

A interpretação desse dispositivo consta do comentário de Rubens Gomes de Sousa ao dispositivo em tela,[120] ressaltando que tal qualificação seria "(...) o elemento definidor do tributo em contraste com outras receitas públicas (...)", dado que outras receitas públicas também possuiriam os demais elementos de compulsoriedade e legalidade previstos no art. 3º. E conclui afirmando que "O que então tipifica o tributo, nesta definição, é o tipo de atividade administrativa empregado na sua arrecadação. Esta idéia foi tirada de Zanobini".[121]

Na relação com o lançamento, podemos destacar a expressa referência à *forma* de cobrança do tributo – mediante *atividade administrativa plenamente vinculada* –, espelhada no Parágrafo único do art. 142 do CTN, ao qual se aproveita a lição de Gomes de Sousa, mormente para compreender as características – vinculada e obrigatória – como imanentes ao tributo e não à proposição de penalidade.

2.2. Normas Gerais de Direito Tributário acerca da Legislação Tributária

Princípio da legalidade à cominação de penalidades e definição de infrações: art. 97, V e VI, do CTN

O art. 97, V e VI, do CTN[122] expressa o Princípio da Legalidade à cominação de penalidades, bem como às hipóteses de sua dispensa ou de redução.

[120] SOUSA, Rubens Gomes de; ATALIBA, Geraldo; CARVALHO, Paulo de Barros. *Comentários ao Código tributário nacional*: parte geral. 2. ed. São Paulo: Revista dos Tribunais, 1985. p. 31-32.

[121] SOUSA, Rubens Gomes de; ATALIBA, Geraldo; CARVALHO, Paulo de Barros. *Comentários ao Código tributário nacional*: parte geral. 2. ed. São Paulo: Revista dos Tribunais, 1985. p. 32.

[122] "Art. 97. Somente a lei pode estabelecer:
(...) V – a cominação de penalidades para as ações ou omissões contrárias a seus dispositivos, ou para outras infrações nela definidas;
VI – as hipóteses de exclusão, suspensão e extinção de créditos tributários, ou de dispensa ou redução de penalidades".

A penalidade em matéria tributária depende de lei que a defina como tal, vinculada à obrigação tributária também definida em lei, por princípio constitucional (art. 150, I, da CF/88), do que decorre a plena e irrestrita sujeição da também chamada sanção tributária à reserva legal.

Em sua relação com o disposto no art. 142 do CTN, mais precisamente à pretensão punitiva, destacamos a reserva legal à instituição de penalidades pelo descumprimento da legislação tributária ou à definição de infrações, bem como à dispensa ou redução de penalidades, o que se caracteriza como fundamento de validade primeiro da penalidade proposta no lançamento, ou da sua não proposição, em razão de dispensa legal, ou, ainda, da sua proposição em montante reduzido, bem como à sua aplicação ou dispensa no bojo do contencioso administrativo fiscal.

Princípio da proteção à confiança legítima e boa-fé: art. 100, Parágrafo único, do CTN

A norma inserta no art. 100, Parágrafo único, do CTN[123] encerra hipótese de exclusão de penalidades em face do sujeito passivo, quando a sua conduta decorre da observância das ditas normas complementares de direito tributário.

Trata-se da presunção ou aparência de legalidade de que gozam os atos administrativos e da necessária segurança aos contribuintes que se amparam no entendimento irradiado de tais atos, "(...) contra a fria e mecânica aplicação da lei, com o consequente anulamento de providências do Poder Público que geraram benefícios e vantagens, há muito incorporados ao patrimônio dos administrados".[124]

[123] "Art. 100. São normas complementares das leis, dos tratados e das convenções internacionais e dos decretos:
I – os atos normativos expedidos pelas autoridades administrativas;
II – as decisões dos órgãos singulares ou coletivos de jurisdição administrativa, a que a lei atribua eficácia normativa;
III – as práticas reiteradamente observadas pelas autoridades administrativas;
IV – os convênios que entre si celebrem a União, os Estados, o Distrito Federal e os Municípios.
Parágrafo único. A observância das normas referidas neste artigo exclui a imposição de penalidades, a cobrança de juros de mora e a atualização do valor monetário da base de cálculo do tributo".

[124] COUTO E SILVA, Almiro do. Princípios da legalidade da administração pública e da segurança jurídica no estado de direito contemporâneo. *Revista da Procuradoria-Geral do Estado*, Porto Alegre, v. 27, n. 57, p. 13-33, 2003. p. 13.

Mais do que normas tributárias, trata-se da legislação que integra o Direito, o qual, "(...) como instrumento de organização da vida em sociedade, surge para a afirmação da segurança (...)"[125], influenciando e induzindo o comportamento do contribuinte, servindo-lhe de proteção contra a pretensão punitiva do Estado.

Canotilho destaca a relevância da segurança jurídica à condução da vida humana em sociedade e à sustentabilidade do próprio Estado:

> (...) o homem necessita de segurança para conduzir, planificar e conformar autônoma e responsavelmente sua vida. Por isso, desde cedo se consideraram os princípios da segurança jurídica e da proteção da confiança como elementos constitutivos do Estado de direto (...).[126]

Em verdade, o dever da correta e clara informação que a Administração Pública possui é mandamento de índole constitucional, irradiado pelo princípio da moralidade do art. 37 da Constituição Federal de 1988, que ilumina a boa-fé administrativa e assegura a proteção da confiança dos cidadãos sob os atos praticados pela Administração. Como corolários dessa confiança, exsurgem os deveres de lealdade e respeito ao ato administrativo anterior.

Sob o manto da moralidade administrativa, Giacomuzzi sublinha as balizas à conduta administrativa nas seguintes palavras:

> Da moralidade insculpida no art. 37 da Constituição Federal de 1988 se deve – não só, mas sobretudo – extrair deveres objetivos de conduta administrativa a serem seguidos, proibindo-se a contradição de informações, a indolência, a leviandade de propósitos. Com o perigoso risco das simplificações, mas com o cuidado do alerta, posso dizer que a moralidade administrativa do art. 37 da Constituição Federal de 1988 obriga a um dever de transparência e lealdade por parte da Administração Pública (...).[127]

[125] PAULSEN, Leandro. *Segurança jurídica, certeza do direito e tributação:* a concretização da certeza quanto à instituição de tributos através das garantias da legalidade, da irretroatividade e da anterioridade. Porto Alegre: Livraria do Advogado, 2006. p. 22.

[126] CANOTILHO, José Joaquim Gomes. *Direito constitucional e teoria da constituição*. 7. ed. Coimbra: Almedina, 2000. p. 257.

[127] GIACOMUZZI, José Guilherme. *A moralidade administrativa e a boa-fé da administração pública: o conteúdo dogmático da moralidade administrativa*. São Paulo: Malheiros, 2002. p. 270.

Ressaltando a importância da previsibilidade do comportamento (e do entendimento) da Administração Pública, Ataliba ilustra, de forma bastante didática, o seu impacto sobre a vida do cidadão:

> (...) é preciso que haja clima de segurança e previsibilidade acerca das decisões do governo; o empresário precisa fazer planos, estimar – com razoável margem de probabilidade de acerto – os desdobramentos próximos da conjuntura que vai cercar seu empreendimento. Precisa avaliar antecipadamente seus custos, bem como estimar os obstáculos e as dificuldades. Já conta com os imponderáveis do mercado. Não pode sustentar um governo que agrave – com suas surpresas e improvisões – as incertezas, normais preocupações e ônus da atividade empresarial (...).[128]

Retornando à redação do art. 100, Parágrafo único, do CTN, e cotejando--o com as posições encimadas, pode-se inferir que a *quaestio juris* consiste na estabilidade da conduta administrativa expressa mediante normas, pronunciamentos e decisões, que não diz com o dever de pagar o tributo devido, fruto da ocorrência do fato gerador, independentemente da vontade e posição do Poder público, mas oponível à pretensão punitiva do Fisco.

Heleno Torres[129] pontua a aplicabilidade do dispositivo encimado, dizendo que "Nenhuma multa ou juro poderão ser exigidos quando a transparência do agir do contribuinte é conhecida pela Administração; e tanto mais quando este exerce prática reiteradamente observada pelas autoridades administrativas, com estabilidade".

Ponto também de relevo no dispositivo em tela é a regra de obrigatoriedade das normas complementares da legislação tributária, condicionada à sua compatibilidade. Ou seja, a sujeição do particular ao ato administrativo rege-se pelos limites da subordinação de tal ato à legislação tributária a que se refere, o que implica vedação à discricionariedade administrativa – mormente de feição *jurídica* – ou mesmo exacerbação do comando legal complementado, em razão do Princípio da Legalidade em matéria tributária.

[128] ATALIBA, Geraldo. *República e Constituição*. 3. ed. São Paulo: Malheiros, 2011. p. 175.

[129] TORRES, Heleno Taveira. Boa-fé e confiança são elementares no direito tributário. *Consultor Jurídico*, 24 de abril de 2013. Disponível em: https://www.conjur.com.br/2013--abr-24/consultor-tributario-boa-fe-confianca-sao-elementares-direito-tributario. Acesso em 10 de março de 2020.

A norma complementar há de manter-se nos lindes da legislação tributária correspondente, de modo que a sujeição do contribuinte decorra dessa última.

É evidente a correspondência desse dispositivo com a pretensão punitiva inscrita no art. 142 do CTN, por encerrar expressa hipótese de dispensa de penalidade. Ao definir a exclusão da imposição de penalidades, o comando legal é endereçado às autoridades lançadora e julgadora, indistintamente, seja no ato de proposição, seja no ato de aplicação – os quais ficam obstados *ex lege*. Logo, no *iter* de formação da relação jurídico-tributária, a Autoridade Administrativa está obrigada a observar essa ordem de dispensa de penalidade (e acréscimos).

Retroatividade benigna da lei em matéria de penalidade e/ou infração: art. 106, I e II, do CTN

O art. 106 do CTN[130] encerra exceção à regra de irretroatividade da lei tributária prevista no art. 105 do CTN.[131]

A norma estabelece, em *numerus clausus* e de forma categórica, as hipóteses de aplicação da lei tributária a fato ou ato anterior ao seu advento, instituindo a chamada "retroatividade benigna", como um comando ao legislador ordinário voltado a penalidades, sanções ou multas.[132]

Sendo expressamente interpretativa, a lei nova que esclarece a lei interpretada retrotrai ao início da vigência dessa última, como que assumindo para si a regência das relações havidas, sendo assegurada, pelo comando do inciso I, a exclusão de penalidade por infração à lei objeto de

[130] "Art. 106. A lei aplica-se a ato ou fato pretérito:
I – em qualquer caso, quando seja expressamente interpretativa, excluída a aplicação de penalidade à infração dos dispositivos interpretados;
II – tratando-se de ato não definitivamente julgado:
a) quando deixe de defini-lo como infração;
b) quando deixe de tratá-lo como contrário a qualquer exigência de ação ou omissão, desde que não tenha sido fraudulento e não tenha implicado em falta de pagamento de tributo;
c) quando lhe comine penalidade menos severa que a prevista na lei vigente ao tempo da sua prática".

[131] "Art. 105. A legislação tributária aplica-se imediatamente aos fatos geradores futuros e aos pendentes, assim entendidos aqueles cuja ocorrência tenha tido início mas não esteja completa nos termos do artigo 116".

[132] BALEEIRO, Aliomar. Atualização de Misabel de Abreu Machado Derzi. *Direito tributário brasileiro*: CTN comentado. 13. ed. Rio de Janeiro: Forense, 2015. p. 1045-1046.

interpretação,[133] havendo quem entenda ter lugar mesmo que venha para confirmar o entendimento fiscal pretérito pela caracterização de infração.[134]

Já o inciso II consigna retroatividade similar ao Direito Penal, ao deixar de definir determinados atos como infração ou contrários a qualquer exigência de ação ou omissão, ou, ainda, que cominem penalidade menos severa, com efeitos sobre atos ainda pendentes de julgamento. Ou seja, aplicam-se disposições legais concernentes a infrações a normas tributárias e às penalidades que lhe são cominadas.[135]

Por *ato não definitivamente julgado*, pacificou-se a compreensão de julgamento administrativo ou judicial,[136] assim considerado, também, ato em fase de execução.[137]

[133] CARVALHO, Paulo de Barros. *Curso de direito tributário*. 28. ed. São Paulo: Saraiva, 2017. p. 113-114.

[134] COÊLHO, Sacha Calmon Navarro. *Curso de direito tributário brasileiro*. 15. ed. Rio de Janeiro: Forense, 2016. p. 575.

[135] MACHADO, Hugo de Brito. *Curso de direito tributário*. 33. ed. São Paulo: Malheiros, 2012. p. 102.

[136] Nesse sentido, vide os seguintes julgados:

"Tributário. Processual Civil. Lei que prevê redução de multa. Aplicação retroativa aos fatos não definitivamente julgados, quer na esfera administrativa, quer na judicial (CTN, art. 106, II, c). Inovação no pedido formulado na inicial. Inocorrência. Fato novo, que pode ser conhecido de ofício pelo juiz (CPC, art. 462). Recurso especial provido". (STJ, REsp 488.326/RS, 1ª T., rel. Min. Teori Albino Zavascki, j. 03.02.2005, DJ 28.02.2005).

"Tributário. Execução Fiscal. Art. 106 do CTN. Retroatividade da lei mais benigna. Ato não definitivamente julgado. O Código Tributário Nacional, em seu artigo 106, estabelece que a lei nova mais benéfica ao contribuinte aplica-se ao fato pretérito, razão por que correta a redução da multa nos casos como os da espécie, em que a execução fiscal não foi definitivamente julgada. O referido artigo não especifica a esfera de incidência da retroatividade da lei mais benigna, o que enseja a aplicação do mesmo, tanto no âmbito administrativo como no judicial. Recurso especial provido". (STJ, REsp 295.762/RS, 2ª T., rel. Min. Franciulli Netto, j. 05.08.2004, DJ 25.10.2004).

"Tributário. Multa. Redução. Lei mais benigna. A expressão 'ato não definitivamente julgado', constante do art. 106, II, c, alcança a âmbito administrativo e também judicial; constitui, portanto, ato não definitivamente julgado o lançamento fiscal impugnado por meio de embargos do devedor em execução fiscal. Recurso especial não conhecido". (STJ, REsp 187051-98/SP, 2ª T., j. 15.10.1998, rel. Min. Ari Pargendler, j. 15.10.1998, DJ 23.11.1998).

[137] Nesse sentido, o seguinte julgado do STJ:

"EXECUÇÃO FISCAL. REDUÇÃO. MULTA MORATÓRIA.

A Seção, por maioria, decidiu que o artigo 106 do CTN admite a retroatividade, em favor do contribuinte, da lei mais benigna nos casos não definitivamente julgados. Em execução fiscal,

Uma primeira inferência possível do comando do art. 106, II, do CTN seria no sentido de que o ato definitivamente julgado já teria se submetido à *aplicação* da penalidade – pelo órgão julgador –, tornando-se perfeito e acabado o roteiro de constituição do crédito tributário prescrito no art. 142 do CTN.

Outra interpretação possível seria pelo efeito da constituição definitiva do crédito tributário pela decisão irreformável que o mantém.

Na leitura de Schoueri,[138] "(...) uma vez constituído o crédito tributário, com o lançamento definitivo, a penalidade passa a integrar aquele crédito, não mais havendo espaço para rever seu montante".

Ao eleger o *julgamento* como marco à retroação da lei favorável ao contribuinte em matéria de penalidade – para desqualificar a infração ou cominar penalidade menos severa –, cogitamos, por hipótese, que o legislador complementar teria se baseado na competência do órgão julgador à aplicação da penalidade – e não da autoridade lançadora –, o que ratificaria o caráter propositivo da pretensão punitiva prescrita no art. 142 do CTN.

Interpretação da legislação tributária por equidade: art. 108, IV e §2º, do CTN

Misabel Derzi interpreta o art. 108, IV, §2º, do CTN,[139] como um comando à construção do Direito "(...) para além das possibilidades

entende-se por caso não definitivamente julgado aquele em que ainda não há decisão final na arrematação, adjudicação, remissão ou extinção do processo. É irrelevante a interposição ou não dos embargos do devedor e se estes foram ou não julgados. Logo aplica-se, na espécie, a Lei Estadual n.º 9.399, de 21/11/1996, que alterou o art. 87 da Lei Estadual n.º 6.374/89, reduzindo a multa moratória de 30 para 20%". (EREsp 184.642-SP, Rel. Min. Garcia Vieira, julgado em 26/5/1999)
A PGFN ratificou o entendimento de que a interpretação mais apropriada ao art. 106, inciso II, do CTN, é a que inclui também a via judicial na extensão do "ato não definitivamente julgado", por meio dos Pareceres PGFN/CDA/CAT n. 2.237, de 2006, PGFN/CAT n. 1961, de 2008, e PGFN/CAT n. 35, de 2010.

[138] SCHOUERI, Luís Eduardo. *Direito tributário.* 9. ed. São Paulo: Saraiva, 2018. E-book. (1 recurso online). ISBN 9788553610174, p. 859. Disponível em: https://integrada.minhabiblioteca.com.br/books/9788553610174. Acesso em: 10 maio 2020.

[139] "Art. 108. Na ausência de disposição expressa, a autoridade competente para aplicar a legislação tributária utilizará sucessivamente, na ordem indicada:
(...) IV – a eqüidade.

semânticas dos enunciados normativos empregados pelo legislador".[140]

Tratando da hipótese de *equidade*, Regina Helena Costa[141] ressalta estar autorizada para além do Direito Tributário, mediante "(...) a suavização ou mitigação do rigor da lei, quando a aplicação desta possa revelar-se injusta diante do caso concreto".

Em seus comentários sobre o dispositivo encimado, Baleeiro pondera que:

> (...) pela equidade, o intérprete e o aplicador não só suprirão a lei silente, mas também interpretarão e adaptarão a lei que se apresentar absurda, em sua impersonalidade e generalidade abstrata, para as condições inusitadas do caso especial concreto.[142]

Schoueri[143] entende possível ao afastamento de penalidade, numa leitura *contrario sensu* do art. 108, §2º, do CTN, e pondera como mais relevante o Princípio da Proporcionalidade à definição da oportunidade e da correta medida da punição. E pontua que "(...) sob tal perspectiva, a questão não é o montante da pena, mas se ela cumpre sua função".

O Decreto n. 70.235/1972 consigna a hipótese de julgamento em instância especial de competência do Ministro da Fazenda, inclusive acerca de propostas de aplicação de *equidade* apresentadas pelos então Conselhos

(...) § 2º O emprego da eqüidade não poderá resultar na dispensa do pagamento de tributo devido".

[140] BALEEIRO, Aliomar. *Direito tributário brasileiro*. 14. ed. Rio de Janeiro: Forense, 2018. E-book. (1 recurso online). ISBN 9788530980726, p. 1042. Disponível em: https://integrada.minhabiblioteca.com.br/books/9788530980726. Acesso em: 9 set. 2020.

[141] COSTA, Regina Helena. *Curso de direito tributário:* Constituição e Código Tributário Nacional. 9. ed. São Paulo: Saraiva, 2018. Livro. (1 recurso online). ISBN 9788553609772, p. 195. Disponível em: https://integrada.minhabiblioteca.com.br/books/9788553609772. Acesso em: 12 abr. 2020.

[142] BALEEIRO, Aliomar. *Direito tributário brasileiro*. 14. ed. Rio de Janeiro: Forense, 2018. E-book. (1 recurso online). ISBN 9788530980726, p. 1.054. Disponível em: https://integrada.minhabiblioteca.com.br/books/9788530980726. Acesso em: 9 set. 2020.

[143] SCHOUERI, Luís Eduardo. *Direito tributário*. 9. ed. São Paulo: Saraiva, 2018. E-book. (1 recurso online). ISBN 9788553610174, p. 861. Disponível em: https://integrada.minhabiblioteca.com.br/books/9788553610174. Acesso em: 10 maio 2020..

de Contribuintes,[144] restritas à dispensa, total ou parcial, de penalidade pecuniária, considerando características pessoais ou materiais da espécie julgada, ficando excepcionados os casos em que houver reincidência, ou crimes de sonegação, fraude ou conluio.[145]

O emprego da equidade como método de interpretação e integração da legislação tributária pode resultar na dispensa de penalidade, o que torna essa norma relevante ao exercício da pretensão punitiva prevista no art. 142 do CTN. Ao permitir a dispensa de penalidade, a norma legal é endereçada às autoridades lançadora e julgadora, indistintamente, seja no ato de proposição, seja no ato de aplicação – mediante interpretação por equidade em caso de ausência de disposição expressa que defina penalidade ou infração ao ato ou fato sob fiscalização ou julgamento.

Interpretação da legislação tributária da maneira mais favorável ao acusado: art. 112 do CTN

A regra contida no art. 112 do CTN[146] consigna o comando conhecido por *in dubio pro contribuinte*; a existência de dúvida acerca da qualificação dos atos praticados pelo sujeito passivo implicaria interpretação mais favorável ao sujeito passivo, seja para afastar a penalidade ou para graduá-la da forma mais branda possível nas seguintes hipóteses:

[144] "Art. 26. Compete ao Ministro da Fazenda, em instância especial:
I – julgar recursos de decisões dos Conselhos de Contribuintes, interpostos pelos Procuradores Representantes da Fazenda junto aos mesmos Conselhos; (Vide Medida Provisória n. 449, de 2008)
II – decidir sobre as propostas de aplicação de equidade apresentadas pelos Conselhos de Contribuintes. (Vide Medida Provisória n. 449, de 2008)".

[145] "Art. 40. As propostas de aplicação de equidade apresentadas pelos Conselhos de Contribuintes atenderão às características pessoais ou materiais da espécie julgada e serão restritas à dispensa total ou parcial de penalidade pecuniária, nos casos em que não houver reincidência nem sonegação, fraude ou conluio."

[146] "Art. 112. A lei tributária que define infrações, ou lhe comina penalidades, interpreta-se da maneira mais favorável ao acusado, em caso de dúvida quanto:
I – à capitulação legal do fato;
II – à natureza ou às circunstâncias materiais do fato, ou à natureza ou extensão dos seus efeitos;
III – à autoria, imputabilidade, ou punibilidade;
IV – à natureza da penalidade aplicável, ou à sua graduação".

Dúvida quanto à capitulação legal do fato: um mesmo fato configurando duas infrações distintas, ou um mesmo evento concreto compreendido e qualificado juridicamente como infração, ou como não infração, em função das suas circunstâncias no caso. O art. 112 implicaria reconhecer a não infração, posto que mais favorável ao contribuinte.

Dúvida quanto as circunstâncias materiais do fato: Podem se configurar casos de "erro de tipo" e "erro de proibição". O art. 112 apontaria à não aplicação da penalidade, ou o seu não agravamento.

Dúvida quanto à autoria: A conduta pode ser atribuída a distintas pessoas, a exemplo do administrador, ou da pessoa jurídica, o que, pelo art. 112 do CTN, implicaria mitigar a cominação de penalidade.

Dúvida quanto à natureza da penalidade aplicável ou a sua graduação: A pretensão punitiva envolveria duas ou mais penalidades, diferenciando-se quanto às situações cabíveis, à qualificação, ou ao agravamento. O art. 112 comandaria aplicar apenas uma penalidade e não qualificação ou agravamento

Reconhecido no meio acadêmico e nos tribunais por sua obra sobre o tema, Greco[147] aponta que "(...) planejamento tributário é campo em que pode haver dúvida quanto à capitulação legal do fato, suas circunstâncias materiais e quanto à natureza e dimensão da penalidade aplicável".

A discussão recairia sobre enquadramentos distintos dos mesmos eventos concretos, mediante conflito de qualificações jurídicas, com argumentos e premissas teóricas válidas e bem balizadas, de ambos os lados, mas com um importante elemento distinto: momento da análise e das qualificações jurídicas.

O sujeito passivo enxerga a operação, em regra, antes mesmo da sua consecução, mediante análises econômicas, financeiras e jurídicas e a implementa com tal perspectiva. Anos após, o Fisco avalia a operação sob sua perspectiva atual, mas tendo que se ater à legislação vigente à época do período fiscalizado e, principalmente, com o desafio de qualificar os atos sob a ótica histórica, inclusive observando o posicionamento do próprio Fisco e da jurisprudência à época, sob pena de, no extremo, retroagir efeitos de novo critério jurídico de entendimento, o que é vedado pelo art. 146 do CTN.

[147] GRECO, Marco Aurélio. *Planejamento tributário.* 4. ed. São Paulo: Quartier Latin, 2019. p. 392.

Voltando ao art. 112 do CTN, Greco[148] pontua que a dúvida, se houver, ocorreria no momento da qualificação jurídica dada pelo Fisco, o que seria suficiente à não aplicação de penalidades ou seu agravamento. Seria a partir da ação fiscal que exsurgiria conflito de qualificações e, seria apenas a partir dessa data que novas condutas poderiam ser consideradas infracionais e passíveis de punição.

Embora, na prática, os comandos encimados sejam atribuídos à atividade judicante, não se pode descurar que os dispositivos em que se encontram são plenamente aplicáveis ao próprio lançamento, a justificar a não aplicação de penalidade, ou a sua gradação *ab initio* no processo administrativo fiscal.

O lançamento de ofício de tributo pode ser desacompanhado de multa (de ofício), de acordo com o próprio CTN.

Fabiana Carsoni[149] pontua a importância da interpretação razoável da legislação, enquanto circunstância atenuante da penalidade, especialmente em matéria de fiscalização e julgamento de operações rotuladas como planejamento tributário, cujas autuações geralmente consignam multas qualificadas e/ou agravada e Representação Fiscal para Fins Penais, sob acusação de prática dolosa.

Na hipótese de dúvida sobre a interpretação dos dispositivos legais que tratam de determinada matéria, Carsoni assevera não haver dolo,[150] mas o chamado "erro de proibição", previsto no art. 21 do Código Penal, cujo comando é afastar a pena quando o autor do ilícito considera estar agindo dentro da lei.[151]

[148] GRECO, Marco Aurélio. *Planejamento tributário*. 4. ed. São Paulo: Quartier Latin, 2019. p. 393.

[149] SILVA, Fabiana Carsoni Alves Fernandes. A individualização da pena no direito tributário sancionador: competência para a graduação da penalidade fiscal e princípios e direitos que autorizam tal atividade. *Revista Direito Tributário Atual*, n. 37. São Paulo: Instituto Brasileiro de Direito Tributário, p. 121-145, 2017. p. 134.

[150] Sobre o tema abordado em profundidade, veja-se: ROTHMANN, Gerd Willi. Afinal, o planejamento tributário pode ser criminoso? *In*: PRETO, Raquel Elita Alves. *Tributação brasileira em evolução*: estudos em homenagem ao Professor Alcides Jorge Costa. São Paulo: IASP, p. 675-698, 2015. v. 1.

[151] Ilustra a aplicação da tese do erro de proibição para afastar o agravamento da multa o Acórdão n. 101-95.537, de 24/05/2006, do antigo 1º Conselho de Contribuintes, com a seguinte ementa (parcialmente transcrita):

Sobre o tema, é conhecida a discussão acerca do voto de qualidade favorável ao Fisco em caso de empate durante julgamento no âmbito do Conselho Administrativo de Recursos Fiscais (CARF).

Marco Aurélio Greco[152] entende haver subsunção de tal situação à hipótese do art. 112 do CTN, dado que "(...) a existência do empate é, em si mesma, a materialização de uma dúvida quanto à existência do pressuposto da infração, o que enseja aplicação do art. 112 do CTN e indica "não ser o caso" de aplicar a penalidade de ofício (...)".[153]

A aplicação da regra encimada traduziria julgamento do ato de lançamento, mais precisamente da sua feição punitiva, mediante o desprovimento da proposição da penalidade, o que não equivaleria a "dispensar" ou "cancelar" a multa cominada no lançamento, mas julgá-la inaplicável no caso concreto, em função das circunstâncias de fato e de direito apreciadas pelo órgão judicante.

"(...) PENALIDADE QUALIFICADA — INOCORRÊNCIA DE VERDADEIRO INTUITO DE FRAUDE — ERRO DE PROIBIÇÃO — ARTIGO 112 DO CTN — SIMULAÇÃO RELATIVA - FRAUDE À LEI — Independentemente da patologia presente no negócio jurídico analisado em um planejamento tributário, se simulação relativa ou fraude à lei, a existência de conflitantes e respeitáveis correntes doutrinárias, bem como de precedentes jurisprudenciais contrários à nova interpretação dos fatos pelo seu verdadeiro conteúdo, e não pelo aspecto meramente formal, implica em escusável desconhecimento da ilicitude do conjunto de atos praticados, ocorrendo na espécie o erro de proibição. Pelo mesmo motivo, bem como por ter o contribuinte registrado todos os atos formais em sua escrituração, cumprindo todas as obrigações acessórias cabíveis, inclusive a entrega de declarações quando da cisão, e assim permitindo ao Fisco plena possibilidade de fiscalização e qualificação dos fatos, aplicáveis as determinações do artigo 112 do CTN. Fraude à lei não se confunde com fraude criminal. Recurso provido parcialmente". Destaque-se que esse acórdão foi reformado nesta matéria pela 1ª Turma da Câmara Superior de Recursos Fiscais, por meio do Acórdão n. 9101-003.168, de 07/11/2017, resultante da aplicação do voto de qualidade, prevalecendo a posição dos conselheiros de matriz fiscal, sob a premissa de que não se trataria de mero descumprimento da norma, sendo verificada a "(...) presença dos elementos cognitivo e volitivo,[4] consumando-se o dolo (...)", de acordo com o Voto Vencedor lavrado pelo Conselheiro André Mendes Moura, restando restabelecida a qualificação da multa.

[152] GRECO, Marco Aurélio. Planejamento tributário revisitado. *In*: OLIVEIRA, Francisco Marconi de; GOMES, Marcus Lívio, VALADÃO, Marcos Aurélio Pereira (coord.). *Estudos tributários do II Seminário CARF*. Brasília: CNI, p. 17-34, 2017.

[153] GRECO, Marco Aurélio. Planejamento tributário revisitado. *In*: OLIVEIRA, Francisco Marconi de; GOMES, Marcus Lívio, VALADÃO, Marcos Aurélio Pereira (coord.). *Estudos tributários do II Seminário CARF*. Brasília: CNI, p. 17-34, 2017. p. 33.

Em outras palavras, seria o CARF sinalizando ao agente lançador que a sua proposta de aplicação de penalidade não foi aceita.

Comentando sobre a então recém-editada Lei n. 13.988/2020, que, extinguindo o voto de qualidade no âmbito do CARF, determinou que, em caso de empate, o caso fosse julgado favoravelmente ao sujeito passivo, cancelando-se, destarte, o auto de infração, Luís Eduardo Schoueri[154] coloca-se favorável à mudança, mormente no trato de teses fiscalistas criadas sem qualquer embasamento em texto de lei por autos de infração "(...) sistematicamente acompanhados de multas vultosíssimas (...)", opinando ser contrário à manutenção de qualquer multa, em caso de empate, por entender que o art. 112 do CTN seria "(...) mandamento suficiente para que não se permita a cobrança de multa – qualquer multa – se há dúvida quanto à existência de infração (...)".[155]

Na visão do tributarista, um empate entre os julgadores evidenciaria dúvida objetivada *in concreto*, refutando a ideia de que o referido comando legal se dirija à consciência do julgador, onde deveria residir a dúvida aludida pelo dispositivo legal à sua aplicação, afirmando ser "(...) pueril imaginar que um comando legal possa orientar o modo como o aplicador da lei deve pensar (...)"[156]. No caso de colegiados, entretanto, o julgador é o próprio órgão, não os seus integrantes.

Schoueri ilustra o efeito da penalidade a *chibatadas*, dado ser a multa uma punição, um castigo. Vale a transcrição do excerto:

[154] SCHOUERI, Luís Eduardo. Voto de qualidade e "chibatadas". *Jota*, 16 de abril de 2020. Disponível em: https://www.jota.info/opiniao-e-analise/artigos/voto-de-qualidade-e--chibatadas-16042020. Acesso em: 17 abr. 2020.

[155] O autor opina não lhe parecer a melhor solução o cancelamento da exigência fiscal, em razão do empate de votos, tal como previsto no art. 28 da Lei n. 13.988/2020, que inseriu o art. 19-E na Lei n. 10.522/2002 com a seguinte redação: "Art. 19-E. Em caso de empate no julgamento do processo administrativo de determinação e exigência do crédito tributário, não se aplica o voto de qualidade a que se refere o § 9º do art. 25 do Decreto n. 70.235, de 6 de março de 1972, resolvendo-se favoravelmente ao contribuinte". (SCHOUERI, Luís Eduardo. Voto de qualidade e "chibatadas". *Jota*, 16 de abril de 2020. Disponível em: https://www.jota.info/opiniao-e-analise/artigos/voto-de-qualidade-e-chibatadas-16042020. Acesso em: 17 abr. 2020.)

[156] SCHOUERI, Luís Eduardo. Voto de qualidade e "chibatadas". Jota, 16 de abril de 2020. Disponível em: https://www.jota.info/opiniao-e-analise/artigos/voto-de-qualidade-e--chibatadas-16042020. Acesso em: 17 abr. 2020

> Para facilitar o raciocínio, propus que se imaginasse que, no lugar de multas por infrações tributárias, o legislador previsse "chibatadas" (...).
> É dizer: no mero atraso, uma chibatada; infração, sem dolo, cinco chibatadas; nos casos de dolo, fraude ou simulação, dez chibatadas e, finalmente, em caso de não haver cooperação com a fiscalização, vinte chibatadas.[157]

E coloca a questão sobre se se justificaria a aplicação de chibatadas ao contribuinte que convence metade dos julgadores da inexistência da obrigação tributária acusada pela fiscalização, seja "(...) uma ou vinte chibatadas (...). É como se o julgador – insisto, o órgão julgador – dissesse: "no lugar dele, eu teria feito o mesmo (...)".[158]

Conclui afirmando ser "Claro que não há como punir no caso de dúvida. Ninguém merece a chibatada", mormente pela natureza punitiva da penalidade cominada pela Administração Tributária, ainda que sob a nomenclatura *moratória*, pois "(...) para atrasos, existem os juros. Estes, sim, servem para compensar o credor pelo pagamento a destempo. A multa não tem tal função".

A jurisprudência do CARF apresenta alguns poucos julgados pela aplicação do art. 112 do CTN para reduzir ou cancelar a penalidade.[159]

[157] SCHOUERI, Luís Eduardo. Voto de qualidade e "chibatadas". Jota, 16 de abril de 2020. Disponível em: https://www.jota.info/opiniao-e-analise/artigos/voto-de-qualidade-e--chibatadas-16042020. Acesso em: 17 abr. 2020

[158] SCHOUERI, Luís Eduardo. Voto de qualidade e "chibatadas". Jota, 16 de abril de 2020. Disponível em: https://www.jota.info/opiniao-e-analise/artigos/voto-de-qualidade-e--chibatadas-16042020. Acesso em: 17 abr. 2020

[159] A título exemplificativo, vide os seguintes acórdãos:
"ASSUNTO: CONTRIBUIÇÃO PROVISÓRIA SOBRE MOVIMENTAÇÃO OU TRANSMISSÃO DE VALORES E DE CRÉDITOS E DIREITOS DE NATUREZA FINANCEIRA (CPMF). Ano-calendário: 1998, 1999, 2000. CPMF. MULTA POR ATRASO NA ENTREGA. INFRAÇÃO ÚNICA. APLICAÇÃO DE PENALIDADE ÚNICA. A entrega a destempo das declarações de CPMF enseja a aplicação de multa, consoante art. 11, §2º da Lei n.º 9.311/96. Para gradação da penalidade, frente às interpretações possíveis a serem atribuídas ao disposto nos artigos 11, do Decreto-lei n.º 1.968/82 e 47, da Medida Provisória n.º 2.037-21/2000, de acordo com o art. 112 do Código Tributário Nacional – CTN, a mais adequada é a conclusão pela aplicação da sanção pecuniária para cada mês-calendário ou fração em que não foram prestadas as informações exigidas, ou seja, mês-calendário ou fração omitidos, sendo irrelevante por quanto tempo a omissão perdurou. Assim, para os casos de declaração mensal, cabível a aplicação da sanção por uma única vez; já para as obrigações de declaração trimestrais, deve ser exigida a sanção por três vezes apenas, em nenhuma

A norma do *in dubio pro contribuinte*, ou princípio da equidade – na lição de Rubens Gomes de Sousa –, encerra comando de interpretação e integração da legislação tributária que define infrações ou comina penalidades, sendo imperativo que se opere da maneira *mais* favorável – e não apenas favorável – ao sujeito passivo – caracterizado como acusado de infração – em caso de dúvida quanto ao enquadramento do fato em hipótese de infração ou à penalidade aplicável. Enquanto norma de conduta interpretativa, seria aplicável à autoridade lançadora ou julgadora, para fins, respectivamente, de não propor penalidade, ou fazê-lo na graduação mais branda possível, e para rechaçar a proposta feita pelo agente autuante, ou graduar a penalidade proposta a patamar inferior. Em todas as hipóteses aventadas, a prática do ato teria espeque no art. 142 do CTN, por ocorrer no bojo do lançamento, desde a lavratura do auto de infração até a decisão final em processo administrativo, o que denota a correspondência entre os institutos.

2.3. Normas gerais de Direito Tributário acerca da obrigação tributária

Definição de obrigação tributária: art. 113 do CTN

Comentando o art. 113 do CTN,[160] Luiz Alberto Gurgel de Faria[161] sublinha que a *obligatio* é originária do direito civil, justificando que se busque

das hipóteses importando a duração da mora." (Acórdão n. 9303-009.808, de 13/11/2019. Relatora: Vanessa Marini Cecconello. Votação por maioria)

"DÚVIDA QUANTO À MATERIALIDADE DO FATO. INTERPRETAÇÃO MAIS FAVORÁVEL AO CONTRIBUINTE. DIVERGÊNCIA ENTRE INFORMAÇÕES CONSTANTES EM DIRF E DAA.

Em caso de divergência entre as informações contidas na DIRF apresentada por fonte pagadora e as informações constantes na DAA apresentada pelo contribuinte, configura-se hipótese prevista no art. 112, II, do Código Tributário Nacional, que determina a adoção de uma interpretação mais favorável ao contribuinte." (Acórdão n. 2001-002.054, de 17/03/2020. Relator: André Luis Ulrich Pinto. Votação unânime)

[160] "Art. 113. A obrigação tributária é principal ou acessória.

§ 1º A obrigação principal surge com a ocorrência do fato gerador, tem por objeto o pagamento de tributo ou penalidade pecuniária e extingue-se juntamente com o crédito dela decorrente.

§ 2º A obrigação acessória decorre da legislação tributária e tem por objeto as prestações, positivas ou negativas, nela previstas no interesse da arrecadação ou da fiscalização dos tributos.

§ 3º A obrigação acessória, pelo simples fato da sua inobservância, converte-se em obrigação principal relativamente à penalidade pecuniária".

[161] *In:* FREITAS, Vladimir Passos (coord). *Código tributário nacional comentado.* 8. ed. São Paulo: RT, 2020. E-book. Disponível em: https://proview.thomsonreuters.com/launchapp/title/rt/codigos/72655091/v8/page/1. Acesso em: 7 set. 2020.

naquela seara o seu conceito, ao que referencia a lição de Caio Mário da Silva Pereira,[162] no sentido de que "Obrigação é o vínculo jurídico em virtude do qual uma pessoa pode exigir de outra uma prestação economicamente apreciável (...)".

Considerando a conotação mais ampla da obrigação tributária, em função das características definidas nos §§1º e 2º do art. 113 do CTN, Gurgel de Faria a conceitua nos seguintes termos:

> (...) relação jurídica através da qual o sujeito passivo tem o dever de, em favor do sujeito ativo, efetuar pagamento em dinheiro, ou, ainda, cumprir prestações de fazer ou não fazer, estas no interesse da arrecadação ou fiscalização dos tributos (...).[163]

Destaca-se a posição crítica da doutrina à inserção da penalidade pecuniária no bojo da obrigação principal, ensejando risco de confusão entre tributo e multa, a despeito da clara definição contida no art. 3º do CTN, que assevera a dessemelhança entre ambos. Sugere que o art. 113 do CTN seja interpretado como um comando de equiparação entre o tributo e as penalidades pecuniárias para fins do procedimento de cobrança conjunta, considerando que ambos se inserem no crédito tributário – por sua decorrência da obrigação, nos termos do art. 139 do CTN.[164]

Se assim não fosse, ressalta Gurgel de Faria, a falta de coincidência de regimes de cobrança de tributo e multa poderia implicar, em última análise, "(...) uma ausência de sintonia no cumprimento das obrigações, prejudicando a arrecadação e até podendo inibir o caráter repressivo da penalidade, o que justifica uma só disciplina (...)", dado que o tributo goza da prerrogativa de inscrição em Dívida Ativa, cobrança judicial mediante execução específica *ex lege*,[165] além de garantias e privilégios próprios, e

[162] PEREIRA, Caio Mário da Silva. *Instituições de direito civil*, 8. ed., Rio de Janeiro: Forense, 1986, v. 2, p. 5.

[163] *In:* FREITAS, Vladimir Passos (coord). *Código tributário nacional comentado.* 8. ed. São Paulo: RT, 2020. E-book. Disponível em: https://proview.thomsonreuters.com/launchapp/title/rt/codigos/72655091/v8/page/1. Acesso em: 7 set. 2020.

[164] "Art. 139. O crédito tributário decorre da obrigação principal e tem a mesma natureza desta."

[165] Atualmente prevista na Lei n. 6.830/1980.

outras prerrogativas. Com a equivalência para fins de cobrança, tais condições também alcançariam a penalidade.

Por tratar de obrigação tributária e do fluxo de formação do crédito tributário – incluindo penalidade, cuja formalização opera-se mediante o lançamento –, o art. 113 do CTN relaciona-se, diretamente, com o comando do art. 142 do CTN.

Definição da natureza da responsabilidade por infrações da legislação tributária: art. 136 do CTN

O art. 136 do CTN[166] inaugura o capítulo da *Responsabilidade por Infrações*, no Código Tributário Nacional, estabelecendo ser prescindível o elemento doloso à sua caracterização, o que permitiria uma interpretação *contrario sensu* no sentido de que seria objetiva a responsabilidade em matéria de infração tributária.

Na visão de Luiz Alberto Gurgel de Faria,[167] o art. 136 do CTN trata de responsabilidade, que é "(...) em princípio, de ordem objetiva, pois independe da vontade do agente ou responsável. É o inverso do que ocorre no direito penal, onde a imputabilidade está sempre a depender da subjetividade (...)".

Em sua interpretação, a análise do caráter subjetivo da ação foi definida, pelo CTN, como hipótese excepcional, mediante faculdade conferida ao legislador ordinário – "salvo disposição de lei em contrário".

Outra regra preconizada pelo dispositivo em tela é a irrelevância da efetividade, natureza e extensão dos efeitos do ato, para fins de responsabilização do sujeito passivo.

Contudo, Gurgel de Faria identifica o abrandamento dessa responsabilidade objetiva, por parte da jurisprudência, em especial do Superior Tribunal de Justiça, quanto a infrações que não implicam dano ao erário e cujo agente tenha agido com boa-fé.[168]

[166] "Art. 136. Salvo disposição de lei em contrário, a responsabilidade por infrações da legislação tributária independe da intenção do agente ou do responsável e da efetividade, natureza e extensão dos efeitos do ato."

[167] *In*: FREITAS, Vladimir Passos (coord). *Código tributário nacional comentado*. 7. ed. São Paulo: RT, 2017. E-book. ISBN 9788520373118. Disponível em: https://proview.thomsonreuters.com/launchapp/title/rt/codigos/72655091/v7 ^u25abr.2018. Acesso em: 21 mai. 2020.

[168] O autor destaca a Súmula STJ n. 509 ("É lícito ao comerciante de boa-fé aproveitar os créditos de ICMS decorrentes de nota fiscal posteriormente declarada inidônea, quando

demonstrada a veracidade da compra e venda.") e julgados relevantes nessa linha de entendimento, a exemplo dos seguintes: "Tributário. Ilícito. Não emissão de nota fiscal. Multa. Inexistência de lacuna legislativa, dúvida, exagero ou teratologia. Redução pelo Judiciário. Impossibilidade. 1. Hipótese em que os fatos e a norma local são incontroversos: a contribuinte deixou de emitir nota fiscal, mesmo tendo vendido e entregue a mercadoria a seu cliente. Só emitiu o documento após o início da fiscalização. A multa prevista na legislação local é de 30% sobre o valor do bem. 2. O Tribunal de origem reconheceu o ilícito e a aplicabilidade da multa, razão pela qual deu parcial provimento à Apelação do Estado, reformando a sentença que afastara a exigência. No entanto, entendeu inexistir má-fé da contribuinte ou dano ao Erário, de modo que reduziu a multa de 30% para 5% do valor da mercadoria. 3. 'Salvo disposição de lei em contrário, a responsabilidade por infrações da legislação tributária independe da intenção do agente ou do responsável e da efetividade, natureza e extensão dos efeitos do ato' (art. 136 do CTN). 4. Na hipótese dos autos, a emissão da nota fiscal somente ocorreu após o início da fiscalização, o que afasta a presunção de boa-fé, não havendo falar no benefício do art. 138, parágrafo único, do CTN. Ainda que assim não fosse, é pacífico o entendimento de que as sanções por infrações formais (entrega de declarações, emissão de documentos fiscais) não são afastadas pela denúncia espontânea. Precedentes do STJ. 5. A reprovabilidade da conduta é avaliada pelo legislador ao quantificar a penalidade prevista na lei. É por essa razão que às situações que envolvam fraude ou má-fé são fixadas, não raro, multas muito mais gravosas que os 30% previstos pela legislação local. 6. Recurso Especial provido" (STJ, 2.ª T., REsp 1142739/PR, rel. Min. Herman Benjamin, DJe 16.09.2010). "Processo civil. Recurso especial representativo de controvérsia. Artigo 543-C, do CPC. Tributário. Créditos de ICMS. Aproveitamento (princípio da não-cumulatividade). Notas fiscais posteriormente declaradas inidôneas. Adquirente de boa-fé. 1. O comerciante de boa-fé que adquire mercadoria, cuja nota fiscal (emitida pela empresa vendedora) posteriormente seja declarada inidônea, pode engendrar o aproveitamento do crédito do ICMS pelo princípio da não-cumulatividade, uma vez demonstrada a veracidade da compra e venda efetuada, porquanto o ato declaratório da inidoneidade somente produz efeitos a partir de sua publicação (...)2. A responsabilidade do adquirente de boa-fé reside na exigência, no momento da celebração do negócio jurídico, da documentação pertinente à assunção da regularidade do alienante, cuja verificação de idoneidade incumbe ao Fisco, razão pela qual não incide, à espécie, o artigo 136, do CTN, segundo o qual "salvo disposição de lei em contrário, a responsabilidade por infrações da legislação tributária independe da intenção do agente ou do responsável e da efetividade, natureza e extensão dos efeitos do ato" (norma aplicável, *in casu*, ao alienante). 3. *In casu*, o Tribunal de origem consignou que: "(...) os demais atos de declaração de inidoneidade foram publicados após a realização das operações (f. 272/282), sendo que as notas fiscais declaradas inidôneas têm aparência de regularidade, havendo o destaque do ICMS devido, tendo sido escrituradas no livro de registro de entradas (f. 35/162). No que toca à prova do pagamento, há, nos autos, comprovantes de pagamento às empresas cujas notas fiscais foram declaradas inidôneas

Embora a norma dispense o dolo, não trata do elemento culposo como condição à configuração da responsabilidade por infração, ao menos de forma expressa, o que nos parece um eloquente silêncio por parte do legislador, provocando a sua investigação.

Um primeiro passo na busca de compreensão do ponto pode ser a visita da legislação penal, encontrando o Parágrafo único do art. 18 do Código Penal, que define a prática dolosa do crime como regra à aplicação da pena, salvo disposição legal em contrário. É dizer: a forma culposa é exceção.

Comparando-se as normas tributária e penal, podemos inferir que o elemento doloso é dispensado à responsabilização por infração tributária, mas é *conditio sine qua non* à responsabilização penal, como regra.

O elemento culposo, em matéria penal, descaracteriza o crime e não deflagra punibilidade.

E em matéria de responsabilidade por infração tributária?

Observando que o próprio Princípio da Pessoalidade da Pena foi absorvido pelo Direito Tributário Penal, Schoueri[169] pontua que, "Inexistindo culpa ou dolo, não surge a pretensão punitiva do Estado, pelo mero fato de que não há o que punir". E avança dizendo:

> Também evidenciam que o Código Tributário Nacional não dispensa o elemento subjetivo (se não dolo, pelo menos culpa) para que se caracterize a infração, a circunstância de admitir a remissão por "erro ou ignorância

(f. 163, 182, 183, 191, 204), sendo a matéria incontroversa, como admite o fisco e entende o Conselho de Contribuintes." 4. A boa-fé do adquirente em relação às notas fiscais declaradas inidôneas após a celebração do negócio jurídico (o qual fora efetivamente realizado), uma vez caracterizada, legitima o aproveitamento dos créditos de ICMS. 5. O óbice da Súmula 7/STJ não incide à espécie, uma vez que a insurgência especial fazendária reside na tese de que o reconhecimento, na seara administrativa, da inidoneidade das notas fiscais opera efeitos *ex tunc*, o que afastaria a boa-fé do terceiro adquirente, máxime tendo em vista o teor do artigo 136, do CTN. 6. Recurso especial desprovido. Acórdão submetido ao regime do artigo 543-C, do CPC, e da Resolução STJ 08/2008." (STJ, 1.ª S., REsp 1148444/MG, rel. Min. Luiz Fux, DJe 27.04.2010). (*In*: FREITAS, Vladimir Passos (coord). *Código tributário nacional comentado.* 7. ed. São Paulo: RT, 2017. E-book. ISBN 9788520373118. Disponível em: https://proview.thomsonreuters.com/launchapp/title/rt/codigos/72655091/v7 ^u25abr.2018. Acesso em: 21 mai. 2020)

[169] SCHOUERI, Luís Eduardo. *Direito tributário.* 9. ed. São Paulo: Saraiva, 2018. E-book. (1 recurso online). ISBN 9788553610174, p. 875. Disponível em: https://integrada.minhabiblioteca.com.br/books/9788553610174. Acesso em: 10 maio 2020.

escusáveis" sobre matéria de fato (art. 172, II e IV) e a própria possibilidade de equidade para afastar a imposição de penalidades (art. 108, IV).

Finalmente, se o sujeito passivo demonstra que agiu de boa-fé, caracterizada por ter seguido a "legislação tributária", não fica sujeito a penalidade (art. 100, Parágrafo único).[170]

De acordo com a lição encimada[171], a natureza objetiva da responsabilidade por infração tributária seria afastada, também, pela interpretação sistemática das próprias normas gerais insculpidas no CTN acerca de penalidade que valoram o elemento subjetivo à caracterização de infração, mormente a boa-fé do sujeito passivo. Embora não se utilizem da expressão *culpa*, as hipóteses dos arts. 172, II e IV; 108, IV; e 100, Parágrafo único afastam a caracterização de infração tributária e, pois, a cominação

[170] SCHOUERI, Luís Eduardo. *Direito tributário*. 9. ed. São Paulo: Saraiva, 2018. E-book. (1 recurso online). ISBN 9788553610174, p. 875-876. Disponível em: https://integrada.minhabiblioteca.com.br/books/9788553610174. Acesso em: 10 maio 2020.

[171] Sobre o Princípio da Pessoalidade da Pena, Schoueri ainda leciona: "É esse o argumento que se utiliza para sustentar que o Código Tributário Nacional, ao utilizar o termo "tributo" e não "crédito tributário" em matéria de responsabilidade por sucessão (artigos 131 a 133) e de terceiros (artigo 134), afastou a possibilidade de que se impusesse a penalidade a pessoa diversa do infrator. Cabe insistir nesse ponto: o Estado Fiscal tem o direito de arrecadar seus tributos; são eles o foco do Direito Tributário e justifica-se a intromissão no patrimônio dos particulares pela necessidade de manutenção do Estado e capacidade contributiva (tributos não vinculados) ou atuação do Estado e equivalência (tributos vinculados). As penalidades tributárias decorrem do Poder de Tributar e são instrumentos para sua concretização. Penalidades não são instrumento ordinário de receita do Estado. São excepcionais, patológicas, apenas impostas como meio de assegurar o pagamento dos tributos. Daí não fazer sentido impor penalidade a terceiro, que não cometeu infração. Uma tal pena teria apenas a função de encher as burras do Fisco, sem qualquer efeito sobre o infrator. Seria, quando muito, uma sobretributação, não mais uma penalidade. Ora, qualquer tributo – inclusive um sobretributo – exigiria justificação na capacidade contributiva ou na equivalência. Não seria o caso da penalidade. Por isso é que, se a multa for imposta sobre o infrator, terá ela cumprido sua função, diminuindo o patrimônio deste. Qualquer sucessão patrimonial, portanto, será afetada pela multa, já que esta terá reduzido o próprio patrimônio. Quando, porém, após a sucessão, a fiscalização encontra uma infração, nada lhe impede exigir o tributo do sucessor, uma vez que o patrimônio transmitido já fora atingido pela tributação eventualmente sonegada. Penalidades, todavia, não podem ser impostas ao sucessor." (SCHOUERI, Luís Eduardo. *Direito tributário*. 9. ed. São Paulo: Saraiva, 2018. E-book. (1 recurso online). ISBN 9788553610174, p. 860. Disponível em: https://integrada.minhabiblioteca.com.br/books/9788553610174. Acesso em: 10 maio 2020.)

de penalidade, em função da conduta do sujeito passivo, o que, por óbvio, não decorre da ausência de dolo, mas de um agir imbuído de boa-fé.

Ao dispensar o elemento doloso à responsabilidade por infrações, o art. 136 do CTN não prescreve comando de incriminação indistinta de todo e qualquer descumprimento de obrigação tributária, dado que preserva de penalidade o agir sem culpa, caracterizado como tal mediante a valoração do elemento subjetivo, a exemplo dos comandos contidos nos preceitos legais referidos acima. Ora, se o próprio CTN desqualifica a responsabilidade por infrações e impede a cominação de penalidade a atos de descumprimento de obrigação tributária destituídos de dolo, não seria correto – e sequer coerente – rotular como objetiva a responsabilidade por infrações.

Greco pontua que a concepção de sanção tributária de caráter objetivo, de forma exclusiva, seria fruto de concepção similar àquela adotada pelo Código Penal de 1940 – vigente à época do advento do CTN –, que, originalmente, considerava prescindível o elemento subjetivo do tipo a certas infrações, a exemplo de *contravenções penais* – a que se assemelhava a infração tributária.[172]

A lente produzida pelo Código Penal de 1940 teria influenciado a caracterização da infração tributária como indiferente ao elemento subjetivo do tipo.

Contudo, tal leitura teria sido superada por um plexo de motivos, a começar pela autonomia da legislação tributária em relação à penal, conquistada por sua prática e pelo conhecimento crescente dos seus institutos ao longo dos anos – e sob Constituições distintas; pela melhor interpretação do comando contido no art. 136 do CTN, bem como pelo princípio tornado regra pelo art. 112 do CTN, que assegura uma interpretação mais favorável ao contribuinte em caso de dúvida – o *in dubio pro* contribuinte.

Na visão de Hugo de Brito Machado,[173] não se trataria de hipótese de responsabilidade objetiva, mas por culpa presumida, forte na premissa do caráter subjetivo da infração tributária.

[172] GRECO, Marco Aurélio. *Planejamento tributário*. 4. ed. São Paulo: Quartier Latin, 2019. p. 391.

[173] MACHADO, Hugo de Brito. *Curso de direito tributário*. 31. ed. São Paulo: Malheiros, 2010. p. 171.

A par da legislação tributária, também o regramento penal sofreu modificações viscerais acerca da concepção das infrações e sanções em geral, definindo o elemento subjetivo como relevante em toda infração, inclusive nas contravenções penais – encampando as infrações tributárias, por consequência.[174]

Greco[175] identifica a irradiação dessa mudança à seara tributária em sua repercussão na jurisprudência do Superior Tribunal de Justiça, ao reconhecer o caráter subjetivo da infração tributária em casos pontuais.[176]

[174] Particular fato histórico na legislação penal foi a reforma do Código Penal de 1984, introduzindo preceitos influenciados pela *teoria finalista da ação.*

[175] GRECO, Marco Aurélio. *Planejamento tributário.* 4. ed. São Paulo: Quartier Latin, 2019. p. 393-394.

[176] Vide os seguintes julgados:

"TRIBUTÁRIO. EXECUÇÃO FISCAL. ICMS. INFRAÇÃO TRIBUTÁRIA. QUEBRA DO DIFERIMENTO. COMPRADOR IRREGULAR. VENDEDOR DE BOA-FÉ. RESPONSABILIDADE OBJETIVA. NÃO-OCORRÊNCIA. RESPONSABILIDADE TRIBUTÁRIA. ART. 128 DO CTN. REEXAME DE LEI ESTADUAL. SÚMULA 280/STF.

1. A responsabilidade pela prática de infração tributária, malgrado o disposto no art. 136 do CTN, deve ser analisada com temperamentos, sobretudo quando não resta comprovado que a conduta do vendedor encontrava-se inquinada de má-fé. Em hipótese como tais, tem emprego o disposto no art. 137 do CTN, que consagra a responsabilidade subjetiva. Precedentes.

2. A questão relativa à verificação da existência de responsabilidade do vendedor no caso de diferimento do ICMS e, por conseguinte, a adequação do contexto fático ao comando normativo do art. 128 do CTN, por importar na interpretação da legislação estadual de regência, atrai a aplicação do óbice previsto na Súmula n. 280/STF.

3. Recurso especial parcialmente conhecido e, nessa parte, não-provido."

(Recurso Especial n. 267.546-MG, Segunda Turma, Relator: Ministro João Otávio de Noronha, Sessão de 06/12/2005)

"TRIBUTÁRIO. IMPOSTO DE RENDA. EQUÍVOCO NO PREENCHIMENTO DO FORMULÁRIO E AJUSTE SIMPLIFICADO. ART. 136 DO CTN. INFRAÇÃO TRIBUTÁRIA. RESPONSABILIDADE OBJETIVA DO AGENTE. BOA-FÉ DO CONTRIBUINTE E INEXISTÊNCIA DE DANO OU DE INTENÇÃO DE O PROVOCAR RECONHECIDAS PELO TRIBUNAL DE ORIGEM. JULGAMENTO BALIZADO PELA EQÜIDADE E PELO PRINCÍPIO *IN DUBIO PRO CONTRIBUINTE.* AFASTAMENTO DA MULTA.

I – Apesar da norma tributária expressamente revelar ser objetiva a responsabilidade do contribuinte ao cometer um ilícito fiscal (art. 136 do CTN), sua hermenêutica admite temperamentos, tendo em vista que os arts. 108, IV e 112 do CTN permitem a aplicação da eqüidade e a interpretação da lei tributária segundo o princípio do *in dubio pro contribuinte.* Precedente: REsp n. 494.080/RJ, Rel. Min. TEORI ALBINO ZAVASCKI, DJ de 16/11/2004.

Ainda, destaca a "teoria da imputação subjetiva" abordada por Claus Roxin[177] e Gunther Jakobs,[178] sustentando que "(...) a conduta deve ser vista da perspectiva do risco novo e injusto gerado ao interesse jurídico protegido e não da perspectiva da mera ação materialmente realizada (...)".[179]

À luz dessa teoria, Greco[180] pondera que a punição do sujeito passivo dependeria de a sua conduta gerar um risco novo e injusto em relação a (i) arrecadação a tempo e hora; (ii) conhecimento pelo Fisco dos fatos com repercussão tributária ou de controle atribuído ao Fisco; e (iii) convívio social saudável.

Outro subsídio relevante à investigação da natureza da responsabilidade prevista no art. 136 do CTN é a sua comparação com o teor do *caput*

II – *In casu*, o Colegiado *a quo*, além de expressamente haver reconhecido a boa-fé do contribuinte, sinalizou a inexistência de qualquer dano ao Erário ou mesmo de intenção de o provocar, perfazendo-se, assim, suporte fáctico-jurídico suficiente a se fazerem aplicar os temperamentos de interpretação da norma tributária antes referidos.
III – Ademais, apenas a título de registro, tal entendimento do Sodalício de origem, como cediço, não comportaria revisão por parte desta Corte Superior em face do óbice sumular n. 7 deste STJ.
IV – Recurso especial desprovido.
(Recurso Especial n. 699.700-RS, Primeira Turma, Relator: Ministro Francisco Falcão, Sessão de 21/06/2005)
"TRIBUTÁRIO. RESPONSABILIDADE POR INFRAÇÃO. MULTA. ART. 136 DO CTN. RESPONSABILIDADE OBJETIVA, INTERPRETADA À LUZ DAS REGRAS DOS ARTS. 137 E 112 DO MESMO CÓDIGO. IMPOSTO DE IMPORTAÇÃO. ISENÇÃO. BAGAGEM DE RESIDENTE NO EXTERIOR HÁ MAIS DE UM ANO. CONSULTA AO CONSULADO BRASILEIRO. RECONHECIMENTO DE BOA-FÉ PELO TRIBUNAL DE ORIGEM. EXCLUSÃO DA MULTA. RECURSO ESPECIAL A QUE SE NEGA PROVIMENTO". (Recurso Especial n. 494.080, Primeira Turma, Relator: Ministro Teori Albino Zavascki, Sessão de 19/10/2004)

[177] ROXIN, Claus, 2020, *apud* GRECO, Marco Aurélio. *Planejamento Tributário.* 4. ed. São Paulo: Quartier Latin, 2019. p. 394.

[178] JAKOBS, Gunther, 2000 *apud* GRECO, Marco Aurélio. *Planejamento Tributário.* 4. ed. São Paulo: Quartier Latin, 2019. p. 394.

[179] GRECO, Marco Aurélio. *Planejamento Tributário.* 4. ed. São Paulo: Quartier Latin, 2019. p. 394.

[180] GRECO, Marco Aurélio. *Planejamento Tributário.* 4. ed. São Paulo: Quartier Latin, 2019. p. 394.

do art. 161 do *Codex*,[181] que trata da incidência de juros de mora sobre o crédito tributário não pago no vencimento, "(...) seja qual for o motivo determinante da falta (...)".

Na passagem destacada, copiada da redação do art. 161 do CTN, percebe-se a ênfase do legislador ao acréscimo de juros como decorrência direta e invencível da mora no adimplemento da obrigação tributária, mais precisamente na quitação da prestação que lhe é objeto. Ou seja, pelo simples decurso do prazo, o legislador obriga o sujeito passivo a indenizar o Fisco por estar privado dos recursos a que faz jus ao tempo previsto *ex lege*.

Podemos inferir da regra do art. 161 do CTN que estamos diante de uma hipótese de responsabilidade objetiva,[182] considerando que se afiguram devidos juros de mora a partir do termo final do prazo de recolhimento do tributo ou da multa, sem prejuízo de outras cominações cabíveis, conforme prevê o legislador.

O art. 136 do CTN define a natureza da responsabilidade por infrações da legislação tributária, irradiando efeitos sobre todo o sistema do Direito Tributário Penal, inclusive ao exercício da pretensão punitiva prevista no art. 142 do CTN.

2.4. Normas gerais de Direito Tributário acerca do crédito tributário

Definição da hipótese de cabimento do lançamento de ofício em caso de infração à legislação tributária: art. 149, VI, do CTN

O art. 149, VI, do CTN[183] abriga o comando legal da lavratura de auto de infração em caso de ação ou omissão que implique infração à legislação tributária passível de penalidade, cuja formalização opera-se de acordo com o art. 142 do CTN.

[181] "Art. 161. O crédito não integralmente pago no vencimento é acrescido de juros de mora, seja qual for o motivo determinante da falta, sem prejuízo da imposição das penalidades cabíveis e da aplicação de quaisquer medidas de garantia previstas nesta Lei ou em lei tributária".

[182] Ficam ressalvadas da incidência de juros as hipóteses legais de dispensa previstas no art. 100, Parágrafo único, e no art. 161, §2º, ambos do CTN.

[183] "Art. 149. O lançamento é efetuado e revisto de ofício pela autoridade administrativa nos seguintes casos:
(...) VI – quando se comprove ação ou omissão do sujeito passivo, ou de terceiro legalmente obrigado, que dê lugar à aplicação de penalidade pecuniária; (...)".

Trata-se da matriz legal do auto de infração, consubstanciado em lançamento de ofício motivado por ação ou omissão do sujeito passivo, ou de terceiro, sujeito à aplicação de penalidade pecuniária.

Definição da natureza punitiva da penalidade: art. 157 do CTN

A natureza punitiva da penalidade é como tal definida pelo próprio CTN, na redação do seu art. 157.[184]

A norma encimada afasta a natureza indenizatória da penalidade aplicada por inadimplemento do tributo – sob a expressão *crédito tributário*, ao determinar que persiste a obrigação ao seu adimplemento de forma cumulativa com a penalidade.[185]

Na visão de Luiz Alberto Gurgel de Faria, a multa aplicada no âmbito do Direito Tributário, seja de que natureza for, possui feição sancionatória.[186]

Analisando a natureza das penas aplicáveis por infração à lei tributária, Schoueri[187] aborda a clássica divisão entre Direito Tributário Penal e Direito Penal Tributário, observando que o primeiro é ramo do Direito Tributário e considera a infração administrativa, caracterizada pelo descumprimento da obrigação tributária em sua feição principal (pagamento de tributo) ou acessória (dever instrumental), nos termos do art. 113, §3º, do CTN.

Traço marcante e distintivo frente ao ramo do Direito Penal é a aplicação de penalidade pela Autoridade Administrativa – Poder Executivo

[184] "Art. 157. A imposição de penalidade não ilide o pagamento integral do crédito tributário".

[185] SCHOUERI, Luís Eduardo. *Direito tributário*. 9. ed. São Paulo: Saraiva, 2018. E-book. (1 recurso online). ISBN 9788553610174, p. 856. Disponível em: https://integrada.minhabiblioteca.com.br/books/9788553610174. Acesso em: 10 maio 2020.

[186] Esse entendimento é manifestado no comentário ao art. 138 do CTN, asseverando o alcance da denúncia espontânea também sobre multas de cunho moratório, dada a ausência de expressa ressalva a seu respeito pelo legislador. E, pondera que "Assim não tendo laborado, não cabe ao intérprete distinguir, conforme regra básica de hermenêutica (...)". *In*: FREITAS, Vladimir Passos (coord). *Código tributário nacional comentado*. 7. ed. São Paulo: RT, 2017. E-book. ISBN 9788520373118. Disponível em: https://proview.thomsonreuters.com/launchapp/title/rt/codigos/72655091/v7 ^u25abr.2018. Acesso em: 21 mai. 2020.

[187] SCHOUERI, Luís Eduardo. *Direito tributário*. 9. ed. São Paulo: Saraiva, 2018. E-book. (1 recurso online). ISBN 9788553610174, p. 856. Disponível em: https://integrada.minhabiblioteca.com.br/books/9788553610174. Acesso em: 10 maio 2020.

–, mediante procedimento próprio, não obstante seja facultada a sua discussão na esfera judicial, em razão do princípio da inafastabilidade da jurisdição.[188] Por sua vez, na seara do Direito Penal Tributário, em matéria de crime contra a ordem tributária, não se cogita imposição de pena por mãos outras que não do juiz togado.

Tais diferenças advêm do fundamento constitucional do ilícito administrativo e do crime, sendo o primeiro oriundo do *ius tributandi* do Estado, que é titular do poder de coerção ao cumprimento das obrigações tributárias, inclusive mediante penalidade, no exercício da competência tributária,[189] e o segundo fruto do *ius puniendi*, cuja competência legislativa é exclusiva da União Federal, nos termos do art. 22, I, da CF/88.

Contudo, o referido autor afirma que "Não existe diferença ontológica entre o ilícito administrativo e o crime: é opção do legislador incluir a conduta numa ou noutra categoria ou, ainda, prever que ambas se deem simultaneamente (...)",[190] referenciando, inclusive, o entendimento assente na doutrina europeia acerca da ausência de diferença de natureza material entre os ilícitos penais e administrativos.

Há permeabilidade de princípios[191] entre os ramos do Direito em análise, a exemplo da regência do Princípio da Legalidade, no sentido da necessidade de lei anterior ao ato que o defina como ilícito (administrativo ou penal) para que possa sofrer penalidade, o qual, em matéria tributária,

[188] Art. 5º, XXXV, da CF/88.

[189] Sobre o tema, Paulo Roberto Coimbra Silva leciona: "Ora, se ao exercer, regular e validamente, o poder de tributar mediante a instituição de tributos, não pode o Estado aviltar o direito de propriedade e as condições mínimas de subsistência digna dos seus súditos, ambos protegidos constitucionalmente, é certo que não poderá fazer o mesmo o ente tributante ao punir, com base no mesmo poder, as infrações fiscais. Fora de dúvidas que os limites quantitativos explícitos à tributação aplicam-se, ainda que implicitamente, *in totum*, à fixação das sanções tributárias (...)". (SILVA, Paulo Roberto Coimbra. *Direito tributário sancionador*. São Paulo: Quartier Latin, 2007. p. 229)

[190] SILVEIRA, Renato M. J.; GOMES JR., João F. S. Direito penal, direito administrativo sancionador e a questão do *ne bis in idem*: o parâmetro da jurisprudência internacional. *In*: BLAZECK, Luiz M. S.; MARZAGÃO Jr., Laerte I. (coord.). *Direito administrativo sancionador*. São Paulo: Quartier Latin, p. 287-306, 2014. p. 292-293.

[191] SILVA, Paulo Roberto Coimbra. *Direito tributário sancionador*. São Paulo: Quartier Latin, 2007. p. 265 e ss.

está insculpido no art. 97, V, do CTN, segundo o qual somente a lei pode estabelecer a cominação de penalidades.

A par da definição em lei da penalidade, assim como da obrigação tributária cujo descumprimento a deflagra, mostra-se igualmente essencial identificar como se opera a sua aplicação, ou seja, a verificação da ocorrência de infração tributária e a cominação da sanção – no estrito cumprimento da lei.

É o art. 142 do CTN que encerra o procedimento ao exercício da pretensão punitiva por parte da Autoridade Administrativa – não como aplicador da penalidade, como se juiz fosse na seara Penal, mas como acusador da infração e da sanção aplicável.

O art. 157 do CTN atribui natureza punitiva à penalidade decorrente de infração à legislação tributária, cuja cominação ocorre no bojo do lançamento, na forma do art. 142 do CTN.

A leitura integrativa dos preceitos destacados neste capítulo denota que o Código Tributário Nacional define, expressamente, quando não é caso de propor (ou aplicar) penalidade no bojo do lançamento tributário, sem prejuízo da exigência do tributo, a exemplo das hipóteses encerradas nos arts. 100, Parágrafo único; 108, IV; e 112, todos do CTN. Tal constatação traça um importante fio condutor da interpretação do art. 142 do CTN, notadamente para reconhecer a possibilidade da lavratura de um auto de infração sem a proposição de penalidade.

Também, pudemos inferir que a natureza objetiva da responsabilidade por infração não impede a valoração de aspectos subjetivos da conduta do sujeito passivo, inclusive a ponto de dispensar penalidade, mormente no exercício da competência judicante, no bojo da realização do contraditório e da ampla defesa, sem que tal fira de morte o tributo formador do crédito tributário.

Tal interpretação parece militar a favor da natureza propositiva da pretensão punitiva, mormente pela competência da autoridade judicante de afastar a penalidade proposta pela autoridade fiscal, e por fazê-lo em função de aspectos subjetivos da conduta do sujeito passivo que são evidenciados no bojo do contencioso, mediante o exercício do contraditório e da ampla defesa frente à punição impingida pela acusação fiscal no lançamento de ofício.

Após analisarmos a *mens legis* das normas gerais de Direito Tributário e buscarmos a interpretação sistemática dos preceitos do CTN em matéria de penalidade, mostra-se oportuno, agora, enfocarmos o seu próprio art. 142, mediante uma interpretação doutrinária[192] e teleológica[193] acerca da natureza da pretensão punitiva contida no auto de infração, no intuito de identificar a real finalidade do comando contido no dispositivo retro referido e seus efeitos práticos e importantes à realização do Direito Tributário,[194] também vislumbrando o fim último desse comando no fluxo de formação da relação jurídico-tributária e sua parcela de responsabilização por infração à legislação tributária.

[192] VANONI, Ezio. *Natureza e interpretação das leis tributárias*. Tradução Rubens Gomes de Sousa. Rio de Janeiro: Edições Financeiras, 1932. p. 345.

[193] FERRAZ JÚNIOR, Tércio Sampaio. *Introdução ao estudo do direito*: técnica, decisão, dominação. 6. ed. São Paulo: Atlas, 2008. p. 266-267.

[194] Conforme a lição de Rubens Gomes de Sousa: "(...) o aplicador da lei pode e deve utilizar todos os métodos ou processos de raciocínio que conduzam à realização prática integral das finalidades que a lei se destina a alcançar. Nesse sentido se diz que a interpretação deve ser *teleológica*, isto é, deve visar a realização das finalidades ou objetivos da lei." (SOUSA, Rubens Gomes de. *Compêndio de legislação tributária*. Edição póstuma. São Paulo: IBET; Resenha tributária, 1981. p. 79)

3.
Natureza da Pretensão Punitiva no Auto de Infração conforme o Art. 142 do CTN

Antes de analisar a redação do art. 142 do CTN, importa observar que a aplicação de penalidade pela Administração Tributária não é admitida à unanimidade na doutrina, mormente pelo fato de o aplicador da sanção punitiva ser o próprio credor.[195]

James Marins[196] classifica como um *problema* a aplicação de penalidades pela Administração Pública e destaca a perspectiva tributária, asseverando

[195] Lecionando sobre crimes contra a ordem tributária, Hugo de Brito Machado inaugura seu Capítulo 1 – *O Estado e o Poder-Dever de Punir* justificando a abordagem da Teoria do Estado para lidar com a confusão entre Estado como instituição responsável pelo controle social, e Estado como fazenda pública, nas seguintes palavras: "Lembro-me muito bem da observação que diversas vezes ouvi de um colega professor da Faculdade de Direito da Universidade Federal do Ceará, que em tom de brincadeira me dizia, referindo-se à matéria por mim lecionada: *esse teu Direito Tributário não é direito coisa nenhuma. Se as leis são feitas pela parte interessada...* (...) Realmente por mais que se tente separar o Estado enquanto instituição responsável pelo controle social, do qual ordem jurídica é o principal instrumento, do Estado enquanto fazenda pública, pessoa jurídica titular de interesses secundários, entre os quais o de arrecadar tributos, não se pode deixar de reconhecer que se trata de uma abstração permanece bem distante da realidade. E essa consideração nos parece mais do que suficiente para explicar porque começamos este livro com essa ligeira e talvez indevida incursão na Teoria do Estado." (MACHADO, Hugo de Brito. *Crimes contra a ordem tributária*. 4. ed. São Paulo: Atlas, 2015. p. 3-4)

[196] MARINS, James. *Direito processual tributário brasileiro*: administrativo e judicial. 5. ed. São Paulo: Dialética, 2010. p. 93-95.

tratar-se de instrumento concernente ao Direito Tributário formal, cujo manuseio encontra limites constitucionais e legais, não se devendo retirar da administração, em absoluto, a competência de aplicar penalidade, "(...) sob pena de chegarmos a desenlace desastroso, quer sob o ponto de vista jurídico, como sob o ângulo pragmático".[197]

O autor contextualiza tal risco com a ideia de que o Estado não pode prescindir de seu aparelho administrativo, cuja manutenção implica deter faculdades e instrumentos que, embora limitados, viabilizem o exercício da atividade pública.

Sob tal premissa, Marins[198] considera que a faculdade punitiva a cargo do agente público seria limitada "(...) às multas moratórias ou às cláusulas indenizatórias (como aplicação de taxas de juros) (...)", dado que de natureza jurídica penal e a cargo exclusivo do poder jurisdicional[199] estariam as "(...) penas pecuniárias de outra natureza, ou aquelas restritivas de atividades, de caráter evidentemente punitivo".

Destacando sua aceitação apenas parcial, o autor compartilha a lição de Valdés Costa,[200] para quem seria inconcebível impor penalidade tributária ao contribuinte no âmbito da Administração Pública, incluindo-se de caráter moratório, senão por quatro razões:[201]

i) no Direito Tributário, essa questão torna-se mais grave já que quem aplica as penas é o próprio credor;
ii) a possibilidade de que o contribuinte possa recorrer judicialmente não se revela suficiente para afastar os danos causados ao contribuinte como

[197] MARINS, James. *Direito processual tributário brasileiro*: administrativo e judicial. 5. ed. São Paulo: Dialética, 2010. 94.

[198] MARINS, James. *Direito processual tributário brasileiro*: administrativo e judicial. 5. ed. São Paulo: Dialética, 2010. 94.

[199] A diferença entre ato administrativo e ato jurisdicional residiria no fato de que o Poder Executivo aplica a lei de ofício e o Judiciário deve ser instado a dizer o direito, atuando à frente de uma controvérsia entre as partes, para interpretar e fixar a inteligência da norma à luz do caso concreto e encerrar o conflito. (FAGUNDES, Miguel Seabra. *Controle dos atos administrativos pelo poder judiciário*. 6. ed. São Paulo: Saraiva, 1984. p. 91-92.)

[200] COSTA, Ramón Valdés. A Codificação Tributária na América Latina. (tradução Brandão Machado). *Direito tributário*: Estudos em Homenagem ao Prof. Ruy Barbosa Nogueira (coord. Brandão Machado). São Paulo: Saraiva, 1984. p. 288-291.

[201] MARINS, James. *Direito processual tributário brasileiro*: administrativo e judicial. 5. ed. São Paulo: Dialética, 2010. p. 93.

se dá nos casos de pena de proibição do exercício de alguma atividade pessoal;

iii) a aplicação de penas não é, ao menos no Direito Tributário, poder inerente à Administração, senão que por razões meramente históricas;

iv) há identidade ontológica, substancial, entre as penas previstas no Código Penal e aquelas presentes na legislação tributária (infrações administrativas ou tributárias), implicando que devesse ser o mesmo órgão (juízo penal) a aplicá-las.[202]

Costa[203] admite poderes punitivos nas mãos do agente público no exercício de funções de polícia e de Direito Administrativo Disciplinar, pois o Estado atua na defesa da ordem pública. Já na seara tributária, a aplicação de sanção seria "(...) como um ranço da concepção da relação tributária como relação de poder que o Direito contemporâneo não tem sabido superar (...)", mas que haverá de ser corrigido pela evolução do Direito.

O autor seleciona doutrina que denomina "hispano-americana" para justificar sua posição acerca do caráter delitual das infrações tributárias e da incompetência da Administração Púbica à sua punição – por ser esta reservada ao Judiciário, citando Sainz de Bujanda, na Espanha; García Belsunce, Villegas e Spisso, na Argentina; Geraldo Ataliba, no Brasil; e Shaw y Ossi, no Uruguai.[204]

[202] Sobre a aplicação de multa por órgão jurisdicional, importa ressaltar que a Lei n. 8.137/1990 comina pena de multa para os crimes contra a ordem tributária definidos em seus arts. 1º, 2º e 3º, além da pena privativa de liberdade, estabelecendo que a multa será fixada entre 10 e 360 dias-multa, conforme necessidade e suficiência à prevenção e reprovação do crime. O valor do dia-multa é fixado pelo juiz, entre um trigésimo e cinco vezes o valor do salário mínimo mensal vigente no tempo do fato, nos termos do art. 49, §1º, do Código Penal. Adicionalmente, a lei estabelece pena de prestação pecuniária, ficando a cargo do juiz fazer a sua destinação específica. (MACHADO, Hugo de Brito. *Crimes contra a ordem tributária*. 4. ed. São Paulo: Atlas, 2015. p. 318).

[203] COSTA, Ramón Valdés. A Codificação Tributária na América Latina. (tradução Brandão Machado). *Direito tributário*: Estudos em Homenagem ao Prof. Ruy Barbosa Nogueira (coord. Brandão Machado). São Paulo: Saraiva, 1984. p. 288.

[204] "(...) para Bujanda existem identidades na substância dos conceitos. Para García Belsunce 'não há em princípio, genericamente, diferença de grau em ou quantitativa entre o ilícito penal comum e o ilícito tributário'. Já para Villegas, em posição de certa particularidade, as infrações tributárias assumem caráter contravencional e não delitual, ainda que do ponto de vista das sanções, estas se configurem como penas. Spisso, partindo da admissão da identidade

Importa notar que a lente dos autores encimados aborda a legitimidade do Estado (executor/administrador, não o juiz) de punir o administrado, o que sugere um possível pano de fundo ao nosso foco de estudo – art. 142 do CTN –, ao analisarmos se o comando punitivo passível de integrar o lançamento tributário – como ato administrativo que é – afigura-se impositivo ou propositivo.

3.1. Definição de lançamento tributário no art. 142 do CTN

O art. 142 do CTN[205] estabelece a regra de constituição do crédito tributário, mediante procedimento[206] a cargo de Autoridade Administrativa tendente a verificar a ocorrência do fato gerador da obrigação correspondente, determinar a matéria tributável, calcular o montante do tributo devido, identificar o sujeito passivo *e, sendo caso, propor a aplicação da penalidade cabível.*

Misabel Derzi e Aliomar Baleeiro pontuam que a expressão "lançamento" corresponde:

entre o ilícito tributário e o ilícito penal, vislumbra um 'desapoderiamento' do Poder Judiciário a conduzir-se para a transgressão a princípios constitucionais. À sua vez, Geraldo Ataliba sustenta que "qualquer punição de cunho patrimonial ou privativo de liberdade exige o *due processo of law*". Menciona ainda a 'equilibrada posição' de José Luis Shaw e Adolfo Ossi que seguindo a doutrina de Blumenstein no sentido de que "a atribuição a um ou outro órgão é, no fundo, um problema de evolução, concluem que é de se admitir a aplicação pela administração de 'multas de mora, omissão de deveres formais e ainda por omissão de pagamento (...) sem renunciar à aspiração de que no futuro (...) todas as penas tributárias sejam impostas exclusivamente por órgãos jurisdicionais' naquilo que não diga respeito meramente à mora (...)". (COSTA, Ramón Valdés. A Codificação Tributária na América Latina. (tradução Brandão Machado). *Direito tributário*: Estudos em Homenagem ao Prof. Ruy Barbosa Nogueira (coord. Brandão Machado). São Paulo: Saraiva, 1984. p. 289-291.)

205 "Art. 142. Compete privativamente à autoridade administrativa constituir o crédito tributário pelo lançamento, assim entendido o procedimento administrativo tendente a verificar a ocorrência do fato gerador da obrigação correspondente, determinar a matéria tributável, calcular o montante do tributo devido, identificar o sujeito **passivo e, sendo caso, propor a aplicação da penalidade cabível**. Parágrafo único. A atividade administrativa de lançamento é vinculada e obrigatória, sob pena de responsabilidade funcional". (grifo nosso)

206 Alberto Xavier critica o termo "procedimento", afirmando ser "ato", ainda que praticado após um procedimento (eventual e não necessário) de investigação de fatos cujo conhecimento e valorização se façam necessários para a consecução do lançamento. (XAVIER, Alberto. *Do lançamento no direito tributário brasileiro*. São Paulo: Resenha Tributária, 1977. p. 18-19.)

> (...) ao *accertamento* do Direito Fiscal italiano, a *determinación* das leis tributárias argentinas, ao *rôle nominatif, liquidation*, dos franceses, à *liquidación*, dos espanhóis, *steurveranlagung*, dos alemães, *tax assessment* dos americanos, *ato tributário*, do Cód. Proc. Das Contribuições e Impostos, de Portugal etc. (grifo do autor)[207]

Luciano Amaro[208] critica a expressão "tendente" adotada no dispositivo, pois atribuiria feição investigativa ao próprio lançamento, tendo por objeto a verificação da ocorrência do fato gerador, quando, em verdade, "(...) a ação da Autoridade Administrativa (investigação) é que objetiva a consecução de eventual lançamento".

Para o autor,[209] o conceito de lançamento veiculado no art. 142 do CTN apresenta diversas impropriedades quanto a ambas as pretensões. No tocante à penalidade, critica o aparente sentido de *inquérito fiscal* atribuído ao lançamento, pois levaria a crer que poderia ensejar uma acusação de cometimento de ilícito tributário, e destaca que tal investigação é, necessariamente, prévia ao lançamento, justamente para se identificar se há tributo a lançar e penalidade a propor.[210]

Amaro interpreta como uma *evolução* na legislação tributária o lançamento também abranger a penalidade tributária, superando a feição inquisitória de infrações, *in verbis*:

[207] BALEEIRO, Aliomar. *Direito tributário brasileiro*. 14. ed. Rio de Janeiro: Forense, 2018. E-book. (1 recurso online). ISBN 9788530980726, p. 1.179. Disponível em: https://integrada.minhabiblioteca.com.br/books/9788530980726. Acesso em: 9 set. 2020.

[208] AMARO, Luciano. *Direito tributário brasileiro*. 22. ed. São Paulo: Saraiva, 2017. E-book. (1 recurso online). ISBN 9788547221744, p. 375. Disponível em: https://integrada.minhabiblioteca.com.br/books/9788547221744. Acesso em: 9 set. 2020.

[209] AMARO, Luciano. *Direito tributário brasileiro*. 22. ed. São Paulo: Saraiva, 2017. E-book. (1 recurso online). ISBN 9788547221744, p. 375. Disponível em: https://integrada.minhabiblioteca.com.br/books/9788547221744. Acesso em: 9 set. 2020.

[210] "Em suma, o lançamento não tende a verificar o fato, nem a determinar a matéria tributável, nem a calcular o tributo, nem a identificar o sujeito passivo. O lançamento pressupõe que todas as investigações tenham sido feitas e que o fato gerador tenha sido identificado no seus vários aspectos subjetivo, material, quantitativo, espacial, temporal, pois só com essa prévia identificação é que o tributo pode ser lançado." (AMARO, Luciano. *Direito tributário brasileiro*. 22. ed. São Paulo: Saraiva, 2017. E-book. (1 recurso online). ISBN 9788547221744, p. 375. Disponível em: https://integrada.minhabiblioteca.com.br/books/9788547221744. Acesso em: 9 set. 2020.)

> E com isso poderíamos ter, abrangida pelo conceito de lançamento, uma série de investigações que em nada resultassem, mas que teriam *tendido* a uma eventual proposta de penalidade. Ora, lançamento tributário nada tem que ver com inquérito, investigação, interrogatório mediante o qual se busque detectar a ocorrência de eventual infração. (...)[211]

Paulo de Barros Carvalho[212] distingue lançamento e auto de infração em dois atos administrativos *introdutores de norma individual e concreta no ordenamento positivo,* sendo que o lançamento produziria regra "(...) cujo antecedente é fato lícito e o consequente uma relação jurídica de tributo (...)", e o auto de infração seria o veículo da norma individual e concreta de aplicação de penalidade, tendo "(...) no suposto, a descrição de um delito e, no consequente, a instituição de um liame jurídico sancionatório (...)", cuja prestação pode ser uma multa, ou uma conduta de fazer ou de não fazer.

A norma, ainda, acentua o caráter vinculante e obrigatório da atividade do lançamento, inclusive sob pena de responsabilização funcional do agente público.

O lançamento possui duas pretensões distintas: uma **arrecadatória**, impositiva diante da ocorrência do fato gerador, que quantifica o tributo devido e qualifica todos os seus aspectos,[213] que corporifica o objeto da obrigação tributária; e uma **punitiva**, eventual, de feição propositiva se e quando o ato do sujeito passivo configura infração punível com multa.

O Quadro 2 a seguir segrega as pretensões contidas no lançamento de acordo com o dispositivo legal:

[211] AMARO, Luciano. *Direito tributário brasileiro.* 22. ed. São Paulo: Saraiva, 2017. E-book. (1 recurso online). ISBN 9788547221744, p. 375. Disponível em: https://integrada.minhabiblioteca.com.br/books/9788547221744. Acesso em: 9 set. 2020.

[212] CARVALHO, Paulo de Barros. *Curso de direito tributário.* 24. ed. São Paulo: Saraiva, 2012. p. 405.

[213] De acordo com a lição de Paulo de Barros Carvalho, trata-se dos critérios da regra matriz de incidência tributária, a saber: material, espacial e temporal – verificados no enunciado hipotético; e quantitativo e pessoal – verificados no prescritor normativo. (CARVALHO, Paulo de Barros. *Curso de direito tributário.* 24. ed. São Paulo: Saraiva, 2012. p. 269.)

QUADRO 2 – **Pretensões contidas no lançamento**

Pretensão arrecadatória	Pretensão punitiva
Verificar a ocorrência do fato gerador da obrigação correspondente, determinar a matéria tributável, calcular o montante do tributo devido, identificar o sujeito passivo.	Sendo o caso, propor a aplicação da penalidade cabível.

Sob a ótica do Direito Tributário, o tributo e a sanção pecuniária compreendem relações jurídicas distintas, verificáveis no consequente das normas jurídicas correspondentes. A relação jurídica tributária decorre de fato lícito, situa-se na norma primária de incidência tributária e tem sua dimensão definida em função da grandeza econômica do evento. Já a relação jurídica sancionatória emana de fato ilícito definido como tal *ex lege*, situa-se na norma primária sancionatória e é parametrizada de acordo com a gravidade da infração.

Frisando essa diferenciação, Maria Ângela Lopes Paulino Padilha[214] pontua que “O tributo é devido pelo sujeito passivo na qualidade de contribuinte, ao passo que as penalidades são exigidas dele como sujeito infrator”.

Velloso[215] sublinha o fato de a obrigação tributária, ao nascer, ser encontrada na lei que lhe dá origem, tendo por objetivo integrar a receita do Estado, enquanto a obrigação decorrente de infração tem a forma definida em lei e o seu objetivo é compelir o sujeito passivo ao cumprimento daquela primeira obrigação, nas seguintes palavras:

> Uma tem origem na lei, e o processamento de sua verificação é uma obrigação vinculada (parágrafo único do art. 142 do CTN) outra tem forma

[214] PADILHA, Maria Ângela Lopes Paulino. *As sanções no direito tributário.* São Paulo: Noeses, 2015. p. 68

[215] VELLOSO, Leonel de Andrade. Decadência e prescrição. *In*: MARTINS, Ives Gandra da Silva (coord.). *Caderno de Pesquisas Tributárias n. 1*: decadência e prescrição, São Paulo: Resenha Tributária, p. 257-284, 1976. p. 265-268.

prescrita em lei, mas a sua verificação e a aplicação da sanção são decorrentes do Poder de Polícia do Estado. (...)[216]

Eurico Diniz de Santi,[217] referenciando Lourival Vilanova,[218] define lançamento tributário "(...) como dado bruto no direito positivo encarta aquela relação dinâmica fato/norma, processo/produto, que é dialética (...)", cuja parte normativa corresponderia ao ato-norma administrativo – significação do enunciado formalizado via escrita, em regra, capaz de consubstanciar as normas jurídicas: (i) ato-norma administrativo de lançamento; (ii) ato-norma administrativo de imposição de multa pelo não pagamento; (iii) ato-norma administrativo de imposição de multa de mora; (iv) ato-norma de imposição de multa instrumental.

No tocante aos atos-norma administrativos de imposição de multas, de Santi assinala possuírem regras-matrizes próprias,[219] assim como regimes jurídicos autônomos entre si concernentes à competência administrativa[220]

[216] VELLOSO, Leonel de Andrade. Decadência e prescrição. *In*: MARTINS, Ives Gandra da Silva (coord.). *Caderno de Pesquisas Tributárias n. 1*: decadência e prescrição, São Paulo: Resenha Tributária, p. 257-284, 1976. p. 268.

[217] SANTI, Eurico Marcos Diniz de. *Lançamento tributário*. 3. ed. São Paulo: Saraiva, 2010. E-book. (1 recurso online). ISBN 9788502140066, p. 169. Disponível em: https://integrada.minhabiblioteca.com.br/books/9788502140066. Acesso em: 9 set. 2020.

[218] VILANOVA, Lourival. *Causalidade e relação no direito*. São Paulo: Saraiva, 1989. p. 88.

[219] "Diversas as normas jurídicas que em incidem sobre estes fatos tornando-os jurídicos: regra-matriz de incidência tributária, a primeira; regra-matriz de multa pelo não pagamento, a segunda; regra-matriz da mora, a terceira; e regra-matriz sancionadora instrumental, a quarta." (SANTI, Eurico Marcos Diniz de. *Lançamento tributário*. 3. ed. São Paulo: Saraiva, 2010. E-book. (1 recurso online). ISBN 9788502140066, p. 172. Disponível em: https://integrada.minhabiblioteca.com.br/books/9788502140066. Acesso em: 9 set. 2020)

[220] "Diferentes são os regimes jurídicos sob os quais se exercem as correspondentes competências administrativas.

A primeira trata de competência para efetuar o ato-norma de lançamento tributário, constituindo o dever de pagar em decorrência da prática de ato lícito (artigo 3º do CTN), regime estritamente tributário.

A segunda, a terceira e a quarta são competências administrativas para imposição de multa, sanção de direito substantivo (norma primária sancionadora) instauradoras de obrigação de pagar que deflui de infração, ato ilícito; regime de direito administrativo comum e não aquele específico que rege as obrigações decorrentes de atos lícitos (tributárias)." (SANTI, Eurico Marcos Diniz de. *Lançamento tributário*. 3. ed. São Paulo: Saraiva, 2010. E-book. (1 recurso e correspectivas relações jurídicas intranormativas,[221] sendo que um auto de infração pode veicular esses quatro atos-norma distintos.

O art. 142 do CTN veicularia norma de estrutura relativa *ao modo de produção* do lançamento tributário e, este, seria o ato da aplicação da norma tributária material no caso concreto.[222]

O ato de produção do direito tributário corporificado no lançamento não surge espontaneamente, mas advém de um plexo de atos que o antecede e visam tornar possível, sendo certo que a produção de normas individuais e concretas oriundas do lançamento tributário é regulada pelo próprio ordenamento jurídico tributário.[223]

Tratando da noção de ato complexo aplicada ao lançamento, Hélio Ivo Doria ressalta a sua finalidade de individualização da obrigação tributária, nos seguintes termos:

> Sabe-se que a individualização da relação creditícia nem sempre se cumpre através de um só ato e, ao contrário, muitas vezes depende de uma série deles, que revelem, de per si, apenas um dos elementos da obrigação tributária: este o fato gerador, aquele o sujeito passivo, ou contribuinte, a que aquele outro o valor da prestação, etc. Por outro lado, mercê de suas características individuais e graças ao princípio da divisão de trabalho ou da maior eficiência administrativa, cada um desses atos pode competir a órgãos diferentes da Administração. (...) Todos esses atos estão no entanto entrosados entre si. E, além do mais, há entre eles uma relação de continuidade ou seqüência por cooperarem para o mesmo fim: a individualização da obrigação tributária (...).[224]

online). ISBN 9788502140066, p. 172. Disponível em: https://integrada.minhabiblioteca.com.br/books/9788502140066. Acesso em: 9 set. 2020)

221 "Distintas são ainda as correspectivas relações jurídicas intranormativas que estes atos-normas veiculam: crédito tributário em sentido estrito, a primeira; multa pelo não pagamento, a segunda; multa de mora, a terceira; e multa instrumental acessória (para o CTN), a quarta." (SANTI, Eurico Marcos Diniz de. *Lançamento tributário.* 3. ed. São Paulo: Saraiva, 2010. E-book. (1 recurso online). ISBN 9788502140066, p. 172. Disponível em: https://integrada.minhabiblioteca.com.br/books/9788502140066. Acesso em: 9 set. 2020)

222 XAVIER, Alberto. *Conceito e natureza do acto tributário.* Coimbra: Almedina, 1972. p. 291-292.

223 BORGES, José Souto Maior. *Tratado de direito tributário brasileiro,* v. IV: lançamento tributário. Rio de Janeiro: Forense, 1981. p. 152-154.

224 DÓRIA, Hélio Ivo. *Direito processual tributário.* São Paulo: José Bushatsky, 1963, p. 64.

Sobre a influência do art. 142 do CTN no ordenamento jurídico tributário, Santi[225] pontua sua função dúplice, seja como norma de estrutura que regula a produção legislativa pelos entes federados, seja como norma que encerra o modo de constituição do ato-norma administrativo de lançamento.

Contrario sensu, não se trata de mero vetor interpretativo; ao contrário, submete as normas de inferior quilate e aquelas emanadas dos entes federados nas referidas funções, *in verbis*:

> (...) na qualidade de norma nacional de direito tributário, recepcionada pelo art. 146 da Constituição Federal, é metalinguagem normativa reguladora, em seu alcance vertical, das leis federais, estaduais, municipais e distritais que tratam do "procedimento" administrativo de lançamento tributário para os diversos tributos. E não mera definição estipulativa da interpretação do vocábulo "lançamento" no texto do Código Tributário Nacional.[226]

Na lição de Alberto Xavier,[227] o lançamento consiste no ato administrativo de aplicação da norma tributária material, cujo resultado é a declaração da existência e do montante da prestação da obrigação tributária, bem como a sua exigência propriamente dita, sendo que o art. 142 do CTN consignaria diversas operações que consistem em *momentos lógicos do processo subsuntivo*. Sua análise dissocia a atividade administrativa do seu produto, o que justifica não conceituar o ato por sua função.

[225] SANTI, Eurico Marcos Diniz de. *Lançamento tributário*. 3. ed. São Paulo: Saraiva, 2010. E-book. (1 recurso online). ISBN 9788502140066, p. 112. Disponível em: https://integrada.minhabiblioteca.com.br/books/9788502140066. Acesso em: 9 set. 2020. Esta afirmação encontra amparo na Exposição de Motivos firmada pelo Ministro da Fazenda ao projeto de CTN que viria a ser registrado sob o PL n. 4.834/1954, conforme o seguinte excerto: "(...) a Comissão teve presente que o Código, embora atribuído à competência federal por uma razão óbvia de hierarquia legislativa, não será lei "federal" mas "nacional"; e ainda, **que as suas disposições constituirão antes regras informativas endereçadas ao legislador tributário**, afetando o contribuinte, na maioria dos casos, apenas indiretamente, através da sua aplicação por parte daquele.". (grifo nosso)

[226] SANTI, Eurico Marco Diniz de. *Lançamento tributário*. 3. ed. São Paulo: Saraiva. 2010. p. 169 e ss.

[227] XAVIER, Alberto. *Do lançamento no direito tributário*. Rio de Janeiro: Forense, 2005. p. 60.

Souto Maior Borges[228] dissente de tal conceituação, não considerando o lançamento como ato de aplicação do direito, mas de norma legal que disciplina cobrança do tributo, o que não se confundiria com o auto de infração, que decorre de relação jurídica sancionatória, pressupondo o descumprimento de um dever jurídico e cominando uma sanção.[229]

Sérgio André Rocha destaca a natureza administrativa e não tributária do lançamento de multa, frisando a segregação das pretensões arrecadatória e punitiva, nas seguintes palavras:

> (...) nota-se que somente a atividade de determinação da incidência de norma tributária impositiva configura lançamento tributário, enquanto que a atividade de concretização das diversas normas sancionatórias, embora possa ser qualificada como lançamento, não trata de matéria inserida no âmbito do Direito Tributário, podendo-se falar em lançamento, mas não em lançamento tributário. (...) é de se assinalar que quando por intermédio de auto de infração se exige o pagamento de crédito tributário conjuntamente com o de penalidade, o mesmo consubstanciará lançamentos de natureza distinta: lançamento tributário, referente ao débito fiscal, e lançamento administrativo (aplicação de norma de natureza administrativo-sancionatória), relacionado à aplicação da sanção, a qual, como visto, não tem natureza tributária.[230]

[228] BORGES, José Souto Maior. *Tratado de direito tributário brasileiro*, v. IV: lançamento tributário. Rio de Janeiro: Forense, 1981.. p. 154.

[229] O autor pontua as características do auto de infração nas seguintes palavras: "O auto de infração é auto procedimental, que se formaliza mediante um só documento, relacionado com uma realidade jurídica complexa que lhe é subjacente. Mas, sob essa unidade formal, se esconde a sua diversidade de funções técnicas. Trata-se de ato procedimental cuja complexidade é revelada pela circunstância de que, no auto de infração como nota comum à multiforme legislação pertinente à matéria, vêm normalmente mescladas: (a) a aplicação das normas que disciplinam a cobrança do tributo inconfundível com (b) a aplicação das normas que prescrevem a sanção de ato ilícito, a cominação de penalidades tributárias e, finalmente, (c) a aplicação da norma processual tributária, pela intimação ao autuado, para cumprir a exigência fiscal ou impugná-la, no prazo que lhe for assinado. Cumpre portanto extrair a variedade irredutível, sob a aparência de uma inexistente unidade do regime jurídico, que decorre da unitária formalização desse ato processual. A sua forma portanto é unificada; a estrutura do auto de infração complexa (...)". (BORGES, José Souto Maior. *Tratado de direito tributário brasileiro*, v. IV: lançamento tributário. Rio de Janeiro: Forense, 1981. p. 154)

[230] ROCHA, Sergio André. *Processo administrativo fiscal*: controle administrativo do lançamento tributário. 4. ed. Rio de Janeiro: Almedina, 2018. p. 387-388

Marco Aurélio Greco, por sua vez, sublinha a escolha do legislador pelo modelo de *procedimento administrativo,* em que o lançamento resulta da coordenação de um plexo de atos tendes à constituição do crédito tributário e, *contrario sensu,* não se resume a um átimo. Suas palavras são claras nesse sentido:

> Em primeiro lugar, o art. 142 – que tantos comentários e críticas mereceu pela doutrina – define lançamento como um *procedimento administrativo.* Ao assim dispor está a lei assumindo que essa figura consiste numa seqüência ordenada de atos dirigidos a um fim comum e encadeados de forma congruente. Por ser um procedimento, "lançar" não é algo que se esgote num único ato ou que se materialize num único momento, podendo-se assumir – no contexto do CTN – que, para sua existência, é mister que exista mais de um ato.[231]

O problema enfrentado neste trabalho é a dissociação entre a prática e a teoria acerca da casualidade da sanção e a feição propositiva do lançamento relativo à penalidade. É dizer: sob a alcunha de multa *vinculada,* o Fisco federal aplica multa o lançar tributo considerado exigível, pois considera a penalidade uma decorrência inarredável da existência de tributo considerado devido, chegando a classificar tal relação de dependência como *ato vinculado* do agente fiscal, para justificá-la sob a redação do art. 142 do CTN.

Contudo, a leitura atenta do art. 142 do CTN evidencia que o lançamento não necessariamente culminaria com uma "proposta de penalidade", dado que o legislador, expressamente, a prevê como uma *tendência* para *se e quando* for o caso.

Na doutrina tributária encontramos interpretações distintas acerca da aplicabilidade da pretensão punitiva contida no art. 142 do CTN.

A seguir, abordaremos as opiniões acerca da natureza dessa pretensão, com uma lente aumentada na investigação do seu caráter impositivo ou propositivo.

[231] GRECO, Marco Aurélio. Perempção no lançamento tributário. *In*: TAVOLARO, Agostinho Toffoli; MACHADO, Brandão; MARTINS, Ives Gandra da Silva (coord.). *Princípios tributários no direito brasileiro e comparado*: estudos jurídicos em homenagem a Gilberto de Ulhôa Canto. Rio de Janeiro: Forense, p. 502-517.1988. p. 509.

3.2. Caráter *impositivo* da pretensão punitiva

Noé Winkler[232] entende que o auto de infração teria o poder de constituir o crédito tributário, na linha definida pela Comissão Especial do CTN, em 1954 – já referida neste trabalho –, e interpreta o art. 142 do CTN no sentido de implicar a constituição definitiva do crédito tributário como resultado do lançamento, no bojo do qual ocorre a imposição da penalidade por parte do agente fiscal.

Considera que tributo e penalidade seriam indissociáveis no bojo do crédito tributário, mediante interpretação dos arts. 139[233] e 113, §3º,[234] ambos do CTN, onde o primeiro define que o crédito tributário decorre da obrigação principal, e o segundo estabelece que a obrigação acessória converte-se em principal quanto à penalidade.

Sua análise é feita a partir de crítica à posição de Ruy Barbosa Nogueira[235] sobre o tema, ao qual atribui como pontos fundamentais de convicção pelo caráter propositivo da pretensão punitiva encerrada no art. 142 do CTN: (i) onde a lei diz *propor*, não se pode ler *impor*; e (ii) falta de defesa prévia do sujeito passivo, violando o princípio constitucional da ampla defesa os acusados.[236]

Conforme veremos adiante, Ruy Barbosa Nogueira interpreta o auto de infração como mero ato inicial do procedimento de constituição do crédito

[232] WINKLER, Noé. Aspectos do imprescindível esforço para demonstração da inércia e outras considerações. *In*: MARTINS, Ives Gandra da Silva (coord.). *Caderno de Pesquisas Tributárias n. 1*: decadência e prescrição. São Paulo: Resenha Tributária, p. 285-312, 1976.

[233] "Art. 139. O crédito tributário decorre da obrigação principal e tem a mesma natureza desta."

[234] "Art. 113. A obrigação tributária é principal ou acessória.
(...) § 3º A obrigação acessória, pelo simples fato da sua inobservância, converte-se em obrigação principal relativamente à penalidade pecuniária".

[235] NOGUEIRA, Ruy Barbosa. Do lançamento tributário e suas modalidades. *In:* NOGUEIRA, Ruy Barbosa; NOGUEIRA, Paulo Roberto Cabral. *Teoria e Prática de Direito Tributário*. São Paulo: Resenha Tributária, p. 11-59, 1975. p. 41-48.

[236] À época previsto no art. 153, §15, da Constituição de 1967, com a redação dada pela Emenda Constitucional n. 1/1969, em seu Capítulo IV – Dos Direitos e Garantias Individuais, nos seguintes termos: "Art. 153. A Constituição assegura aos brasileiros e aos estrangeiros residentes no País a inviolabilidade dos direitos concernentes à vida, à liberdade, à segurança e à propriedade, nos têrmos seguintes: (...)
§ 15. A lei assegurará ao acusado ampla defesa, com os recursos a ela inerentes. Não haverá fôro privilegiado nem tribunais de exceção."

tributário, cuja definitividade depende de decisão final do órgão judicante da Administração Pública, resultante do pleno exercício do contraditório e da ampla defesa, em especial pelo sujeito passivo na condição de acusado de infração tributária, sob pena de nulidade do ato de lançamento.

Em relação à falta de audiência prévia do acusado, Winkler a rechaça, afirmando não haver previsão no CTN que a determine em caso de lançamento de ofício.

Pondera que, dentre as modalidades de lançamento previstas no Código Tributário Nacional, aquela de ofício seria *sui generis*, por conta da sistemática e do processo de apuração, sendo a penalidade parte integrante do crédito tributário, cuja aplicação seria vinculada e obrigatória, sem se cogitar de mera propositura ou alternativa.

Para o autor, a penalidade seria o "complemento necessário" do crédito tributário determinado pela lei, do que decorre sua premissa de que a imposição da penalidade seria ação vinculada e obrigatória.

Sob tal premissa, a *proposição* de penalidade seria *quando fosse o caso*, ou seja, tendo o caráter propositivo cabimento excepcional, enquanto a regra seria de *imposição*. Winkler[237] exemplifica como sendo "(...) outra penalidade à margem daquela que, por imposição legal, já constitua parte integrante do crédito tributário, por ter o sujeito passivo incorrido nas condições que deram origem (...)", ou quando o agente fiscal não possuir competência à imposição de penalidade, podendo apenas fazer sua proposição.

Essa leitura implicaria considerar o agente fiscal compelido *ex lege* a aplicar penalidade no auto de infração e, se for o caso, acrescer uma ou mais penalidades, se reputar o sujeito passivo incurso em tantas quantas forem as infrações.

Sua interpretação considera o caráter impositivo da pretensão punitiva como uma evolução dos atos fiscalizatório e lançador, em razão do incremento da tecnologia e especialização do Fisco, donde o auto de infração teria deixado de ser mero relatório de constatação de irregularidades com teor informativo, para se tornar ato de determinação e exigência de crédito tributário e penalidade. São suas as palavras a seguir:

[237] WINKLER, Noé. Aspectos do imprescindível esforço para demonstração da inércia e outras considerações. *In*: MARTINS, Ives Gandra da Silva (coord.). *Caderno de Pesquisas Tributárias n. 1*: decadência e prescrição. São Paulo: Resenha Tributária, p. 285-312, 1976. p. 299-300.

> 23. O auto de infração, nos termos atuais, considerando no crédito tributário imposto e a multa que lhe é inerente, não contraria a disposição do artigo 142 do C.T.N., visto o assunto sob este outro ângulo. Será a própria forma de captar a semântica dentro de um sistema – ver os institutos do Código na sua inteireza e funcionalidade, acompanhando as transformações tecnológicas e sociais, sem quebra dos princípios e garantias recíprocas (...). 26. E é precisamente no sentido sistemático, – tendo em vista o fim visado pela lei, e considerando a adaptação às exigências da vida prática, em função de normas legais complementares ao sistema, – que devemos interpretar a parte final do artigo 142 do C.T.N. 27. A fiscalização tributária tem evoluído geometricamente. O agente do fisco possui hoje, para o exercício de suas funções, uma soma de elementos, que não lhe eram presentes há uma década. Os computadores, os métodos seletivos e racionais do tratamento de informações, possibilitam a administração fiscal, em certos casos, uma quase certeza de ocorrência de violação da norma tributária pelo fiscalizado, não raro "escolhido" pelo computador. E quando o fiscal comparece para certificar-se das irregularidades, já sabe que ao lançamento suplementar ESTÁ VINCULADA uma penalidade, que é adesiva – inseparável – da obrigação tributária. E, assim, como bem interpretou FANUCCHI, a propõe NO lançamento – no auto de infração, proposta esta que no entender de Ruy Barbosa Nogueira tem outra conceituação, a gramática e não a sistemática, a do processo tributário, a da evolução técnica e social.[238]

A lei adjetiva respaldaria tal entendimento, *ex vi* do art. 9º do Decreto n. 70.235/1972, que trata da formalização da exigência do crédito tributário em auto de infração, e do art. 12 do referido Decreto, que obriga servidor ciente de infração tributária a comunicar seu superior, quando aquele não possuir competência à lavratura de auto de infração (i.e., formalização de exigência, na expressão legal).

Retomando sua premissa de que o lançamento seria definitivo no átimo da lavratura do auto de infração, Winkler vê a *proposta* de penalidade contida na formalização da exigência como *imposição*, forte na compreensão

[238] WINKLER, Noé. Aspectos do imprescindível esforço para demonstração da inércia e outras considerações. *In*: MARTINS, Ives Gandra da Silva (coord.). *Caderno de Pesquisas Tributárias n. 1*: decadência e prescrição. São Paulo: Resenha Tributária, p. 285-312, 1976. p. 302-303.

de que o crédito tributário estaria constituído *ab initio* no lançamento – e não sujeito à constituição no iter contencioso administrativo.

Sendo definitivo com a emissão do auto de infração, o lançamento apenas se tornaria líquido e certo depois de esgotados os prazos processuais no *iter* do contencioso administrativo – assemelhando-se a uma sentença transitada em julgado. Definitivo, mas mutável, dado poder ser revisto nos termos das regras do CTN, até que reste precluso qualquer recurso para a sua modificação – sem perder sua feição definitiva *ab ovo*.

O entendimento de Alberto Xavier[239] coaduna-se com a leitura de Winkler, tanto acerca da competência das autoridades de fiscalização tributária de aplicar a penalidade como em relação à natureza propositiva restrita à hipótese de funcionário incompetente à lavratura de auto de infração prevista no art. 12 do Decreto n. 70.235/1972.[240] O autor atribui o caráter impositivo da pretensão punitiva às naturezas da penalidade, como *fixa*, e da atividade administrativa, como *vinculada*. São suas as palavras que seguem:

> Entendemos que as autoridades de fiscalização dos tributos têm poderes mais amplos que os de uma simples proposta de aplicação de penalidades fiscais. Na verdade, sendo as penalidades fiscais – ao revés do que sucede com as penas criminais – penalidades fixas; e sendo, por outro lado, a atividade administrativa tributária estritamente vinculada, aliás nos termos do próprio artigo 142 do C.T.N., – não faz sentido que as referidas autoridades se limitem a propor algo que já decorre direta, automática e inexoravelmente das normas sancionatórias. Este é também o entendimento consagrado na legislação ordinária, de que é exemplo – ao lado de numerosas leis que se referem à "imposição das multas" (Lei n.º 2.354/54, art. 34 e Lei n.º 4.481/64, art. 9º) – o art. 10 do Decreto n.º 70.235 de 6.3.72, segundo o qual o auto de infração será lavrado por servidor competente e conterá obrigatoriamente a disposição legal infringida e a *penalidade* aplicável ou a determinação da exigência e intimação para cumpri-la ou impugná-la no prazo de 30 dias.[241]

239 XAVIER, Alberto. *Do lançamento no direito tributário brasileiro*. São Paulo: Resenha Tributária, 1977. p. 51-56.

240 XAVIER, Alberto. *Do lançamento no direito tributário brasileiro*. São Paulo: Resenha Tributária, 1977. p. 54.

241 XAVIER, Alberto. *Do lançamento no direito tributário brasileiro*. São Paulo: Resenha Tributária, 1977. p. 54.

Xavier também assinala que o papel do julgador administrativo tem a ver com a eficácia do auto de infração e lançamento, pois suspende a sua definitividade, mas aqueles são atos jurídicos com efeitos *ab initio*, especialmente quanto à aplicação da penalidade pelo primeiro, justificando que:

> Para utilizar a terminologia de Sandulli, o ato aprovado (o auto de infração) pertence à fase constitutiva do procedimento, por ter papel causal na produção dos efeitos jurídicos, enquanto o ato de aprovação se insere na fase integrativa da eficácia, por ter caráter meramente confirmativo, sendo embora indispensável para que a força produtiva própria dos elementos constitutivos se possa realizar.[242]

De acordo com Alberto Xavier,[243] a penalidade tributária decorreria de forma direta, automática e inexorável da legislação tributária, mormente quando resultante do inadimplemento de tributo, o que implicaria competência às autoridades fiscais para promover a sua aplicação e não mera proposição. O saudoso doutrinador também veria na legislação ordinária reforço à sua interpretação, destacando dispositivos legais, a exemplo do art. 10 do Decreto n. 70.235/1972, que adotam comandos impositivos e não propositivos ao exercício da pretensão punitiva.[244]

Luciano Amaro[245] relata uma sucessão de mudanças na prática do lançamento, com especial foco no tratamento da multa tributária.

No passado, o agente fiscal lavrava o auto de infração descrevendo os fatos e indicando a penalidade prevista *ex lege*, cientificava o sujeito passivo para defesa e o processo seguia para uma autoridade superior para decisão, inclusive acerca da aplicação de penalidade, dando início ao

[242] XAVIER, Alberto. *Do procedimento administrativo*. São Paulo: José Bushatsky, 1976. p. 149-150.

[243] XAVIER, Alberto. *Do lançamento no direito tributário*. Rio de Janeiro: Forense, 2005. p. 60.

[244] "Art. 10. O auto de infração será lavrado por servidor competente, no local da verificação da falta, e conterá obrigatoriamente: (...) IV – a disposição legal infringida e a penalidade aplicável; (...)".

[245] AMARO, Luciano. *Direito tributário brasileiro*. 22. ed. São Paulo: Saraiva, 2017. E-book. (1 recurso online). ISBN 9788547221744, p. 372-377. Disponível em: https://integrada.minhabiblioteca.com.br/books/9788547221744. Acesso em: 9 set. 2020.

contencioso administrativo. Na hipótese de inadimplemento de tributo, o auto de infração já consignaria tributo e penalidade pelo ato infracional.

Aduz[246] que o CTN teria *ficado no meio dessa evolução*, ao limitar a competência da autoridade lançadora a apenas *propor* a penalidade (e não impor), para que uma segunda autoridade analisasse a proposta e efetuasse ou não a sua aplicação, e, por outro lado, determinar que tal ocorra no bojo do lançamento.

E considera "(...) claro que a expressão 'sendo o caso' quis proclamar a obviedade de que, na atuação do Fisco, nem sempre é o caso de se aplicar (ou propor) penalidade".[247]

Segundo o autor, a legislação teria superado tal procedimento, ao atribuir competência à autoridade fiscal para lançar tributo e impor penalidade, via lançamento, mantendo a garantia do contraditório e ampla defesa.

Percebe-se que Amaro parece admitir, em tese, o caráter propositivo da pretensão punitiva como tal definido no art. 142 do CTN, como um resquício procedimental da legislação contemporânea ao advento do CTN, em 1966, mas não lhe atribui efeito prático, por entender superada a incompetência da autoridade lançadora à imposição de penalidade, inclusive por força da legislação ordinária que conferiria poder de aplicação e não mera proposição de penalidade.

Atento à leitura de Amaro, Leonardo Aguirra de Andrade[248] critica a inversão de papeis entre CTN e legislação ordinária admitida pelo primeiro – sob a roupagem de *evolução da legislação tributária* –, asseverando que "(...) a evolução da legislação tributária deveria estar alinhada com o art. 142 do CTN, por força do papel atribuído pela Constituição Federal (art. 146)[31] à lei complementar (...)". E, conclui, pontuando que "O fato

[246] AMARO, Luciano. *Direito tributário brasileiro*. 22. ed. São Paulo: Saraiva, 2017. E-book. (1 recurso online). ISBN 9788547221744, p. 376. Disponível em: https://integrada.minhabiblioteca.com.br/books/9788547221744. Acesso em: 9 set. 2020.

[247] AMARO, Luciano. *Direito tributário brasileiro*. 22. ed. São Paulo: Saraiva, 2017. E-book. (1 recurso online). ISBN 9788547221744, p. 376. Disponível em: https://integrada.minhabiblioteca.com.br/books/9788547221744. Acesso em: 9 set. 2020.

[248] ANDRADE, Leonardo Aguirra de. A impossibilidade de a Receita Federal aplicar a multa qualificada federal de 150%. *Revista Direito Tributário Atual*, São Paulo: Instituto Brasileiro de Direito Tributário, v. 37, p. 283-307, 2017. p. 295-296.

de a legislação tributária ser irregular historicamente não justifica a sua regularidade".

Em "Aspectos do lançamento no Código Tributário Nacional",[249] Barros Carvalho aborda o objeto do presente estudo – a porção final do art. 142 –, ponderando que tal disposição teria prejudicado sobremaneira a compreensão do *lançamento*, por não fazer distinção entre a aplicação da norma tributária (regra-matriz de incidência do tributo) e o ato de aplicação de sanção, e o verbo *propor*.

De acordo com o autor, tal aparente equiparação contrariaria o disposto no art. 3º – que consigna o conceito de tributo como não resultante de sanção por ato ilícito – e violaria o arquétipo do ato administrativo – cuja validade, por natureza, demanda motivo, objeto e finalidades específicas, não havendo como aplicar duas normas de conteúdos diferentes num único ato administrativo.

Em reação ao vocábulo "propor", Barros Carvalho[250] vê clareza na redação do art. 142 do CTN, que atribuiria à Autoridade Administrativa a competência de *aplicar a norma* relativa ao tributo e de *aplicar a norma* concernente à penalidade. Nessa ótica, entende que a imposição de sanção decorreria da atividade de aplicação do direito ao caso concreto, assemelhando-se à dinâmica da formalização do crédito tributário.

O autor interpreta *como atividade vinculada e obrigatória* o procedimento de imposição de penalidades, equiparado, neste ponto, ao regime jurídico do lançamento de obrigação principal, sendo ambos enquadrados, da mesma forma, na disposição do Parágrafo único do art. 142 do CTN.[251]

Sob tal interpretação, reputa incompreensível defender que o agente fiscal não aplicaria a penalidade cabível, mas apenas a proporia e caberia a sua confirmação a um outro agente – o autor refere-se a *superior hierárquico*.

Sua crítica parece fixar-se na premissa de que a Administração teria a competência e o mister de aplicar *a lei* – seja ao tributo ou à sanção.

[249] CARVALHO, Paulo de Barros. *Curso de direito tributário*. 24. ed. São Paulo: Saraiva, 2012. p. 415-419.

[250] CARVALHO, Paulo de Barros. *Curso de direito tributário*. 24. ed. São Paulo: Saraiva, 2012. p. 416-417.

[251] O autor aborda esse ponto no item 9. As Infrações no Código Tributário Nacional, do Capítulo XVI – Infrações e Sanções Tributárias, do seu "Curso de Direito Tributário". (CARVALHO, Paulo de Barros. *Curso de direito tributário*. 24. ed. São Paulo: Saraiva, 2012. p. 504)

Contudo, noutro giro, o autor cogita que a interpretação pela mera proposição da multa a cargo do agente lançador sustentar-se-ia "(...) na premissa da possibilidade de contestação que o sujeito passivo pode acionar, com base no mandamento constitucional do devido processo legal (art. 5º, LV)".[252]

Barros Carvalho considera equivocada tal leitura, dado que o sujeito passivo teria o mesmo direito de impugnar tributo ou sanção, o que seria corroborado pelo fato de que "(...) as legislações dos tributos costumam atribuir até o mesmo prazo, tanto para a impugnação da exigência do tributo como da imposição de penalidades", inclusive em razão de, em regra, ser o mesmo suporte material (auto de infração) de ambos – tributo e multa.[253]

E conclui ponderando que "Se não fosse desse modo, a impugnação do sujeito passivo seria formulada ao superior hierárquico do funcionário autor da proposta, depois que aquele a acolhesse, o que não ocorre".[254]

Nessa última abordagem, é possível inferir que o autor elege o que seria um argumento a favor da natureza propositiva da penalidade (e não impositiva) – cabimento de contestação, e o rechaça pontuando a garantia de ampla defesa em absoluto contra a aplicação da sanção, inclusive no mesmo prazo e ato à contestação do tributo, em regra.

Ou seja, Barros Carvalho leciona que seria impositiva a pretensão punitiva detida pela Autoridade Administrativa, o que seria sopesado pelo direito ao contraditório e à ampla defesa por parte do contribuinte.[255]

[252] CARVALHO, Paulo de Barros. *Curso de direito tributário.* 24. ed. São Paulo: Saraiva, 2012. p. 416.

[253] CARVALHO, Paulo de Barros. *Curso de direito tributário.* 24. ed. São Paulo: Saraiva, 2012. p. 416.

[254] CARVALHO, Paulo de Barros. *Curso de direito tributário.* 24. ed. São Paulo: Saraiva, 2012. p. 416.

[255] Interessante notar que, em 1972, comentando a natureza do auto de infração, em debate com Geraldo Ataliba e José Eduardo Monteiro de Barros, Paulo de Barros Carvalho admitiu que a pretensão punitiva manifestada pela autoridade lançadora seria uma mera proposta, em razão de o auto de infração ser a fase inicial do lançamento, de modo que a aplicação (da penalidade) caberia à autoridade competente para acolher ou não tal proposta. Vale a transcrição de suas palavras: "Só existe "auto de infração" onde há infração da lei tributária. Não se pode cogitar de auto de infração para simples lançamento do tributo. A infringência de dispositivo tributário pode ou não estar ligada à falta de cumprimento da obrigação tributária.

A exemplo de Noé Winkler,[256] também José Souto Maior Borges[257] vê a casualidade da proposição de penalidade (i.e., *sendo caso*) na hipótese de incompetência funcional do agente fiscal de aplicar a sanção, ficando limitado à sua proposição. Segundo os autores, a regra seria de *aplicação* da sanção, condicionada à legitimação para fazê-lo.

Interessa notar que Souto Maior Borges mudou a sua convicção sobre o tema, do caráter propositivo da pretensão punitiva, à competência do agente fiscal para aplicar a penalidade diretamente no auto de infração.

Em 1975, referido autor entendia o caráter propositivo da pretensão punitiva como decorrência do princípio constitucional da ampla defesa – então encetado no art. 153, §15, da Emenda Constitucional n. 1/1969 –, donde o direito ao contraditório na via contenciosa contrapunha-se aos procedimentos autoritários da Administração, de modo que a aplicação da penalidade não poderia preceder o exercício da ampla defesa.[258]

Contudo, em 1981, Souto Maior[259] reviu sua posição, passando a compreender que o exercício do direito de defesa poderia ser subsequente à cominação da penalidade, dado que à sua amplitude (defesa) bastaria assegurar ao acusado os adequados meios jurídicos, com os recursos

É apenas um característico secundário. Pode haver o auto de infração ou pelo descumprimento de um dever acessório, ou pela falta de recolhimento de um tributo. Todavia, a essência do auto de infração é o registro, que um funcionário externo da fiscalização faz, da existência de infringência de um dispositivo tributário. Concordamos que é uma simples proposta, pois, o Código diz "ou propor a aplicação de penalidades pecuniárias". Nesse caso, talvez seja correta essa conclusão, que diz que o auto de infração constitui o início de um lançamento. Evidentemente, essa proposta será ou não aceita. Quem tiver competência para acolher ou não essa proposta fará definitivamente o lançamento (...)". (BARROS, José Eduardo Monteiro de. Teoria geral do lançamento. *In*: ATALIBA, Geraldo. *Elementos de direito tributário*: notas taquigráficas do III Curso de Especialização em Direito Tributário, realizado na Pontifícia Universidade Católica de São Paulo, São Paulo: Revista dos Tribunais, p. 411-445, 1978. p. 440.)

256 WINKLER, Noé. Aspectos do imprescindível esforço para demonstração da inércia e outras considerações. *In*: MARTINS, Ives Gandra da Silva (coord.). *Caderno de Pesquisas Tributárias n. 1*: decadência e prescrição. São Paulo: Resenha Tributária, p. 285-312, 1976.

257 BORGES, José Souto Maior. *Tratado de direito tributário brasileiro*, v. IV: lançamento tributário. Rio de Janeiro: Forense, 1981. p. 168.

258 BORGES, José Souto Maior. *Lei Complementar Tributária*. São Paulo: Revista dos Tribunais, 1975. p. 123.

259 BORGES, José Souto Maior. *Tratado de direito tributário brasileiro*, v. IV: lançamento tributário. Rio de Janeiro: Forense, 1981. p. 169-170.

inerentes, o que não se confundiria com a competência administrativa à aplicação da penalidade decorrente do ato de lançamento.[260]

De maneira enfática, Luciano Amaro refuta a hipótese excepcional da natureza propositiva da penalidade aventada por Winkler, Souto Maior e Alberto Xavier, afirmando que:

> (...) implicaria admitir que o lançamento (pelo menos no "pedaço" atinente à "proposta" de penalidade) pudesse ser feito por um funcionário incompetente, validando-se, sem nenhuma razão, um ato nulo, dada a incapacidade do agente para sua prática (...).[261]

Amaro reputa inconcebível que o legislador tenha se ocupado de positivar tão específica hipótese – i.e., proposição (e não aplicação) de penalidade apenas e tão somente se o ato for praticado por agente sem competência para tal.

E conclui asseverando que não haveria celeuma se o CTN tivesse apartado penalidade e lançamento, submetendo àquela a regramento próprio no que concerne à atuação da Autoridade Administrativa na punição de infrações tributárias.[262]

Embora o autor não mencione, sua defesa remete à estrutura do Anteprojeto do CTN, que continha o Livro VII dedicado às infrações e penalidades ao longo de 31 artigos.

Comentando o art. 142 do Código Tributário Nacional, Leandro Paulsen[263] pontua que a autoridade fiscal aplica a penalidade e não a propõe, ponderando que "(...) a referência à proposição de aplicação da penalidade pressupunha um procedimento sancionador específico, com

[260] No mesmo sentido, XAVIER, Alberto. *Do lançamento no direito tributário brasileiro*. São Paulo: Resenha Tributária, 1977. p. 55.

[261] AMARO, Luciano. Direito tributário brasileiro. 22. ed. São Paulo: Saraiva, 2017. E-book. (1 recurso online). ISBN 9788547221744, p. 376. Disponível em: https://integrada.minhabiblioteca.com.br/books/9788547221744. Acesso em: 9 set. 2020.

[262] O autor faz referência ao disposto no art. 3º do CTN, por deixar clara a secção entre tributo e penalidade. (AMARO, Luciano. *Direito tributário brasileiro*. 22. ed. São Paulo: Saraiva, 2017. E-book. (1 recurso online). ISBN 9788547221744, p. 377. Disponível em: https://integrada.minhabiblioteca.com.br/books/9788547221744. Acesso em: 9 set. 2020.)

[263] PAULSEN, Leandro. *Direito tributário*: Constituição e Código tributário à luz da doutrina e da jurisprudência. 12. ed. Porto Alegre: Livraria do Advogado, 2010. p. 1005.

oitiva do próprio infrator, o que, contudo, não ocorre (...)", sendo o ato (imposição da penalidade) passível de impugnação administrativa com efeito suspensivo da sua exigibilidade.

Já a leitura de Hugo de Brito Machado[264] é diferente, compreendendo que a penalidade deveria ser aplicada no lançamento e não apenas proposta, sob pena de não se conhecer o montante de crédito tributário pretendido pelo Fisco.

Importa notar que a interpretação do autor piauiense parece não se ater à pretensão punitiva em si, mas a uma possível dificuldade de ordem prática para se conhecer o montante do débito lançado e em disputa, se impugnado for.

Aguirra de Andrade[265] critica tal leitura, classificando tal dificuldade como *problemas correlatos à constituição do crédito*, e assevera que não lograriam permitir a aplicação de multa, justamente por carência de pressupostos suficientemente caracterizados pela autoridade fiscal, dada sua leitura enviesada pela existência de dolo, mormente em situações de planejamento tributário.

O autor contesta o argumento de que ocorreria decadência da penalidade qualificada se não for aplicada no ato do lançamento, mas apenas proposta, ressaltando que a sua constituição dependeria, essencialmente, da convicção quanto ao cometimento de crime,[266] sendo certo que o conhecimento das circunstâncias de fato e as características pessoais do sujeito passivo *vis-à-vis* com a interpretação fiscal são expostas ao julgador, mediante contraditório e ampla defesa, viabilizando uma análise ampla e ponderada das pretensões fiscais.

Não haveria direito do Fisco de aplicar a penalidade qualificada anteriormente à maturação da lide acerca da infração, no julgamento, o que impediria de per se a fluência do lustro decadencial no interregno entre o lançamento e o julgamento administrativo.

[264] *Apud* CARVALHO, Paulo de Barros. *Curso de direito tributário.* 24. ed. São Paulo: Saraiva, 2012. p. 169.

[265] ANDRADE, Leonardo Aguirra de. A impossibilidade de a Receita Federal aplicar a multa qualificada federal de 150%. *Revista Direito Tributário Atual,* São Paulo: Instituto Brasileiro de Direito Tributário, v. 37, p. 283-307, 2017. p. 297-298.

[266] De acordo com o art. 44, §1º, da Lei n. 9.430/1996, que remete aos crimes previstos nos arts. 71, 72 e 73 da Lei n. 4.502, de 30 de novembro de 1964.

Concluindo acerca da multa de ofício qualificada, de 150%, o autor expressa que as autoridades fiscais não deveriam aplicar, ou sequer propor a aplicação, por carência de elementos suficientes acerca da materialidade do crime, e condiciona o lançamento à existência de uma decisão judicial eficaz, vazada no bojo de um processo penal acerca do mérito dos crimes de sonegação, fraude ou conluio, para então se considerar caracterizados os pressupostos da multa qualificada.

Contudo, sua interpretação seria outra em relação à multa de ofício básica, de 75% do tributo devido, admitindo que a Autoridade Administrativa aplique a penalidade no ato do lançamento, e não a proponha apenas, pois considera tal penalidade como fixa, insuscetível de graduação, como se vinculada fosse, ao que bastaria haver tributo considerado devido sob a pretensão arrecadatória, ficando ressalvado, apenas, as hipóteses de aplicação dos dispositivos do CTN que afastam tal multa – i.e., denúncia espontânea (art. 138), observância das normas complementares (Parágrafo único do art. 100 do CTN), ou remissão (art. 172).

Na visão de Aguirra de Andrade, a apreciação de tais hipóteses excludentes da penalidade básica (multa de ofício de 75% do tributo devido) não demandaria uma avaliação de índole subjetivista por parte das autoridades fiscais,[267] dado que se limitaria à "(...) demonstração de um fato (não pagamento de tributo), cuja comprovação, automaticamente, ensejaria a aplicação da multa de 75%".[268]

Regina Helena Costa[269] também dedica atenção ao tema, interpretando que "(...) a penalidade não é proposta, mas imposta (...)", de modo que caberia à autoridade fiscal, na hipótese de verificar a existência de crédito tributário, lançá-lo e aplicar a penalidade, a um só tempo, via auto de infração.

[267] ANDRADE, Leonardo Aguirra de. A impossibilidade de a Receita Federal aplicar a multa qualificada federal de 150%. *Revista Direito Tributário Atual*, São Paulo: Instituto Brasileiro de Direito Tributário, v. 37, p. 283-307, 2017. p. 302.

[268] ANDRADE, Leonardo Aguirra de. A impossibilidade de a Receita Federal aplicar a multa qualificada federal de 150%. *Revista Direito Tributário Atual*, São Paulo: Instituto Brasileiro de Direito Tributário, v. 37, p. 283-307, 2017. p. 297.

[269] COSTA, Regina Helena. *Curso de direito tributário:* Constituição e Código Tributário Nacional. 9. ed. São Paulo: Saraiva, 2018. Livro. (1 recurso online). ISBN 9788553609772, p. 253. Disponível em: https://integrada.minhabiblioteca.com.br/books/9788553609772. Acesso em: 12 abr. 2020.

À compreensão do seu entendimento, importa notar a sua premissa de que parte final do art. 142 seria uma "(...) impropriedade técnica da lei, porquanto o lançamento pertine à prestação objeto da obrigação principal, nada dizendo com a relação jurídica sancionatória, cujo objeto é a aplicação de penalidade, como já salientamos".[270] E, nos termos do art. 113, §1º, do CTN, *obrigação principal* teria por objeto o pagamento de tributo ou penalidade pecuniária – não compreendendo ambas sob uma mesma prestação.

Marcelo Guerra Martins[271] pondera que assumir o caráter propositivo da pretensão punitiva "(...) equivaleria a dizer que a multa não seria objeto do lançamento", o que considera ser entendimento equivocado, dado que deixaria a multa de fora do crédito tributário e, como tal, excluída do título executivo material e insuscetível de execução forçada.

Pontua que, a par do tributo, a penalidade pecuniária também integra a obrigação tributária principal – nos termos do art. 113, §1º, do CTN – e, pois, o crédito tributário.

Firme nessas premissas, assevera que, havendo infração à legislação tributária, a penalidade pecuniária cabível haverá de ser objeto do lançamento. São suas as palavras transcritas a seguir:

> Lançamento da multa. A redação da parte final deste art. 142 poderia dar a ideia de que, havendo penalidade, a sua aplicação seria apenas proposta, o que equivaleria a dizer que a multa não seria objeto do lançamento. Percebe-se, todavia, o equívoco de tal entendimento, quando se considera que o lançamento, ao constituir o crédito tributário, tem por finalidade a constituição do título executivo material, sem o qual não poderá promover a execução forçada. Não só o tributo como também a penalidade pecuniária são objeto da obrigação tributária principal (CTN, art. 113, § 1º), e, consequentemente, do crédito tributário, que tem a mesma natureza daquela. Assim, existindo a infração, a penalidade pecuniária cabível haverá de ser obrigatoriamente

270 COSTA, Regina Helena. *Curso de direito tributário:* Constituição e Código Tributário Nacional. 9. ed. São Paulo: Saraiva, 2018. Livro. (1 recurso online). ISBN 9788553609772, p. 253. Disponível em: https://integrada.minhabiblioteca.com.br/books/9788553609772. Acesso em: 12 abr. 2020.

271 *In:* FREITAS, Vladimir Passos (coord). *Código tributário nacional comentado.* 8. ed. São Paulo: RT, 2020. E-book. Disponível em: https://proview.thomsonreuters.com/launchapp/title/rt/codigos/72655091/v8/page/1. Acesso em: 7 set. 2020.

> objeto do lançamento, pois, do contrário, não se terá o título executivo. (...) Não se pode concluir, portanto, que a parte final deste artigo esteja a proibir genericamente o lançamento de multas. Sendo pecuniária a multa, o lançamento é, como se viu, obrigatório, como passo indispensável na formação do título executivo.[272]

Contudo, Martins cogita duas hipóteses de a penalidade ser apenas proposta: (i) quando não seja pecuniária, sendo de per si insuscetível de execução com base num título executivo extrajudicial, a exemplo da Certidão da Dívida Ativa; ou (ii) embora pecuniária, deva ser confirmada ou graduada por outra autoridade, de modo que a aplicação da multa ocorra em outro momento posterior.

Amaro[273] e Schoueri[274] sustentam que a redação do art. 142 decorreria do fato de que, à época do advento do CTN, a autoridade lançadora não detinha a competência de impor penalidade, mas apenas propor, ficando a cargo da autoridade julgadora a sua aplicação.

Schoueri[275] pontua que "Hoje, a autoridade administrativa não mais 'propõe' penalidade; ela a aplica (...)". O autor[276] chega a afirmar ser uma impropriedade da redação o termo "propor" consignado no art. 142 do CTN, sob a premissa de que competiria à autoridade lançadora poderes mais amplos, inclusive de aplicar multas.

Ilustrando a sua premissa, Schoueri cita a hipótese do lançamento de multa isolada desacompanhada de tributo, na condição de obrigação

[272] *In:* FREITAS, Vladimir Passos (coord). *Código tributário nacional comentado.* 8. ed. São Paulo: RT, 2020. E-book. Disponível em: https://proview.thomsonreuters.com/launchapp/title/rt/codigos/72655091/v8/page/1. Acesso em: 7 set. 2020.

[273] AMARO, Luciano. *Direito tributário brasileiro.* 22. ed. São Paulo: Saraiva, 2017. E-book. (1 recurso online). ISBN 9788547221744, p. 376. Disponível em: https://integrada.minhabiblioteca.com.br/books/9788547221744. Acesso em: 9 set. 2020.

[274] SCHOUERI, Luís Eduardo. *Direito tributário.* 9. ed. São Paulo: Saraiva, 2018. E-book. (1 recurso online). ISBN 9788553610174, p. 653. Disponível em: https://integrada.minhabiblioteca.com.br/books/9788553610174. Acesso em: 10 maio 2020.

[275] SCHOUERI, Luís Eduardo. *Direito tributário.* 9. ed. São Paulo: Saraiva, 2018. E-book. (1 recurso online). ISBN 9788553610174, p. 653. Disponível em: https://integrada.minhabiblioteca.com.br/books/9788553610174. Acesso em: 10 maio 2020.

[276] SCHOUERI, Luís Eduardo. *Direito tributário.* 9. ed. São Paulo: Saraiva, 2018. E-book. (1 recurso online). ISBN 9788553610174, p. 653. Disponível em: https://integrada.minhabiblioteca.com.br/books/9788553610174. Acesso em: 10 maio 2020.

principal,[277] caso em que a penalidade seria o único objeto do lançamento - o que confirmaria o caráter impositivo da pretensão punitiva, a seu ver.

Mas, Schoueri veria sentido no argumento de que, a dicção do art. 142 do CTN implicaria certa margem de discricionariedade ao agente fiscal, dada o seu papel decisório à proposição da penalidade, mediante "(...) exercício de ponderação quanto à pena cabível (...)",[278] diferentemente do modo vinculado em que se opera a imposição do tributo - como tal definido pelo art. 3º do CTN.

Ou seja, Schoueri entende pelo caráter impositivo da pretensão punitiva consignada no art. 142 do CTN. Por outro lado, admite a graduação da penalidade.

Ressaltando que o exercício do lançamento se faz de modo vinculado, Schoueri coloca em dúvida a possibilidade, à luz da legislação, que a Autoridade Administrativa exerça qualquer juízo de valor na imposição de penalidade, mas pondera o espanto causado pela indiferença acerca da gravidade da infração para fins de graduação da penalidade, mormente porque a sanção tributária decorre do poder de tributar.

Avançando na investigação do ponto, Schoueri pondera que o caráter vinculado do lançamento não se estenderia em igual sentido às penalidades, de modo que a Autoridade Administrativa teria a possibilidade de considerar circunstâncias concretas e reduzir o rigor da pena.

Acentua que, pelo fato de a cominação de penalidades sujeitar-se ao Princípio da Legalidade (art. 97, V, do CTN), a fixação da penalidade seria feita, de regra, pela própria Autoridade Administrativa, no cumprimento da lei; isso seria propor (determinar) a pena em atividade vinculada - diferençando-se da seara penal, onde o legislador atribui ao juiz a discricionariedade da fixação da pena, dentro dos limites previstos.

Por ser a penalidade prevista em lei, não haveria espaço à sua ponderação pelo administrador. Porém, continua o doutrinador, "(...) o fato de o mesmo Código Tributário Nacional admitir o emprego da equidade, implicando o afastamento de penalidades, em determinadas circunstâncias (...)", indicaria possibilidade de o legislador "(...) permitir que o

[277] Com espeque no art. 113, §1º, do CTN.

[278] SCHOUERI, Luís Eduardo. *Direito tributário*. 9. ed. São Paulo: Saraiva, 2018. E-book. (1 recurso online). ISBN 9788553610174, p. 653. Disponível em: https://integrada.minhabiblioteca.com.br/books/9788553610174. Acesso em: 10 maio 2020.

administrador, diante de peculiaridades do caso concreto, exerça seu juízo quanto à pena".[279]

A possibilidade de graduação da penalidade pela própria autoridade fiscal ocorreria nos casos em que verificasse conduta dolosa do sujeito passivo na infração tributária, utilizando-se do intervalo entre 75% e 150% do tributo considerado devido, no caso de tributos sujeitos à Lei n. 9.430/1996, em função da natureza das circunstâncias do caso concreto.[280]

Em adição, a dosimetria de penalidade encontraria amparo no próprio CTN, mais precisamente no art. 172 do CTN,[281] que autoriza a edição de lei a permitir que a autoridade fiscal conceda remissão, mediante critérios de justiça, como erro e equidade, dentre outros, desde que por ato motivado, sendo que os critérios à discricionariedade ínsita à dosimetria seriam aqueles previstos no art. 172.

[279] SCHOUERI, Luís Eduardo. *Direito tributário*. 9. ed. São Paulo: Saraiva, 2018. E-book. (1 recurso online). ISBN 9788553610174, p. 869. Disponível em: https://integrada.minhabiblioteca.com.br/books/9788553610174. Acesso em: 10 maio 2020.

[280] O autor aprofunda sobre a ponderação da multa de acordo com a gravidade da infração no caso concreto, observando haver decisões que indicam a possibilidade, ou, até mesmo, a necessidade de tal ponderação, a exemplo do julgamento do Agravo Regimental no Recurso Extraordinário n. 523.471/MG, em que o Supremo Tribunal Federal fez referência à *graduação da penalidade proporcional à gravidade da ofensa*, mediante uma *relação de calibração e ponderação entre a gravidade da conduta e o peso da punição*, em virtude do Princípio da Proibição do Efeito de Confisco. Naquele caso, cita o autor, o STF confirmou decisão do Tribunal Regional Federal da 1ª Região, para reduzir uma multa imposta pelo INSS de 60% para 30%, em razão dos citados Princípios. (SCHOUERI, Luís Eduardo. *Direito tributário*. 9. ed. São Paulo: Saraiva, 2018. E-book. (1 recurso online). ISBN 9788553610174, p. 873. Disponível em: https://integrada.minhabiblioteca.com.br/books/9788553610174. Acesso em: 10 maio 2020.)

[281] "Art. 172. A lei pode autorizar a autoridade administrativa a conceder, por despacho fundamentado, remissão total ou parcial do crédito tributário, atendendo:

I – à situação econômica do sujeito passivo;

II – ao erro ou ignorância excusáveis do sujeito passivo, quanto a matéria de fato;

III – à diminuta importância do crédito tributário;

IV – a considerações de eqüidade, em relação com as características pessoais ou materiais do caso;

V – a condições peculiares a determinada região do território da entidade tributante.

Parágrafo único. O despacho referido neste artigo não gera direito adquirido, aplicando-se, quando cabível, o disposto no artigo 155".

Mais relevante do que tais balizas, na visão do autor, seria o fato de haver um *indicativo de mitigação da estrita legalidade*, pois "(...) se até mesmo a remissão pode ser autorizada pela lei, em circunstâncias previstas no art. 172 do Código Tributário Nacional, então, nas mesmas circunstâncias, se pode deixar a juízo da autoridade administrativa a decisão quanto à infração".[282]

Ou seja, haveria amparo à discricionariedade na aplicação de penalidades tributárias, mormente por inexistir comando constitucional de legalidade estrita às multas – diferentemente dos tributos, que encontram no art. 150 da CF/88 sua condição máxime de existência.

Quando quis, o legislador tributário estabeleceu a legalidade estrita para penalidades, a exemplo dos arts. 97 e 142, mas também a excepcionou, conforme hipótese do art. 172 do CTN.

E, olhando para a legislação ordinária, Schoueri[283] pondera persistir a dosimetria de multas prevista no art. 67 da Lei n. 4.502/1964,[284] em função da remissão feita pelo art. 44 da Lei n. 9.430/1996 aos crimes de sonegação, fraude e conluio tipificados nos arts. 71, 72 e 73 da Lei n. 4.502/1964,[285] reforçando a competência das autoridades fiscais de

[282] SCHOUERI, Luís Eduardo. *Direito tributário*. 9. ed. São Paulo: Saraiva, 2018. E-book. (1 recurso online). ISBN 9788553610174, p. 870. Disponível em: https://integrada.minhabiblioteca.com.br/books/9788553610174. Acesso em: 10 maio 2020.

[283] SCHOUERI, Luís Eduardo. *Direito tributário*. 9. ed. São Paulo: Saraiva, 2018. E-book. (1 recurso online). ISBN 9788553610174, p. 870. Disponível em: https://integrada.minhabiblioteca.com.br/books/9788553610174. Acesso em: 10 maio 2020.

[284] "Art. 67. Compete à autoridade julgadora, atendendo aos antecedentes do infrator, aos motivos
determinantes da infração e à gravidade de suas consequências efetivas ou potenciais;
I – Determinar a pena ou as penas aplicáveis ao infrator;
II – Fixar, dentro dos limites legais, a quantidade da pena aplicável."

[285] "Art . 71. Sonegação é tôda ação ou omissão dolosa tendente a impedir ou retardar, total ou parcialmente, o conhecimento por parte da autoridade fazendária:
I – da ocorrência do fato gerador da obrigação tributária principal, sua natureza ou circunstâncias materiais;
II – das condições pessoais de contribuinte, suscetíveis de afetar a obrigação tributária principal ou o crédito tributário correspondente.
Art . 72. Fraude é tôda ação ou omissão dolosa tendente a impedir ou retardar, total ou parcialmente, a ocorrência do fato gerador da obrigação tributária principal, ou a excluir ou modificar as suas características essenciais, de modo a reduzir o montante do impôsto devido a evitar ou diferir o seu pagamento.

realizar a graduação da penalidade conforme a situação concreta do sujeito passivo.

Schoueri[286] sinaliza a favor da aplicabilidade do dispositivo encimado (art. 67 da Lei n. 4.502/1964) ainda nos dias de hoje, pois, "(...) além de jamais ter havido revogação expressa, ainda hoje a legislação tributária se refere à mesma lei quando versa sobre penalidades por infrações tributárias".[287]

A aplicação do art. 172 do CTN à gradação de penalidades é avalizada por Bruno Fajersztajn, sob a convicção de que o art. 142 do CTN não exclui o juízo discricionário quanto à penalidade, embora defina como *vinculado* o lançamento de tributo, ao lado da ausência de vedação legal para tal gradação.[288]

Já Aguirra de Andrade[289] entende que o princípio da legalidade em matéria tributária seria equivalente ao princípio da reserva absoluta de lei formal, de modo que a lei ordinária deveria "(...) conter não só o fundamento da conduta da Administração, mas também o próprio critério da decisão no caso concreto (...)", de forma que bastasse à autoridade competente subsumir o fato da norma sem lançar mão de qualquer valoração pessoal.

Ricardo Mariz de Oliveira[290] acentua, de forma categórica, a sujeição, ao princípio da legalidade, da penalidade decorrente do inadimplemento

Art . 73. Conluio é o ajuste doloso entre duas ou mais pessoas naturais ou jurídicas, visando qualquer dos efeitos referidos nos arts. 71 e 72".

[286] SCHOUERI, Luís Eduardo. *Direito tributário*. 9. ed. São Paulo: Saraiva, 2018. E-book. (1 recurso online). ISBN 9788553610174, p. 870. Disponível em: https://integrada.minhabiblioteca.com.br/books/9788553610174. Acesso em: 10 maio 2020.

[287] Nesse sentido: OLIVEIRA, Ricardo Mariz de. Cabimento e dimensionamento das penalidades por planejamentos fiscais inaceitáveis: breves notas. *Revista Dialética de Direito Tributário*, São Paulo: Dialética, n. 197. p. 138-153, 2012.

[288] FAJERSZTAJN, Bruno. *Multas no direito tributário*. 1. ed. São Paulo: Quartier Latin, 2019. p. 245-248.

[289] ANDRADE, Leonardo Aguirra de. A impossibilidade de a Receita Federal aplicar a multa qualificada federal de 150%. *Revista Direito Tributário Atual*, São Paulo: Instituto Brasileiro de Direito Tributário, v. 37, p. 283-307, 2017. p. 299.

[290] OLIVEIRA, Ricardo Mariz de. Sanções tributárias e denúncia espontânea. *In*: MACHADO, Hugo de Brito (coord.). *Sanções administrativas tributárias*. São Paulo: Dialética, Fortaleza: ICET, p. 400-419, 2004. p. 404.

de obrigação tributária, dado estar "(...) sujeita ao princípio da reserva legal que exige lei em sentido formal e material para sua instituição".

Reforçando o coro, Gustavo Masina[291] entende que "(...) tanto a hipótese como o consequente devem estar minuciosamente detalhados nos enunciados legais cuja interpretação dá origem à norma de sanção tributária".

Expondo a sua opinião a respeito do tema, Sérgio André Rocha[292] não nega a competência do agente fiscal para aplicar penalidade e critica a interpretação de que a autoridade fiscal apenas propõe a aplicação da penalidade, pois não definiria a quem competiria a sua aplicação,[293] além do fato de não ser apropriado falar em lançamento tributário de penalidade, pois tal ato seria restrito a tributo, e, ainda, considerando que o art. 10 do Decreto n. 70.235/1972 estabelece a *penalidade aplicável* dentre os requisitos do auto de infração.[294/295]

Em evento[296] sobre questões tributárias, a representação da RFB, na pessoa do auditor-fiscal Flavio Correa Franco, pontuou o entendimento do Fisco no sentido de que a graduação de penas levaria os auditores a desrespeitar a legislação, a exemplo da Lei n. 9.430/1996, que determina percentuais fixos para as penalidades, afirmando que "O fiscal está vinculado ao que está na lei. Não existe previsão legal para graduar a multa como existe, no direito penal, a dosimetria da pena". Por consequência,

[291] MASINA, Gustavo. *Sanções tributárias*: definições e limites. São Paulo: Malheiros, 2016. p. 212.

[292] ROCHA, Sergio André. *Planejamento tributário na obra de Marco Aurélio Greco*. Rio de Janeiro: Lumen Juris, 2019. p. 154.

[293] Este entendimento seria compartilhado por José Souto Maior Borges. (BORGES, José Souto Maior. *Lançamento tributário*. 2 ed. São Paulo: Malheiros, 1999. p. 164).

[294] O autor ressalta que tal norma não comprometeria a interpretação do CTN, mas pondera que agregaria complexidade ao debate.

[295] ROCHA, Sergio André. Lançamento tributário. *In*: ROCHA, Sergio André (coord.). *Curso de direito tributário*. São Paulo: Quartier Latin, 2011. p. 446-447.

[296] Ocorrida no 2º Seminário de Questões Controvertidas no Conselho Administrativo de Recursos Fiscais (Carf), organizado pela Comissão Especial de Assuntos Tributários da Ordem dos Advogados do Brasil (OAB) do Rio de Janeiro e pela Federação das Indústrias do Rio de Janeiro (Firjan), em 26 e 27 de abril de 2018. Disponível em: https://www.jota.info/tributos-e-empresas/tributario/marco-aurelio-greco-cuidado-obsessao-sancoes-multas-tributario-30042018. Acesso em: 20 abr. 2020.

em sua visão, não poderia o auditor-fiscal apenas propor a penalidade, tampouco graduá-la, por falta de base legal.

Fazendo o desfecho do tema no mesmo Seminário,[297] o Delegado-Adjunto da Delegacia de Maiores Contribuintes do Rio de Janeiro, Sérgio Magalhães Lima, não vê possibilidade de graduação da penalidade na legislação em vigor e a condiciona à edição de uma lei ordinária que estabeleça critérios objetivos para definir diferentes percentuais, sob pena de o julgamento apoiar-se em subjetividade, o que "(...) aumentaria a insegurança jurídica".

Das posições encimadas, é possível inferir duas ideias centrais a favor da natureza impositiva da pretensão punitiva: a prática da lavratura de auto de infração teria evoluído da segregação das atividades de cobrança de tributo e aplicação de penalidade, executadas por autoridades distintas, para centralizar a competência funcional no agente fiscal lançador; e as características *obrigatória* e *vinculada* da atividade de lançamento implicariam a necessária cominação de penalidade em auto de infração, mormente em função da sua previsão na legislação ordinária.

A seguir, abordaremos a corrente contrária a tal entendimento, a favor da natureza propositiva da pretensão punitiva.

3.3. Caráter *propositivo* da pretensão punitiva

Ruy Barbosa Nogueira[298] interpreta que o CTN assegura a oitiva do acusado da infração antes de lhe ser imposta penalidade, de modo que faltaria competência ou legitimidade mesmo ao legislador ordinário ou de menor quilate para prever a aplicação de multa antes de ouvido o sujeito passivo, o que, se implementado, inquinaria de nulidade o ato por cerceamento do direito de defesa.

Sua premissa é a natureza procedimental do lançamento como sucessão de atos à constituição e individualização do crédito tributário, incluindo a penalidade, mediante enfrentamento das relações de fato e de direito que circundam a obrigação tributária, *in verbis:*

[297] Citado anteriormente.

[298] NOGUEIRA, Ruy Barbosa. Do lançamento tributário e suas modalidades. *In:* NOGUEIRA, Ruy Barbosa; NOGUEIRA, Paulo Roberto Cabral. *Teoria e Prática de Direito Tributário.* São Paulo: Resenha Tributária, p. 11-59, 1975.

> 16. O lançamento é, pois, a mecânica da investigação e determinação da obrigação tributária, que compreende a sequência de atos tendentes à individualização da relação de crédito. Tem êle por finalidade verificar a ocorrência da obrigação tributária (...). 17. Dentro da divisão de trabalho essas atribuições estão às vezes confiadas até mesmo a órgão diferentes. Vejam-se os casos de diligências, avaliações, etc. A verdade, entretanto, é que todos os atos tendem ao mesmo fim da apuração das relações de fato e de direito, para declarar a existência e a amplitude do crédito do fisco (...). Todos êsses atos estão inter-ligados e mantêm uma relação de continuidade porque colaboram num mesmo fim. (...) pelo conceito de *ato complexo,* que segundo Gierke explica a unidade de efeitos decorrentes da pluralidade dos atos pressupostos na formação do resultado unitário, podemos acompanhar a elaboração doutrinária e ver com Emílio Betti que há em certos negócios jurídicos uma sucessão de diversos atos que os constituem, em razão do nexo de causalidade, que liga esses mesmos fatos entre si, por terem ao mesmo fim. Vem daí uma *seqüência organizada*, que é uma *fattispecie* de formação sucessora que se qualifica em sentido amplo como *procedimento.*[299]

E acrescenta que:

> (...) o lançamento tributário é, em relação à lei e ao fato típico, um "posterius", consistente em um procedimento administrativo que visa a ***declarar*** o nascimento da obrigação e determinar por meio de apuração, individualização, fixação e formalização, o crédito tributário (...). (grifos do autor)[300]

O jurista destaca a competência da autoridade julgadora à aplicação da sanção punitiva – e não do agente autuante –, nos termos do CTN, realçando o início da contenda administrativa também acerca da penalidade proposta, dizendo:

> Ao agente fiscal cabe apenas constatar e descrever a infração que entende ter ocorrido para ser submetida ao contraditório e afinal ser o procedimento

[299] NOGUEIRA, Ruy Barbosa. *Teoria do lançamento tributário.* Reprodução eletrofotostática do original impresso em 1965. São Paulo: Resenha Tributária, 1973. p. 31-32.

[300] NOGUEIRA, Ruy Barbosa. Do lançamento tributário e suas modalidades. *In:* NOGUEIRA, Ruy Barbosa; NOGUEIRA, Paulo Roberto Cabral. *Teoria e Prática de Direito Tributário.* São Paulo: Resenha Tributária, p. 11-59, 1975. p. 24.

levado à cognição do órgão julgador. (...) Ao agente fiscal, portanto, cabe apenas PROPOR a penalidade, e não aplicá-la, sem defesa prévia do sujeito passivo (...).[301]

De forma categórica, assevera[302] que "Os autos de infração e imposição de multa, sem prévia audiência do acusado, são atos absolutamente nulos".

Em seu clássico "Curso de Direito Tributário",[303] ratifica a natureza propositiva da penalidade prescrita no art. 142, dado que o auto de infração seria um relatório da ocorrência de uma presumida infração que, mediante a impugnação do sujeito passivo, leva ao conhecimento da autoridade julgadora e instaura a instância contenciosa.

Firme em tal convicção, o autor denunciava a violação perpetrada por leis ordinárias e regulamentos em face do CTN – na condição de lei complementar à Constituição –, ao atribuir a agentes fiscais o papel de impor penalidades. São suas as seguintes palavras:

> A nosso ver, infringindo o CTN, que é lei complementar da Constituição, muitas leis ordinárias e regulamentos têm atribuído aos agentes fiscais a lavratura de autos de infração e atos semelhantes, com a função de já impor penalidades e dar prazos com a oferta de redução das multas, para coagir o contribuinte a *não* contestar ou não procurar a via judicial. Isto constitui atribuição de competência e de poder errôneos e inconstitucionais. Como se vê do texto do art. 194 do CTN, o agente fiscal, como autoridade administrativa, tem apenas *competência* e *poderes* em função da natureza do tributo, para a *matéria de fiscalização* da aplicação da legislação tributária. O agente fiscal não é agente ou órgão de aplicação da lei ou do Direito. Ele não tem competência nem poderes judicantes (cognitivos, declaratórios ou executivos).[304]

[301] NOGUEIRA, Ruy Barbosa. Do lançamento tributário e suas modalidades. *In:* NOGUEIRA, Ruy Barbosa; NOGUEIRA, Paulo Roberto Cabral. *Teoria e Prática de Direito Tributário.* São Paulo: Resenha Tributária, p. 11-59, 1975. p. 42.

[302] NOGUEIRA, Ruy Barbosa. Do lançamento tributário e suas modalidades. *In:* NOGUEIRA, Ruy Barbosa; NOGUEIRA, Paulo Roberto Cabral. *Teoria e Prática de Direito Tributário.* São Paulo: Resenha Tributária, p. 11-59, 1975. p. 42.

[303] NOGUEIRA, Ruy Barbosa. *Curso de direito tributário.* 10. edição. São Paulo: Saraiva. 1990. p. 251-252.

[304] NOGUEIRA, Ruy Barbosa. *Curso de direito tributário.* 10. edição. São Paulo: Saraiva. 1990. p. 251.

Tratando do efeito constitutivo do crédito tributário, Carlos da Rocha Guimarães[305] pondera decorrer do aspecto formal da concretização do referido ato jurídico[306] – i.e., constituição do crédito tributário – e restrito à obrigação principal (no sentido de tributo) e não da penalidade, dado que esta apenas é indicada como aplicável e proposta pela autoridade fiscal. Veja-se a fala do autor:

> Mas só representa o crédito tributário da obrigação principal e não o decorrente da aplicação da pena pecuniária, se for o caso, dado que, no referente a esta, o autuante somente indica a pena aplicável (art. 10, IV, do Dec. 70.235), só propõe a aplicação da penalidade cabível (art. 142 do C.T.N).
>
> Por esse motivo, com propriedade, é ele denominado auto de infração, ao invés, de auto de multa. Assim, embora, a multa tenha um aspecto creditório, ela não é propriamente imposta pelo autuante mas simplesmente por ele indicada, proposta. Nesta oportunidade, é interessante ressaltar, que, relativamente à multa, o auto de infração não representa o crédito da mesma, não só porque ela não seja crédito tributário "stricto sensu", como também porque para a multa existir, mesmo como crédito comum, parece-nos necessário ato da autoridade competente impondo-a expressamente.[307]

Interessante notar que o jurista infere da redação do art. 10, IV, do Decreto n. 70.235/1972[308] um reforço ao caráter propositivo da pretensão punitiva disposta no art. 142 do CTN, justamente pelo fato de aquele diploma reiterar este último quanto à expressão "penalidade aplicável" –

[305] GUIMARÃES, Carlos da Rocha. Crédito tributário e prescrição. *In*: MARTINS, Ives Gandra da Silva (coord.). *Caderno de Pesquisas Tributárias n. 1*: decadência e prescrição. São Paulo: Resenha Tributária, p. 61-82, 1976..

[306] O autor está abordando os aspectos substancial e formal do ato jurídico de constituição do crédito tributário por meio do auto de infração, pontuando que o primeiro (substancial) seria o ato propriamente dito, mediante a verificação da ocorrência do fato gerador, determinação da matéria tributável, cálculo do montante do tributo, identificação do sujeito passivo e, sendo caso, propor a penalidade cabível, conforme roteiro dado pelo art. 142 do CTN.

[307] GUIMARÃES, Carlos da Rocha. Crédito tributário e prescrição. *In*: MARTINS, Ives Gandra da Silva (coord.). *Caderno de Pesquisas Tributárias n. 1*: decadência e prescrição. São Paulo: Resenha Tributária, p. 61-82, 1976. p. 71-72.

[308] "Art. 10. O auto de infração será lavrado por servidor competente, no local da verificação da falta, e conterá obrigatoriamente:
(...) IV – a disposição legal infringida e a penalidade aplicável; (...)".

como elemento que deve constar do auto de infração –, a qual não equivale a "multa devida" ou "multa determinada", afastando-se, pois, da natureza impositiva da penalidade *ab initio* do processo de constituição do crédito tributário.

Criticando a interpretação apressada de que a multa seria definida no ato do lançamento como equivalente do tributo em termos de produto do referido ato administrativo, o autor pontua a principal diferença entre ambos os componentes do crédito tributário *lato sensu,* ressaltando as gradações casuísticas aplicáveis às penalidades e não ao tributo – essencialmente porque este último resulta de ato vinculado de subsunção do fato à hipótese de incidência que já define o *quantum* da prestação pecuniária compulsória –, o que não ocorre com a multa. Vejam-se os seus dizeres a respeito:

> A imposição da multa funciona para a penalidade como o lançamento para a constituição do crédito tributário. No entanto, o símile não é perfeito, dado que a multa, como foi salientado, sofre gradações de caráter circunstancial, ao passo que o crédito tributário é, por princípio, constituído por um ato vinculado, o que não tira, no entanto, à imposição daquela o caráter de ato declaratório a exemplo do que acontece com a sentença criminal (6).[309]

Rocha Guimarães também se apoia na lição de Ruy Barbosa Nogueira[310] para também destacar a essencialidade do contraditório e da ampla defesa anteriormente à aplicação da penalidade ao sujeito passivo acusado de infração à legislação tributária, afirmando ser "(...) imprescindível que o contribuinte saiba qual o grau de punição imposta pelo Fisco, a fim de que possa se defender adequadamente".[311]

[309] GUIMARÃES, Carlos da Rocha. Crédito tributário e prescrição. *In*: MARTINS, Ives Gandra da Silva (coord.). *Caderno de Pesquisas Tributárias n. 1*: decadência e prescrição. São Paulo: Resenha Tributária, p. 61-82, 1976. p. 72.

[310] NOGUEIRA, Ruy Barbosa. Do lançamento tributário e suas modalidades. *In:* NOGUEIRA, Ruy Barbosa; NOGUEIRA, Paulo Roberto Cabral. *Teoria e Prática de Direito Tributário.* São Paulo: Resenha Tributária, p. 11-59, 1975. p. 42.

[311] GUIMARÃES, Carlos da Rocha. Crédito tributário e prescrição. *In*: MARTINS, Ives Gandra da Silva (coord.). *Caderno de Pesquisas Tributárias n. 1*: decadência e prescrição. São Paulo: Resenha Tributária, p. 61-82, 1976. p. 72.

Pintando com cor forte a finalidade de resguardo do contraditório acerca da penalidade tributária, Bernardo Ribeiro de Moraes[312] interpreta a redação do dispositivo como atribuição de competência à Administração Pública para, se for o caso, apenas "propor" a aplicação da penalidade cabível, cuja confirmação depende da apresentação e do julgamento da impugnação do sujeito passivo.

Admitir que a autoridade lançadora não aplica, mas propõe a penalidade, traria consigo a premissa de que a imposição da multa seria papel do órgão judicante do contencioso administrativo tributário, o que excepciona de per si a hipótese de não haver embate administrativo, por extinção do crédito tributário, ou por qualquer outra conduta do sujeito passivo que implicar preclusão da defesa administrativa, com a consequente constituição definitiva do lançamento.

Uma vez iniciado e em curso o litígio administrativo, a proposta de lançamento da multa deveria ser confirmada ou infirmada pela autoridade julgadora, ou seja, a penalidade seria aplicada ou não aplicada no julgamento, a partir do que se teria por materializada a pretensão punitiva e constituído o crédito tributário de forma precária.[313]

De forma esclarecedora e objetiva, Fabio Fanucchi assevera a natureza propositiva da pretensão punitiva contida no lançamento, nas seguintes palavras:

> Ainda a respeito da penalidade aplicável, é de ver que o lançamento não a constitui absolutamente. No lançamento é feita tão só a proposta do lançador sobre a penalidade que julga cabível à espécie. Essa proposta será, ou não, confirmada pela autoridade fiscal julgadora da precisão do lançamento. Desse detalhe decorrem algumas implicações que é tempo de examinar. A primeira que lembramos é a que diz respeito a possíveis favores de redução de multa que a legislação outorgue ao devedor que, sem reclamar contra o lançamento, efetue o pagamento do tributo lançado, como tem exemplo em nosso direito positivo (art. 21, 2º do Decreto-lei n. 401, de 30/12/1968). Notando-se que no lançamento a penalidade é simplesmente proposta, perguntando-se se o

312 MORAES, Bernardo Ribeiro de. *Compêndio de direito tributário*. Rio de Janeiro: Forense, 1994. v. II. p. 393.

313 FANUCCHI, Fabio. Curso de direito tributário brasileiro. 3. ed. São Paulo: IBET; Resenha Tributária, 1975. v. I. p. 279.

> devedor paga o tributo sem reclamar e a multa proposta reduzida, poderá esta vir a ser majorada pela autoridade superior ou se tal pagamento é definitivo, extinguindo o crédito e qualquer possibilidade de reformulação do montante da multa? Cremos que a extinção do crédito, neste caso, composto do tributo de multa proposta, é definitiva, uma vez que se considere que o pagamento sem discussão representa aceitação do devedor de um montante de crédito estipulado pelo credor.[314]

Ives Gandra da Silva Martins[315] classifica a proposição de aplicação da penalidade como elemento *indicativo* do ato tributário constitutivo do crédito fiscal, ao lado de cinco elementos *conclusivos* – procedimento administrativo, verificação da ocorrência do fato gerador, determinação da matéria tributável, cálculo do montante do tributo, identificação do sujeito passivo –, frisando o efeito prospectivo do processo de aplicação da penalidade *vis-à-vis* com a carga determinativa do lançamento do tributo.

O jurista realiza uma interessante análise acerca da compreensão do procedimento administrativo para efeitos do lançamento; se este último estaria caracterizado já na lavratura do auto de infração, ou somente na decisão final administrativa que o apreciaria.

Tal investigação aborda, de forma contundente, a natureza da pretensão punitiva que estudamos, ao apontar que o lançamento se aperfeiçoa no átimo da formalização do auto de infração mediante os seis elementos definidos pelo art. 142 do CTN, sendo que a penalidade aplicável se considera *proposta* ou *indicada*, nesta fase, e se tornará imposta quando da decisão final, se mantiver a penalidade, dado ser da autoridade julgadora a competência para tanto.

Veja-se a sua ponderação:

> A resposta parece-nos, cristalinamente, exposta na própria legislação. O procedimento administrativo é aquele tendente a preencher os requisitos constantes da própria lei, sendo que os cinco componentes conclusivos e

[314] FANUCCHI, Fabio. Curso de direito tributário brasileiro. 3. ed. São Paulo: IBET; Resenha Tributária, 1975. v. I. p. 279.

[315] MARTINS, Ives Gandra da Silva. Decadência e prescrição. *In*: MARTINS, Ives Gandra da Silva (coord.). *Caderno de Pesquisas Tributárias n. 1*: decadência e prescrição. São Paulo: Resenha Tributária, p. 183-206, 1976. p. 190.

aquele indicativo (proposição da penalidade aplicável) aparecem no *auto de infração* e não aparecem na *decisão final*, onde a *proposição da penalidade cabível*, é substituída, nos casos de confirmação do auto, por *imposição da penalidade proposta*.[316]

E, mesmo que haja alteração do lançamento original que implique um novo (lançamento), o tratamento da penalidade seguirá o que for definido na decisão final, conforme bem pontua Ives Gandra, *in verbis:*

> É evidente que, se houver uma decisão final em processo administrativo alterando o lançamento inicial, um novo lançamento terá nascido, desta vez, sem a necessidade de proposição da penalidade, pois poderá estar incorporada no próprio lançamento, em havendo, eis que a decisão final já aplica penalidade e não a propõe.[317]

Em tal hipótese, poderia haver nova proposição de penalidade, alinhando-se com a negativa da hipótese legal de sendo o caso, propor a aplicação, ou porque foi aplicada pelo *decisum* e, nessa hipótese, estaria integrada no conceito de obrigação principal (art. 113 do CTN),[318] ou por se enquadrar no elemento de *determinação da matéria tributável* no novo lançamento, ou, ainda, porque foi afastada a infração pela decisão definitiva.

Na leitura de Gandra Martins, a constituição do crédito tributário seria definitiva no átimo do lançamento, mediante auto de infração – chamando-o de "lançamento – auto de infração" –, sendo possível a sua modificação nas estritas hipóteses previstas no CTN, o que ensejaria o "lançamento

[316] MARTINS, Ives Gandra da Silva. Decadência e prescrição. *In*: MARTINS, Ives Gandra da Silva (coord.). *Caderno de Pesquisas Tributárias n. 1*: decadência e prescrição. São Paulo: Resenha Tributária, p. 183-206, 1976. p. 190.

[317] MARTINS, Ives Gandra da Silva. Decadência e prescrição. *In*: MARTINS, Ives Gandra da Silva (coord.). *Caderno de Pesquisas Tributárias n. 1*: decadência e prescrição. São Paulo: Resenha Tributária, p. 183-206, 1976. p. 191.

[318] "Art. 113. A obrigação tributária é principal ou acessória.
§ 1º A obrigação principal surge com a ocorrência do fato gerador, tem por objeto o pagamento de tributo ou penalidade pecuniária e extingue-se juntamente com o crédito dela decorrente.
§ 2º A obrigação acessória decorre da legislação tributária e tem por objeto as prestações, positivas ou negativas, nela previstas no interesse da arrecadação ou da fiscalização dos tributos.
§ 3º A obrigação acessória, pelo simples fato da sua inobservância, converte-se em obrigação principal relativamente à penalidade pecuniária".

– decisão final", conforme estabelece o art. 141 do CTN.[319] Nesse sentido, "(...) sem modificação, a confirmação de um auto de infração, em última instância, não é lançamento, mas sim a peça confirmada".[320]

José Carlos Graça Wagner[321] diverge de Gandra Martins quanto à equivalência entre auto de infração e lançamento, mas parece aproximar-se da sua conclusão[322] ao entender que o crédito tributário não é constituído definitivamente com a lavratura do auto de infração, o qual, em verdade, inauguraria o percurso de constituição, mediante a "(...) denúncia de fatos e indicação do direito que a fiscalização entende aplicável (...)", sendo que o agente fiscal não seria a "autoridade administrativa" a que alude o art. 142 do CTN, mas seu integrante.

Sua leitura dissocia as funções fiscalizatória e lançadora da Autoridade Administrativa, e atribui a primeira ao agente que elabora o auto de infração e a segunda ao julgador administrativo, justificando o seu entendimento de que a constituição do crédito tributário é ultimada pelas mãos deste último, nas seguintes palavras:

> Não se pode confundir autoridade administrativa com capacidade de lançar tributos com o agente com funções meramente fiscalizadoras. Fiscalizar não é *determinar* matéria a matéria tributável. É indicar o que pode ser matéria tributável. Fiscalizar é denunciar. Julgar é determinar. Fiscalizar é indicar fatos que possivelmente são alcançados pela lei que os rege. Julgar é estabelecer qual o direito aplicável aos fatos indicados. Não é possível, ao nosso ver, confundir autoridade fiscalizadora com autoridade lançadora. O fiscal é a "longa manus" da autoridade administrativa, mas esta é que tem o poder

319 " Art. 141. O crédito tributário regularmente constituído somente se modifica ou extingue, ou tem sua exigibilidade suspensa ou excluída, nos casos previstos nesta Lei, fora dos quais não podem ser dispensadas, sob pena de responsabilidade funcional na forma da lei, a sua efetivação ou as respectivas garantias".

320 MARTINS, Ives Gandra da Silva. Decadência e prescrição. *In*: MARTINS, Ives Gandra da Silva (coord.). *Caderno de Pesquisas Tributárias n. 1*: decadência e prescrição. São Paulo: Resenha Tributária, p. 183-206, 1976. p. 192.

321 WAGNER, José Carlos Graça. Aspectos da decadência e prescrição no direito tributário. *In*: MARTINS, Ives Gandra da Silva (coord.). *Caderno de Pesquisas Tributárias n. 1*: decadência e prescrição. São Paulo: Resenha Tributária, p. 207-256, 1976. p. 228.

322 Baseada na premissa de que o lançamento dividir-se-ia em "lançamento – auto de infração" e "lançamento – decisão final", conforme abordamos linhas acima.

> decisório. Por ser procedimento (40) na opção feita pelo legislador no art. 142, o lançamento não é, de regra, ato único, mas uma sucessão de atos. Por isso, o legislador estabelece que o lançamento é o procedimento tendente a verificar a ocorrência do fato gerador: "*tendente* a determinar a matéria tributária", "*tendente* a calcular o montante do tributo devido"; "*tendente* a identificar o sujeito passivo" e, "sendo o caso" *tendente* a propor a aplicação da penalidade cabível. Enquanto *lançamento,* o procedimento *tende.*[323]

No tocante ao exercício da pretensão punitiva, Wagner apresenta coerente entendimento de que a sua aplicação ocorreria somente ao final do *iter* de constituição do crédito tributário:

> Por isso, não foge à regra quando trata da penalidade. "Propor a aplicação de penalidade" é o mesmo que tender a fixar a penalidade cabível. Quando deixa de tender? Quando, a nosso ver, constitui o crédito tributário, que corresponde ao último ato do procedimento (41).[324]

Ou seja, o lançamento *tende* em relação aos seis elementos referidos por Ives Gandra Martins, cuja definição resultaria na constituição do crédito tributário, como produto do procedimento. É necessariamente "(...) o resultado da verificação efetuada pelo lançamento depois que esse deixa de tender".[325]

Constituído o crédito tributário, a penalidade deixa de ser apenas proposta e passa a ser determinada, fixada, estando em condições de ser exigida, inclusive passível de cobrança executiva quando do encerramento do procedimento.[326]

[323] WAGNER, José Carlos Graça. Aspectos da decadência e prescrição no direito tributário. *In*: MARTINS, Ives Gandra da Silva (coord.). *Caderno de Pesquisas Tributárias n. 1*: decadência e prescrição. São Paulo: Resenha Tributária, p. 207-256, 1976. p. 228.

[324] WAGNER, José Carlos Graça. Aspectos da decadência e prescrição no direito tributário. *In*: MARTINS, Ives Gandra da Silva (coord.). *Caderno de Pesquisas Tributárias n. 1*: decadência e prescrição. São Paulo: Resenha Tributária, p. 207-256, 1976. p. 228.

[325] WAGNER, José Carlos Graça. Aspectos da decadência e prescrição no direito tributário. *In*: MARTINS, Ives Gandra da Silva (coord.). *Caderno de Pesquisas Tributárias n. 1*: decadência e prescrição. São Paulo: Resenha Tributária, p. 207-256, 1976. p. 229.

[326] Os arts. 129, 145 e 154 do CTN ratificariam essa interpretação. O art. 129 do CTN fala em créditos *constituídos* ou em *curso de constituição*, para fins da responsabilização de sucessores,

A obrigação tributária estaria qualitativa e quantitativamente determinada quando do lançamento terminado, com a constituição do crédito tributário ao final do procedimento previsto ao longo do CTN.[327]

Bem descrevendo a gestação e a concepção do crédito tributário no bojo da atividade vinculada da Autoridade Administrativa, Wagner afirma o seguinte:

> É preciso lembrar que o lançamento é atividade vinculada e portanto, não termina enquanto não obtém a síntese entre a lei e o fato; enquanto dos dois entes não faz um só, indiscutível, indivisível. A união dos entes anteriores, lei e fato, pressupõe que um direito foi gerado, mas o direito só se constitui quando o lançamento estabelece que nasceu, no mundo jurídico, a obrigação à prestação. Dos dois nasceu um: um que não é obrigação. O fato, por si só, não é obrigação, embora fecunde a norma para permitir o nascimento do novo ser. E este ser só nasce definitivamente, quando é líquido e certo. Não há ser incerto. E na atividade vinculada não pode haver *ser dúbio*. No auto de infração e em todos os demais componentes do lançamento, enquanto procedimento

denotando o efeito do lançamento de sói inaugurar o processo de formação do crédito e não o ultimar. O art. 145 do CTN, ao tratar do lançamento ainda *em procedimento*, ou seja, anteriormente ao crédito tributário constituído, prevê as medidas para sua alteração. O art. 154 do CTN, por sua vez, fala de *créditos definitivamente constituídos* e de *lançamento já tenha sido iniciado*, reconhecendo não coincidirem temporalmente. Veja-se os dispositivos:
"Art. 129. O disposto nesta Seção aplica-se por igual aos créditos tributários definitivamente constituídos ou em curso de constituição à data dos atos nela referidos, e aos constituídos posteriormente aos mesmos atos, desde que relativos a obrigações tributárias surgidas até a referida data."
"Art. 145. O lançamento regularmente notificado ao sujeito passivo só pode ser alterado em virtude de:
I – impugnação do sujeito passivo;
II – recurso de ofício;
III – iniciativa de ofício da autoridade administrativa, nos casos previstos no artigo 149."
"Art. 154. Salvo disposição de lei em contrário, a moratória somente abrange os créditos definitivamente constituídos à data da lei ou do despacho que a conceder, ou cujo lançamento já tenha sido iniciado àquela data por ato regularmente notificado ao sujeito passivo.
Parágrafo único. A moratória não aproveita aos casos de dolo, fraude ou simulação do sujeito passivo ou do terceiro em benefício daquele".

[327] WAGNER, José Carlos Graça. Aspectos da decadência e prescrição no direito tributário. *In*: MARTINS, Ives Gandra da Silva (coord.). *Caderno de Pesquisas Tributárias n. 1*: decadência e prescrição. São Paulo: Resenha Tributária, p. 207-256, 1976. p. 216.

> tendente a, se tem algo que é ou não é; que pode ser ou não ser. Talvez macho, talvez fêmea. Seu "quantum" não goza da presunção legal e que está conforme a lei; que esteja vinculado à norma. Isso só ocorre com o trânsito em julgado do procedimento administrativo. Por outro lado, se o lançamento determina a obrigação, só se efetiva quando termina o seu próprio curso. Não há nada determinado se não está terminado.[328]

Está claro que os componentes do lançamento e a penalidade não se consideram determinados no átimo inicial desse iter, mas ao seu final, mediante a aferição da existência do fato gerador que provoca a atividade fiscal e da infração tributária que informa a pretensão punitiva, de modo que o crédito tributário seria o resultado desta sequência concatenada e sinérgica de atos, no bojo do qual resultaria aplicada a penalidade indicada *ab initio*, sendo caso, e não antes desse átimo.

Na mesma linha de entendimento, Leonel de Andrade Velloso[329] assevera que o processo administrativo de constituição do crédito tributário "(...) é um processo de incidência e a expressão lançamento deveria atribuir-se ao ato final: homologação nos casos de auto-lançamento ou o ato final do processo de lançamento (...)".[330]

Cotejando as figuras do lançamento e do auto de infração, Velloso pondera que este segundo caracterizaria uma *ação penal tributária*, não se podendo conceber que caiba à autoridade fiscalizadora cominar penalidade sem se assegurar o elementar direito de defesa do sujeito passivo, "(...) quer de acordo com os mais elementares princípios do Direito Penal, quer analisando a própria natureza bi-lateral da obrigação tributária (...)".[331]

[328] WAGNER, José Carlos Graça. Aspectos da decadência e prescrição no direito tributário. *In*: MARTINS, Ives Gandra da Silva (coord.). *Caderno de Pesquisas Tributárias n. 1*: decadência e prescrição. São Paulo: Resenha Tributária, p. 207-256, 1976. p. 244-245.

[329] VELLOSO, Leonel de Andrade. Decadência e prescrição. *In*: MARTINS, Ives Gandra da Silva (coord.). *Caderno de Pesquisas Tributárias n. 1*: decadência e prescrição, São Paulo: Resenha Tributária, p. 257-284, 1976..

[330] VELLOSO, Leonel de Andrade. Decadência e prescrição. *In*: MARTINS, Ives Gandra da Silva (coord.). *Caderno de Pesquisas Tributárias n. 1*: decadência e prescrição, São Paulo: Resenha Tributária, p. 257-284, 1976. p. 265.

[331] VELLOSO, Leonel de Andrade. Decadência e prescrição. *In*: MARTINS, Ives Gandra da Silva (coord.). *Caderno de Pesquisas Tributárias n. 1*: decadência e prescrição, São Paulo: Resenha Tributária, p. 257-284, 1976. p. 268.

É dizer: tem-se por constituído o crédito tributário relativo ao auto de infração, especialmente na rubrica concernente à penalidade, quando o sujeito passivo se depara com a decisão final do processo administrativo, tendo-lhe sido oportunizado o exercício da defesa.

O auto de infração constata um fato, como o faz qualquer auto juridicamente formulado; não cria, não define, não constitui nem anula qualquer direito; é simples afirmação de quem tinha autoridade e competência para fazê-lo. O auto de infração não constitui, por si só, o crédito tributário, visto que o direito de defesa do sujeito passivo o impede, mas nele se deverão encontrar todos os elementos que possibilitem a constituição daquele crédito tributário.[332]

Assim como o processo administrativo de lançamento se aperfeiçoa com a indispensável notificação do sujeito passivo e lhe assegura defesa cuja sorte condiciona a constituição do crédito tributário, o auto de infração seria o ato final do processo administrativo de fiscalização e a penalidade afigura-se potência até que a autoridade competente (judicante) decida a respeito e se ultime o *iter* de discussão.

O autor pondera existir na legislação tributária uma confusão entre auto de infração e lançamento, mormente pelo fato de o Decreto n. 70.235/1972 regular tanto o processo ordinário de lançamento como o processamento da fiscalização para constatação de infrações.[333]

Assinala que o art. 14[334] do Decreto n. 70.235/1972 prevê a impugnação da exigência como peça inaugural da fase litigiosa do procedimento fiscal, o que parece confirmar a interpretação do art. 142 do CTN no sentido de ser o lançamento uma sucessão de atos em cujo bojo também tem lugar a fase contenciosa, onde o contribuinte exerce o contraditório e a ampla defesa em face da acusação de infração, para, ao final, receber um pronunciamento definitivo da Autoridade Administrativa acerca da exigência do crédito tributário e da aplicação da penalidade.

[332] VELLOSO, Leonel de Andrade. Decadência e prescrição. *In*: MARTINS, Ives Gandra da Silva (coord.). *Caderno de Pesquisas Tributárias n. 1*: decadência e prescrição, São Paulo: Resenha Tributária, p. 257-284, 1976. p. 265-268.

[333] Na Seção III Do Procedimento, o Decreto n. 70.235/1972 utiliza-se dos arts. 7º a 22 para tratar de procedimento fiscal, auto de infração, notificação de lançamento e impugnação da exigência.

[334] "Art. 14. A impugnação da exigência instaura a fase litigiosa do procedimento".

Como se nota, Velloso traça um paralelo entre o direito substantivo previsto no CTN relativo ao lançamento e direito adjetivo a respeito, frisando a dificuldade de convivência das regras do lançamento e de fiscalização, mas notando a coerência entre os diplomas quanto ao efeito preparatório da constituição do crédito tributário e proposição da penalidade por meio de tais atos, projetando a sua lapidação ao curso do processo administrativo fiscal, mediante a garantia da ampla defesa.

Marco Aurélio Greco[335] depreende do art. 142 do CTN uma finalidade clara: as multas tributárias devem ser graduadas pela autoridade fiscal, em função da gravidade da conduta praticada pelo contribuinte, ao que se deve interpretar os percentuais de multa previstos na legislação ordinária como limites máximos e não fixos.

A razão de ser da norma que trata da pretensão punitiva contida no lançamento seria obrigar a gradação da penalidade *que se afigure aplicável* conforme a natureza das circunstâncias do caso concreto.

A *persecutio* da penalidade não se confundiria com a pretensão arrecadatória.

Naquela, o agente fiscal enfocaria a análise da natureza das circunstâncias do caso concreto e da interpretação do sujeito passivo, à luz da legislação tributária e do entendimento doutrinário e jurisprudencial contemporâneos aos atos fiscalizados, e investigaria a subsunção ou não a hipóteses de penalidade, e, considerando a situação concreta, proporia e graduaria a penalidade.

Proposta a penalidade pelo agente fiscal, competiria a outro agente fiscal, na função de julgador do lançamento, ponderar as circunstâncias objetivas e subjetivas da conduta, mediante efetivo julgamento com espeque no ordenamento, cujo resultado – no tocante à penalidade – há de responder (i) se é caso, ou não, de aplicar a penalidade; e (ii) se for caso de penalidade, deliberar acerca da sua gradação, mediante valoração de fatos e do direito aplicável.

Para Greco:

> "Propor a aplicação" significa atribuir a alguém (diferente daquele que propõe) a competência para ponderar as circunstâncias objetivas e subjetivas da conduta para poder efetivamente 'julgar' – à vista das circunstâncias que

[335] GRECO, Marco Aurélio. *Planejamento tributário.* 4. ed. São Paulo: Quartier Latin, 2019. p. 390-391.

cercam o caso e diante dos valores consagrados no ordenamento – se é caso, ou não, de aplicar a penalidade e, se o for, em que dimensão; vale dizer, emitir um juízo de adequação entre o fato concreto e a sanção aplicada.[336]

O autor infere do termo "propor" a atribuição de *aferir se, apesar de eventualmente devido o tributo, a situação possui contornos que justificam a aplicação de alguma ou de determinada penalidade*, mediante tarefa distinta da pretensão arrecadatória.

Tal proposição é feita a uma outra autoridade no bojo do processo administrativo fiscal, a quem compete exercer juízo acerca da penalidade, ponderando as circunstâncias objetivas e subjetivas da conduta do sujeito passivo e considerando os valores consagrados no ordenamento, para decidir se é caso ou não de sua aplicação. Mas não só. Sendo caso de penalidade, lhe competiria, também, *emitir um juízo de adequação entre o fato concreto e a sanção aplicada*.[337]

A pretensão punitiva não decorreria de natureza objetiva da infração, mas subjetiva, se, e somente se, for o caso.

Portanto, poderia haver pretensão arrecadatória sem correspondente pretensão punitiva, nos termos do art. 142 do CTN. Ou seja, tanto a multa de ofício básica como a multa de ofício qualificada seriam passíveis de redução a zero, dado que seus percentuais não seriam fixos; serviriam de limites máximos a serem observados *se e quando* couber penalidade, balizando a proposição e, sobretudo, a sua aplicação.

O entendimento de Greco acerca da pretensão punitiva contida no lançamento equilibra-se na combinação do inciso VI do Parágrafo único do art. 2º da Lei n. 9.784/1999[338] – Regula o processo administrativo no

[336] GRECO, Marco Aurélio. *Planejamento tributário*. 4. ed. São Paulo: Quartier Latin, 2019. p. 391.

[337] GRECO, Marco Aurélio. *Planejamento tributário*. 4. ed. São Paulo: Quartier Latin, 2019. p. 390.

[338] "Art. 2º A Administração Pública obedecerá, dentre outros, aos princípios da legalidade, finalidade, motivação, razoabilidade, proporcionalidade, moralidade, ampla defesa, contraditório, segurança jurídica, interesse público e eficiência.

Parágrafo único. Nos processos administrativos serão observados, entre outros, os critérios de: (...) VI – adequação entre meios e fins, vedada a imposição de obrigações, restrições e sanções em medida superior àquelas estritamente necessárias ao atendimento do interesse público; (...)".

âmbito da Administração Pública Federal[339] - com o art. 142 do CTN, e aflora da premissa de que o agente fiscal que realiza o lançamento tributário não teria competência para *aplicar* uma penalidade, mas para *propor* a sua aplicação, se e somente se caso for, do que decorre a possibilidade de não propor qualquer penalidade, ou graduar a penalidade proposta adotando como teto o percentual previsto em lei, em função da sua análise das circunstâncias do caso concreto.[340]

Firme na relevância da *boa-fé do contribuinte* como parâmetro principal à gradação da penalidade tributária e nas balizas da autuação da Administração Pública - com realce à adequação entre meios e fins, vedada a imposição de sanções em medida superior àquelas estritamente necessárias –, Greco assevera:

> (...) a depender das circunstâncias do caso concreto que envolva um planejamento tributário (lisura, boa-fé, dúvida razoável) - aplicar a multa prevista na Lei (por exemplo, 75%) pode se afigurar superior ao estritamente necessário ao atendimento do interesse público e, portanto, ilegal por violar o preceito da Lei n. 9.784/99 (...).[341]

O ponto focal da interpretação de Marco Aurélio Greco acerca do art. 142 do CTN seria o dever de gradação da penalidade aplicável, em função das circunstâncias do caso concreto, não apenas quanto à multa de ofício qualificada (150%), mas, principalmente, à multa de ofício *básica* (75%), sendo sua a afirmação de que, "(...) nos termos do artigo 142 do CTN, pode haver pretensão arrecadatória sem que exista pretensão punitiva, pois esta só se configura 'se for o caso'".[342]

[339] Aplicável de forma subsidiária ao processo administrativo fiscal, nos termos do art. 69 da Lei n. 9.784/1999: "Art. 69. Os processos administrativos específicos continuarão a reger-se por lei própria, aplicando-se-lhes apenas subsidiariamente os preceitos desta Lei".

[340] No mesmo sentido entende Fábio Pallaretti Calcini (CALCINI, Fábio Pallaretti. A Imposição de Multa no Planejamento Tributário. *In*: ANAN JR. Pedro (coord.). *Planejamento Fiscal*: análise de casos. São Paulo: Quartier Latin, 2013. v. III. p. 306-313.)

[341] GRECO, Marco Aurélio. *Planejamento tributário*. 3. ed. São Paulo: Dialética, 2011. p. 398-399.

[342] GRECO, Marco Aurélio. *Planejamento tributário*. 3. ed. São Paulo: Dialética, 2011. p. 385-386.

Essa análise inaugura o duplo enfoque do art. 142 do CTN no *cabimento* e *dimensionamento* das penalidades tributárias, ou multa pecuniárias, a partir do lançamento, estendendo-se ao seu julgamento no bojo do contencioso administrativo e conferindo plena eficácia ao comando que governa a legislação tributária infraconstitucional.

O oposto disso é ignorar o disposto no art. 142 e limitar-se aos comandos contidos na legislação ordinária em matéria de penalidade tributária, admitindo toda sorte de procedimentos ao exercício da pretensão punitiva, inclusive a imposição de multas a todo e qualquer descumprimento da lei tributária, sob a natureza objetiva da infração, exclusivamente, e em percentuais que podem exceder o próprio tributo, despejando sobre o sujeito passivo *ab initio* o encargo da penalidade e obrigá-lo a se debater e espernear contra a valoração dos fatos atribuída pela fiscalização, para, indiretamente, alcançar a discussão da multa, a reboque da contestação da pretensão arrecadatória.

De fato, as cores usadas acima são fortes para destacar o prejuízo ao contribuinte diante de uma atuação fiscal quc deixa de lado os preceitos do CTN, como se gozassem de aplicação facultativa, ou, pior, não tivessem mais aplicabilidade – por algum motivo que se desconhece.

Argumentando contra a sua aplicação automática, Greco[343] pontua que a multa de ofício é punição e, como tal, se submete aos parâmetros de toda sanção, dentre os quais a necessária presença, no caso concreto, dos elementos objetivos e, principalmente, subjetivos da hipótese infracional.

Merece especial atenção esse racional de Marco Aurélio Greco, pois introduz fundamento relevante à interpretação que defende ao art. 142 do CTN: os elementos subjetivos do tipo infracional devem ser aferidos de forma casuística, perscrutando a sua presença ou ausência, para, então, se deflagrar a punição consequente.

Vale rememorar a visão de Greco abordada em nossos comentários ao art. 136 do CTN, no sentido de que o descumprimento do art. 142 do CTN quanto à penalidade decorreria de uma concepção de responsabilidade objetiva por infrações da legislação tributária, por influência do ponto de vista do Código Penal de 1940, que, originalmente, considerava dispensável o elemento subjetivo do tipo a certas infrações, a exemplo de contravenções penais, que se assemelham às infrações tributárias.

[343] GRECO, Marco Aurélio. *Planejamento tributário*. 3. ed. São Paulo: Dialética, 2011. p. 386.

Salta aos olhos o hiato existente entre tal visão e a prática do lançamento tributário, onde a pretensão punitiva é mera *consequência* da constatação de tributo devido, do que decorre o adjetivo de *vinculada* atribuído à multa de ofício.

Greco[344] nota tal dissenso, destacando a aplicação *automática* e adotando como fixos os percentuais previstos no art. 44 da Lei n. 9.430/1996, não apenas em relação ao tipo *básica*, mas, também, à multa de ofício qualificada, comumente aplicada em autuação de ato ou negócio jurídico rotulado de planejamento tributário ilegítimo e caracterizado, de forma automática, como dolo, fraude ou simulação.

Nesse contexto, a temática das multas tributárias assumiu relevo ímpar ao longo dos últimos anos "(...) principalmente em razão de sua manifesta onerosidade aliada a tendência de tornar quaisquer condutas do contribuinte passíveis de sancionamento".[345]

Não se olvida a realidade de que há situações que desbordam o inadimplemento de tributo e avançam rumo à sonegação e a outros crimes previstos na própria legislação tributária, além dos tipos penais, cujas penas são bem delineadas em termos de multas qualificadas ou mesmo de restrição de direitos ou, ainda, privativas de liberdade.

Contudo, para tais situações e, principalmente, aos casos de mera falta de recolhimento ou a menor, a autuação fiscal arvora-se na natureza vinculada de seus atos para interpretar (e aplicar) a legislação tributária concernente a penalidades como se de aplicação automática fosse a pretensão punitiva, sem considerar as peculiaridades do caso concreto e, por vezes, hipóteses legais excludentes de punibilidade, distanciando-se da postura de orientação e admoestação, desatendendo claramente o comando contido no art. 142 do CTN.

Greco denuncia a rotina fiscal de, mediante a lavratura do auto de infração, aplicar a multa como se fosse "(...) uma consequência automática

[344] "Hoje, a situação em que nos encontramos conflita frontalmente com este modelo, pois – como regra – ao ensejo da lavratura do auto de infração (que configura um lançamento tributário), aplica-se de plano a multa como se esta fosse uma consequência automática da exteriorização da pretensão arrecadatória e como se bastasse o computador para calculá-la." (GRECO, Marco Aurélio. *Planejamento tributário.* 4. ed. São Paulo: Quartier Latin, 2019. p. 391.)

[345] GRECO, Marco Aurélio. *Planejamento tributário.* 4. ed. São Paulo: Quartier Latin, 2019. p. 390.

da exteriorização da pretensão arrecadatória e como se bastasse o computador para calculá-la".[346]

Sérgio André Rocha[347] sublinha o abismo entre o entendimento de Greco e a prática das autoridades fiscais na aplicação de penalidades,[348] mormente nas seguintes premissas do autor:

> (i) a excepcionalidade da caracterização de um planejamento fiscal ilegítimo como fraude, sujeito à aplicação da multa agravada de 150%; (ii) a necessidade de gradação da multa de 75% em função das características do caso concreto, podendo-se, inclusive, reconhecer que determinada situação não deveria estar sujeito a nenhuma penalidade; e (iii) a restrição da competência da autoridade fiscal à proposição da penalidade e não à sua efetiva aplicação.

Em especial nas autuações de operações rotuladas de planejamento tributário *abusivo*, Greco considera excepcionais as situações de cabimento da multa qualificada prevista no art. 44, §1º, da Lei n. 9.430/1996, sendo esse um outro entendimento distante da prática fiscal, conforme identifica Sérgio André Rocha.[349]

Novamente destacando o paradigma da boa-fé do contribuinte, Greco[350] pontua que, muitas vezes, autuações de planejamento fiscal são viabilizadas pela transparência da operação e pelo fornecimento de informações ao Fisco não se justificando a reação fiscal de tratá-lo com

346 GRECO, Marco Aurélio. *Planejamento tributário.* 4. ed. São Paulo: Quartier Latin, 2019. p. 391.

347 ROCHA, Sergio André. *Planejamento tributário na obra de Marco Aurélio Greco.* Rio de Janeiro: Lumen Juris, 2019. p. 153.

348 "Com efeito, aspectos importantes da teoria do autor, que seriam contrários às posições defendidas nas autuações fiscais, são omitidos e esquecidos. Talvez o mais evidente desses aspectos refira-se ao tratamento dispensado às penalidades.". (ROCHA, Sergio André. *Planejamento tributário na obra de Marco Aurélio Greco.* Rio de Janeiro: Lumen Juris, 2019. p. 149.)

349 "Nota-se a distância entre a teoria de Greco e a prática das autoridades fiscais no que se refere à aplicação de penalidades, no contexto do controle do planejamento tributário ilegítimo.". (ROCHA, Sergio André. *Planejamento tributário na obra de Marco Aurélio Greco.* Rio de Janeiro: Lumen Juris, 2019. p. 149.)

350 ROCHA, Sergio André. *Planejamento tributário na obra de Marco Aurélio Greco.* Rio de Janeiro: Lumen Juris, 2019. p. 150.

pretensão punitiva máxima, aplicável àquele contribuinte que de fato agiu de má-fé, não adotou cautelas razoáveis e omitiu elementos ao Fisco.

De forma direta, Sérgio André pondera que:

> (...) se há uma gradação da boa-fé do contribuinte, na visão do autor a penalidade ao mesmo aplicável não pode ser a mesma. Para Marco Aurélio a autoridade fiscal teria o **dever** de graduar a penalidade em função da gravidade da conduta praticada pelo contribuinte. (grifo do autor)[351]

Concluindo a análise da interpretação de Greco sobre o tema, Sérgio André sintetiza o seu entendimento nas seguintes palavras:

> - Em primeiro lugar, a posição do autor é no sentido de que a autoridade fiscal não tem competência para aplicar uma penalidade, mas apenas de **propor a aplicação de uma penalidade**.
> - Ademais, ao analisar as circunstâncias do caso concreto a autoridade lançadora poderia decidir não propor a aplicação de qualquer penalidade, entendendo justificável a interpretação dada pelo sujeito passivo à legislação tributária, ou, ainda, considerando a situação concreta, graduar a penalidade proposta.
> - Dessa forma, Marco Aurélio vê a multa de ofício como um teto, e não como um percentual que deva ser aplicado de forma mandatória sempre que se verificar o não pagamento de um tributo.
> - Em todo caso, a caracterização de um ato ou negócio jurídico como planejamento tributário ilegítimo **jamais caracterizaria dolo, fraude ou simulação, para fins de aplicação da multa agravada de 150%**.
> - Por fim, havendo dúvida razoável quanto à qualificação dos atos praticados, deveria ser aplicado o artigo 112 do Código Tributário Nacional, afastando-se a aplicação da multa de ofício por completo. (grifos do autor)[352]

[351] ROCHA, Sergio André. *Planejamento tributário na obra de Marco Aurélio Greco.* Rio de Janeiro: Lumen Juris, 2019. p. 150-151.

[352] ROCHA, Sergio André. *Planejamento tributário na obra de Marco Aurélio Greco.* Rio de Janeiro: Lumen Juris, 2019. p. 153.

Em palestra sobre questões tributárias, Greco alertou sobre o risco de obsessão pelas sanções, ponderando sua importante função, mas não como solução ao problema da perda de arrecadação, ilustrando sua ideia com a excessiva recorrência de programas de anistia que, principalmente, afastam multas. O doutrinador também destacou o papel do julgador no exercício da pretensão punitiva, ressaltando a diferença de postura em função da premissa de apreciar uma multa imposta ou apenas proposta para que caiba a si (julgador) a sua aplicação:

> Hoje o julgador precisa ter razões suficientes para derrubar a penalidade. Em outra hipótese, precisaria ter razões suficientes para punir. Uma coisa é desfazer o que está feito, e outra é fazer positivamente o que acha adequado. Me incomoda profundamente ver o exercício da função de arrecadar se transformando na função de punir.[353]

Coerente com suas premissas,[354] Marco Aurélio pondera que as sanções deveriam ser estabelecidas de acordo com a situação de cada contribuinte e a sua graduação poderia ser medida em função de fatores como a intensidade do dolo, a participação do contribuinte na fraude e a consciência da ilicitude, inclusive à luz do mandamento constitucional de que as penas devem ser definidas de forma individualizada, o que evidenciaria a desarmonia de sanções em percentuais únicos de 75% e 150% estabelecidos pela legislação federal.

Em sua visão, a proporção de 75% definida pela lei não seria obrigatória, mas funcionaria como um teto à multa proposta pela autoridade lançadora.

[353] Ocorrida no 2º Seminário de Questões Controvertidas no Conselho Administrativo de Recursos Fiscais (CARF), organizado pela Comissão Especial de Assuntos Tributários da Ordem dos Advogados do Brasil (OAB) do Rio de Janeiro e pela Federação das Indústrias do Rio de Janeiro (Firjan), em 26 e 27 de abril de 2018. Disponível em: https://www.jota.info/tributos-e-empresas/tributario/marco-aurelio-greco-cuidado-obsessao-sancoes-multas-tributario-30042018. Acesso em: 20 abr. 2020.

[354] GRECO, Marco Aurélio. *Planejamento tributário.* 3. ed. São Paulo: Dialética, 2011. p. 385-388. O tema veio a ser abordado com maior ênfase na edição seguinte, de 2019. (GRECO, Marco Aurélio. *Planejamento tributário.* 4. ed. São Paulo: Quartier Latin, 2019. p. 390-394.)

Bruno Fajersztajn[355] sublinha a dupla pretensão contida no art. 142 do CTN, jungindo a constituição de crédito tributário a ato vinculado e, noutro giro, oportunizando – sem vinculação –, sendo caso, a proposição de penalidade cabível, o que tornaria possível uma graduação mais aberta por parte da autoridade julgadora.

Ou seja, a discricionariedade na proposição de multa decorreria da própria regra do art. 142 do CTN, mais precisamente da leitura *contrario sensu* da natureza de ato vinculado da determinação do tributo, o que não se espraia à proposição da penalidade, viabilizando ser graduada pela autoridade julgadora, em processo administrativo.[356]

Importa recordar a lição de Ataliba[357] para quem, "No campo punitivo, a intensidade das punições corresponde ao princípio da retribuição, à vista da valoração legislativa dos bens jurídicos tutelados".

Fajersztajn[358] destaca a compreensão de Fabiana Carsoni[359] acerca da natureza propositiva da pretensão punitiva, que a classifica como discricionariedade e a considera "(...) como um mecanismo de promoção da justiça, dado ser um instrumento para dar concretude à individualização da pena".

A autora bem desenvolve sua linha de que o termo "propor" também seria motivado pelo direito à individualização da pena assegurado pelo legislador no art. 142 do CTN,[360] do qual defluiria a possibilidade de

[355] FAJERSZTAJN, Bruno. *Multas no direito tributário.* 1. ed. São Paulo: Quartier Latin, 2019. v. 1. p. 243.

[356] Na visão de Bruno Fajersztajn, além de transbordar do próprio CTN, essa interpretação se alinharia com os princípios gerais de repressão, notadamente a culpabilidade e a individualização da pena, corroborando a sua coerência. (FAJERSZTAJN, Bruno. *Multas no direito tributário.* 1. ed. São Paulo: Quartier Latin, 2019. v. 1. p. 244.)

[357] ATALIBA, Geraldo. *República e constituição.* 3. ed. São Paulo: Malheiros, 2011. p. 159-160.

[358] FAJERSZTAJN, Bruno. *Multas no direito tributário.* 1. ed. São Paulo: Quartier Latin, 2019. v. 1. p. 245.

[359] SILVA, Fabiana Carsoni Alves Fernandes. A individualização da pena no direito tributário sancionador: competência para a graduação da penalidade fiscal e princípios e direitos que autorizam tal atividade. *Revista Direito Tributário Atual*, n. 37. São Paulo: Instituto Brasileiro de Direito Tributário, p. 121-145, 2017. p. 126-127.

[360] Guilherme Cezaroti também analisa o comando do art. 142 do CTN acerca da pretensão punitiva com base no princípio da individualização da pena, defendendo os diferentes papeis exercidos no lançamento e no (seu) julgamento, sendo o primeiro (lançamento) caracterizado como ato administrativo vinculado – o que implicaria não deixar de propor penalidade, e o

graduação das penalidades de acordo com as circunstâncias de cada caso, considerando aspectos objetivos e subjetivos da infração, a cargo do agente fiscal autuante e da Autoridade Administrativa julgadora.

Como vimos, a pretensão punitiva disposta no art. 142 do CTN originou-se no anteprojeto do CTN e resulta da aspiração expressa do legislador, justificando-se historicamente pelos debates que antecederam a promulgação do Código Tributário Nacional.[361]

Fabiana Carsoni[362] sublinha esse fato histórico relevante à compreensão das origens do art. 142 do CTN, destacando a ausência do termo "propor" na redação do art. 168 do anteprojeto do CTN – que originou o art. 142 do Código – e demonstrando que o legislador "(...) quis conceder autorização – como de fato concedeu – para que as autoridades administrativas graduassem a pena quando a legislação infraconstitucional estabelecesse critérios ou parâmetros mínimos para tanto".[363]

segundo (julgamento) de natureza discricionária, legitimado a deixar de aplicar a penalidade – o autor exemplifica com situações em que não ficar comprovada sequer culpa do contribuinte. (CEZAROTI, Guilherme. Individualização das penas e aplicação do art. 49 do Código Penal: novos limites para a imposição de multas tributárias. *Revista Dialética de Direito Tributário*, n. 208, p. 59-68, São Paulo: Dialética, 2013.)

361 SILVA, Fabiana Carsoni Alves Fernandes. A individualização da pena no direito tributário sancionador: competência para a graduação da penalidade fiscal e princípios e direitos que autorizam tal atividade. *Revista Direito Tributário Atual*, n. 37. São Paulo: Instituto Brasileiro de Direito Tributário, p. 121-145, 2017.

362 SILVA, Fabiana Carsoni Alves Fernandes. A individualização da pena no direito tributário sancionador: competência para a graduação da penalidade fiscal e princípios e direitos que autorizam tal atividade. *Revista Direito Tributário Atual*, n. 37. São Paulo: Instituto Brasileiro de Direito Tributário, p. 121-145, 2017. p. 126-127.

363 A advogada aprofunda o estudo da dosimetria das penalidades na seara tributária, afirmando que poderia ocorrer "(...) quando a lei estabelecer limites e critérios objetivos (alíquotas mínimas e máximas ou progressivas, ou valores mínimos e máximos ou progressivos, conforme a gravidade da infração e as características do agente), bem como quando a lei dispuser sobre circunstâncias atenuantes e agravantes (reincidência, conluio, fraude, interpretação razoável da legislação[32], infração continuada etc.). Além da observância a regras previamente estabelecidas, a exemplo de circunstâncias atenuantes e agravantes, como os antecedentes, a reincidência etc., e de limites mínimos e máximos fixados em lei, outros princípios e direitos podem autorizar a graduação da penalidade tributária em cada caso concreto. A atividade das autoridades fiscais de apurar os fatos e quantificar, quando for o caso, a matéria tributável, aplicando a sanção cabível, com esteio no art. 142 do Código Tributário Nacional, encontra limites não apenas na lei, por força do princípio da legalidade (art. 150, inciso I, da Constituição

É dizer: a pretensão punitiva na forma em que prevista no art. 142 do CTN decorre de vontade do legislador e não de um *resíduo* da parte não aprovada do anteprojeto.

De fato, a inclusão da expressão "propor" no art. 142, longe de ser desmotivada, decorre, diretamente, da profunda mudança implementada no capítulo de penalidades que não foi transportado ao Projeto do CTN de 1954. Se, por um lado, as hipóteses de graduação da penalidade foram excluídas no texto aprovado do CTN, a competência para fazê-lo foi consignada no art. 142 sob o comando propositivo da pretensão punitiva.[364]

Das lições trazidas neste tópico, inferimos que um primeiro – e talvez principal – fundamento da corrente favorável ao aspecto propositivo da pretensão punitiva seria o próprio histórico do CTN, dado que as alterações sofridas pelo Anteprojeto e pelos Projetos no tocante ao *lançamento* e às regras sobre penalidades, conduziria de forma coerente a definição do art. 142 do CTN a um procedimento iniciado pela proposição de penalidade, sendo caso, sendo esta aplicada ao final do fluxo de constituição definitiva do crédito tributário.

Seria da essência do lançamento, em sua natureza complexiva, não impor penalidade *ab initio*, mas após o exercício do devido processo legal no plano do processo administrativo fiscal – na hipótese de impugnação pelo sujeito passivo.

Essa corrente de entendimento, também, parece harmônica quanto à inexistência de discricionariedade tal que permita ao agente fiscal, no ato de lançamento, não cominar multa por questões alheias às definições legais, ou seja, por questões pessoais.

Não se trataria de incompetência do agente fiscal para considerar ocorrida infração passível de penalidade, mas que a sua palavra não implicaria aplicação definitiva da penalidade, apenas expressaria a sua visão técnica da punição cabível, cuja definição caberia, em último grau, à autoridade

Federal e art. 97 do Código Tributário Nacional), como também em princípios e direitos de estatura constitucional que não admitem atos excessivos, exorbitantes ou desmedidos.[32] (...)". (SILVA, Fabiana Carsoni Alves Fernandes. A individualização da pena no direito tributário sancionador: competência para a graduação da penalidade fiscal e princípios e direitos que autorizam tal atividade. *Revista Direito Tributário Atual*, n. 37. São Paulo: Instituto Brasileiro de Direito Tributário, p. 121-145, 2017. p. 134.)

[364] FAJERSZTAJN, Bruno. *Multas no direito tributário*. 1. ed. São Paulo: Quartier Latin, 2019. v. 1. p. 243-244.

julgadora, mediante a garantia do contraditório e da ampla defesa pelas partes, e da valoração da conduta subjetiva e da boa-fé do sujeito passivo.

Nesse sentido, a *aplicação* da penalidade ocorreria ao final – e não no início – do fluxo de constituição definitiva do lançamento, sendo caso.

Após a construção do conhecimento por meio do método hermenêutico aplicado até aqui e cientes das razões históricas e das discussões acerca da pretensão punitiva insculpida no art. 142 do CTN, passamos a comentar a interação entre teoria e prática do exercício da pretensão punitiva exercida por meio do auto de infração.

4.
Considerações sobre a Interação entre a Teoria e a Prática da Pretensão Punitiva Prevista no Art. 142 do CTN

A partir da visão histórica da formação do art. 142 do CTN e das posições doutrinárias a respeito, passamos a expor a nossa opinião, com base em dados empíricos relativos ao exercício da pretensão punitiva em matéria tributária na prática do Fisco federal.

4.1. Proposição *versus* imposição da penalidade pela autoridade fiscal

O caráter propositivo da pretensão punitiva previsto no art. 142 do CTN é fruto do aperfeiçoamento do Projeto do CTN de 1954, que, ao não aproveitar do Anteprojeto os Livros relativos a *Infrações e Penalidades* e *Processo Tributário*, acabou por descaracterizar o sistema de Direito Tributário Penal delineado por Rubens Gomes de Sousa (no Anteprojeto). E, por meio do Projeto do CTN de 1966, Gomes de Sousa reformulou o comando ao exercício da pretensão punitiva, reintroduzindo-o no fluxo de formação do crédito tributário, para recuperar a feição propositiva da penalidade manejada pela autoridade lançadora, via lançamento, atribuindo ao julgador administrativo o mister de aferir a efetiva aplicabilidade da sanção, no curso do processo administrativo tributário.

Seria igualmente possível, ainda, que, ao analisar o caso concreto, o agente lançador decidisse não propor a aplicação de penalidade, ou graduá-la em percentual inferior ao limite legal, por convicção acerca da total coerência entre o tratamento tributário conferido pelo sujeito passivo e a interpretação possível da legislação tributária suficiente para afastar a infração, independentemente de ser devido tributo.

Nesse sentido, a interpretação favorável à feição propositiva da pretensão punitiva não suplantaria a vontade do Poder Legislativo, mas, em verdade, a ratificaria, por estar contida como tal no bojo do Projeto do CTN de 1966, conforme visto no primeiro capítulo deste trabalho, o que também afastaria de per si a rotulagem dessa exegese como uma visão simplista e gramatical do termo "propor" vazado no art. 142 do CTN.

Discordamos da visão de Aguirra de Andrade[365] quanto à regra de aplicabilidade *ipso facto* da multa de ofício básica – por prescindir de avaliação de elemento subjetivo e decorrer direta e automaticamente da legislação tributária, segundo o autor –, pois a caracterização dessas hipóteses, em regra, envolve dissenso de fato e de direito, implicando resistência fiscal ao reconhecimento de boa-fé do sujeito passivo e mesmo o enquadramento do fato em hipóteses de dispensa de penalidade previstas no CTN, a exemplo do art. 100, parágrafo único, ou do art. 112.

Em verdade, não obstante seja inaplicável à multa de ofício básica o entendimento do referido autor pela incompetência da Autoridade Administrativa de aplicar penalidade baseada em crime, parece-nos que os demais argumentos da sua crítica à cominação de multa qualificada aplicam-se também à penalidade cominada sem qualificação, notadamente quanto à necessária aferição do aspecto subjetivo da conduta do sujeito passivo por autoridade julgadora no fluxo do devido processo legal.

O art. 142 define, categoricamente, que, no bojo do ato inaugural do lançamento, poderia se propor a aplicação de penalidade quando fosse o caso. *Contrario sensu,* nem sempre é caso de propor, tampouco de aplicar penalidades, a exemplo das hipóteses previstas no próprio CTN, dentre as quais: art. 100, Parágrafo único; art. 108; art. 112. E, se for caso de penalidade, a proposta feita no bojo do auto de infração projetaria a sua aplicabilidade para ato distinto, posterior, de natureza judicante, mediante

[365] ANDRADE, Leonardo Aguirra de. A impossibilidade de a Receita Federal aplicar a multa qualificada federal de 150%. *Revista Direito Tributário Atual,* São Paulo: Instituto Brasileiro de Direito Tributário, v. 37, p. 283-307, 2017.

o sopesamento das razões de fato e de direito trazidas aos autos, no pleno exercício do contraditório e da ampla defesa.

A natureza da pretensão punitiva ora defendida não prejudica ou altera o fato de que a proposição feita no auto de infração já seria suficiente para constituir o crédito tributário, inclusive quanto à multa, e evitar a decadência, conforme asseverado pelo STF[366] e pacificado no âmbito do STJ.[367]

Outras questões relevantes decorrentes da adoção da natureza propositiva referem-se ao seu efeito sobre a rotina fiscal do lançamento tributário, mais precisamente se implicaria um "engessamento" do ato administrativo A resposta é negativa. A valoração da conduta do contribuinte – em especial a sua boa-fé – e a verificação do enquadramento do caso em hipóteses de não cabimento de penalidade e a necessária motivação da proposição de penalidade já compõem o trabalho fiscal e não seriam tarefas novas sob a interpretação encetada neste trabalho acerca do art. 142 do CTN.

Contudo, restaria corretamente alijada a equivocada automaticidade do trabalho fiscal de considerar vinculada ao tributo uma multa de 75% pelo simples e exclusivo fato da lavratura do auto de infração.

A exegese ora defendida arrimaria efeitos importantes.

Admitir-se-ia a realização de lançamento tributário sem a cominação de penalidade, ou decisão nesse sentido por parte da autoridade julgadora administrativa, por reconhecê-la inaplicável ao caso com amparo no próprio CTN, assegurando a autoridade fiscal de uma equivocada responsabilização por deixar de aplicar multa. Ou seja, não se trataria de descumprir normas de aplicação de penalidade, essencialmente de natureza ordinária, mas de cumprir as normas gerais de Direito Tributário encetadas no CTN.

Por outro lado, se cabível e proposta, que o montante da multa não se incorporasse no crédito tributário *ab initio*, mas somente quando da sua constituição definitiva, mediante ausência de contestação do contribuinte, ou decisão irrecorrível na esfera administrativa que aplique a penalidade.

[366] Nesse sentido, o entendimento vazado nos autos dos Embargos de Divergência no RE n. 94.462/SP, julgados pelo Pleno, sob a relatoria do Ministro Moreira Alves, em 06/10/1982.

[367] Nesse sentido, o entendimento vazado nos autos do AgInt no REsp 1.587.540/PE, julgado pela Primeira Turma da Primeira Seção, sob a relatoria da Ministra Regina Helena Costa, em 18/08/2016.

Há relevante diferença entre se considerar devido o valor do tributo acrescido de juros de mora e acrescer ao seu montante uma parcela de 75%, 150%, ou 225%, mormente para fins de procedimentos também praticados de ofício com a pretensão de assegurar a solvência do crédito tributário, a exemplo do arrolamento de bens e direitos.[368]

Ora, estando *sub judice* a caracterização da infração e mesmo a sua gradação, mostra-se apropriado não considerar o *quantum* da penalidade integrado no crédito tributário até que se tenha a sua constituição definitiva por meio de decisão da autoridade julgadora competente confirmando a sua proposição e a aplicando.

As duas pretensões titularizadas pelo Fisco encontram-se reunidas no art. 142 do CTN: *arrecadatória* quanto ao tributo e *punitiva* quanto às infrações.

A par da distinção entre as pretensões, há de se reconhecer e respeitar seus regimes jurídicos próprios e autônomos entre si. A partir da bem delineada previsão do lançamento em duas vertentes distintas – arrecadatória e punitiva –, seus distintos regimes jurídicos tomam forma e relevância no bojo do CTN.

O regime jurídico de penalidades no CTN vaza comandos relevantes ao próprio lançamento, mais especificamente à identificação da punibilidade, ou não, do sujeito passivo, em função do motivo da sua conduta de inadimplemento total ou parcial do tributo, e ao transcurso do processo administrativo, com ênfase ao julgamento do lançamento (e de suas pretensões).

É basilar à correta compreensão do ato de lançamento a diferenciação entre as pretensões arrecadatória e punitiva, a começar pelo fato de o crédito tributário objeto do lançamento ser mero retrato formal da obrigação tributária que o antecede e cuja existência decorre da automática subsunção do ato à hipótese de incidência tributária definida *ex lege*, enquanto a penalidade decorre de forma direta e exclusiva do ato jurídico do lançamento de ofício corporificado em auto de infração.

Evidência do efeito prático dessa dessemelhança é, por exemplo, o fato de tributo e penalidade serem regidos pela legislação vigente à época da ocorrência do fato gerador da obrigação, de acordo com o art. 144 do

[368] Previsto nos arts. 64 e 64-A da Lei n. 9.532/1997 e disciplinado no âmbito federal pela Instrução Normativa RFB n. 1.565/2015.

CTN,[369] mas somente à penalidade ser aplicável regra de *retroatividade benigna* para excluir o crédito tributário, na forma do art. 106, do CTN, dado que o surgimento da obrigação tributária não é influenciado por alteração legislativa posterior, tampouco por atos praticados pelo sujeito passivo anteriormente à homologação daquela visando à extinção do crédito, nos termos do art. 150, §2º, do CTN.[370]

O lançamento do crédito tributário *stricto sensu* decorre da existência de uma obrigação tributária originada pela simples e direta ação da legislação tributária sobre ato humano a si subsumido, enquanto a penalidade decorre da acusação de um agente fiscal contra o sujeito passivo de que este teria infringido norma tributária e que haveria penalidade aplicável a si por consequência. Ou seja, o objeto da pretensão punitiva (i.e., penalidade) depende da interpretação do Fisco acerca dos fatos e da legislação – relativa à obrigação tributária, inclusive de direito privado,[371]

[369] "Art. 144. O lançamento reporta-se à data da ocorrência do fato gerador da obrigação e rege-se pela lei então vigente, ainda que posteriormente modificada ou revogada.
§ 1º Aplica-se ao lançamento a legislação que, posteriormente à ocorrência do fato gerador da obrigação, tenha instituído novos critérios de apuração ou processos de fiscalização, ampliado os poderes de investigação das autoridades administrativas, ou outorgado ao crédito maiores garantias ou privilégios, exceto, neste último caso, para o efeito de atribuir responsabilidade tributária a terceiros.
§ 2º O disposto neste artigo não se aplica aos impostos lançados por períodos certos de tempo, desde que a respectiva lei fixe expressamente a data em que o fato gerador se considera ocorrido."

[370] "Art. 150. O lançamento por homologação, que ocorre quanto aos tributos cuja legislação atribua ao sujeito passivo o dever de antecipar o pagamento sem prévio exame da autoridade administrativa, opera-se pelo ato em que a referida autoridade, tomando conhecimento da atividade assim exercida pelo obrigado, expressamente a homologa. (...) § 2º Não influem sobre a obrigação tributária quaisquer atos anteriores à homologação, praticados pelo sujeito passivo ou por terceiro, visando à extinção total ou parcial do crédito."

[371] O que é considerado pelo legislador tributário, inclusive, para impedir a alterabilidade dos efeitos do direito privado em prol da incidência tributária, nos termos do art. 110 do CTN, embora a validade jurídica dos atos praticados pelo sujeito passivo, a natureza do seu objeto e os seus efeitos, bem como dos fatos realmente ocorridos sejam abstraídos para fins da definição do fato gerador, de acordo com o art. 118 do CTN. Veja-se os dispositivos citados:
"Art. 110. A lei tributária não pode alterar a definição, o conteúdo e o alcance de institutos, conceitos e formas de direito privado, utilizados, expressa ou implicitamente, pela Constituição Federal, pelas Constituições dos Estados, ou pelas Leis Orgânicas do Distrito Federal ou dos Municípios, para definir ou limitar competências tributárias."

e aquela que prevê a penalidade[372] – e o objeto da pretensão arrecadatória (i.e., obrigação tributária – precursora do crédito tributário) prescinde da ação fiscal, a qual se limita a declarar[373] a sua existência e, firme em tal convicção, iniciar a constituição do crédito tributário.

"Art. 118. A definição legal do fato gerador é interpretada abstraindo-se:
I – da validade jurídica dos atos efetivamente praticados pelos contribuintes, responsáveis, ou terceiros, bem como da natureza do seu objeto ou dos seus efeitos;
II – dos efeitos dos fatos efetivamente ocorridos."

372 Dado o Princípio da estrita legalidade insculpido no art. 97, V, do CTN:
"Art. 97. Somente a lei pode estabelecer:
(...) V – a cominação de penalidades para as ações ou omissões contrárias a seus dispositivos, ou para outras infrações nela definidas;"

373 Temos ciência da discussão doutrinária acerca do efeito declaratório ou constitutivo do lançamento em relação à obrigação tributária e filiamo-nos à lição de Berliri, para quem o lançamento é declaratório de alguns defeitos e constitutivo de outros, conforme referenciado na feliz lição de Souto Maior Borges sobre o embate doutrinário entre "declarativistas" e "constitutivas": "Na doutrina brasileira, a primeira voz autorizada que se levantou contra – e decididamente contra a polêmica entre as teses declarativistas e constitutivas, proclamando enfaticamente a necessidade da sua superação, foi a de Alfredo Augusto Becker. Como ele demonstrou, os autores que sustentam a tese de efeito declaratório do lançamento não convencem aos que lhe atribuem efeito constitutivo e nem estes conseguem convencer os primeiros. Os que assistem a disputa entre as duas teses, mera "querela fradesca" inclinam-se ora para uma, ora para outra dessas teorias inconciliáveis, sem trazer nenhuma luz à confusão doutrinária. Com apoio em Cocivera, salienta Becker que, uma vez colocado o problema em termos de uma tomada de posição no plano do efeito constitutivo ou declaratório, a doutrina não consegue explicar quais os efeitos que produz lançamento, nem quais os efeitos que produz o fato tributável – "realização da hipótese de incidência", na terminologia de Becker (...). A partir dessas considerações e num desdobramento necessário dela, cumpre observar que se deve a Berliri o haver trazido ao estudo das relações entre fato tributável e lançamento uma contribuição relevante para a superação dessas posições doutrinárias antagônicas. Para Berliri, o problema se simplificará enormemente se tivermos em conta que um ato pode ser declaratório com relação a alguns efeitos e constitutivo com relação a outros. Na esteira do pensamento de Berliri, ilustre autor brasileiro, o professor Paes de Barros Leães sustenta que o lançamento tem função declaratória para certos efeitos jurídicos (reconhecimento da existência, a cargo de determinado sujeito, da obrigação tributária; fixação qualitativa e quantitativa da referida prestação) e constitutiva para outros efeitos (exigibilidade da prestação; fluxo do prazo de prescrição; constituição em mora). Assim, para esse autor, o lançamento é declaratório de alguns defeitos constitutivo de outros. Em decorrência dessa colocação do tema pela doutrina moderna, pode se desdobrar o estudo dos efeitos do lançamento tributário, não partindo de logo e aprioristicamente para tomar uma posição extremada a favor do efeito declaratório ou constitutivo do "ato de imposição", mas por meio de uma nova direção metodológica, muito

A percepção da exclusividade da ação fiscal na cominação de penalidade, enquanto ato unilateral perpetrado pelo credor, parece-nos suficiente para justificar o caráter propositivo da pretensão punitiva encerrada no art. 142 do CTN, não apenas em função da assimetria entre os interesses e poderes do Fisco e do contribuinte, mas, também, da compreensão dos fatos e atos *in concreto* sem a prévia oitiva do seu protagonista, ou seja, do sujeito passivo.

De forma coerente com a nossa leitura do art. 142 do CTN e acompanhados por juristas de escol, creditamos ao exercício do contraditório e da ampla defesa, no bojo do processo administrativo submetido à função judicante administrativa, o equacionamento da assimetria existente no curso do procedimento fiscal e, invariavelmente, na justificação da lavratura do auto de infração, ratificando, a nosso ver, a *proposta* de penalidade pelo agente fiscal, para que a sua aplicação, se ocorrer, resulte da atividade judicante, fruto do devido debate e conhecimento pleno das circunstâncias de fato e de direito relevantes à aferição da obrigação tributária e, especialmente, de infração tributária passível de penalidade.

Talvez seja motivado pela importante coerência do caráter *propositivo* da pretensão punitiva no bojo das próprias normas gerais de Direito Tributário que, mesmo autores discordantes dessa linha, admitam[374] a

mais profícua e inovadora, caracterizada pelo estudo analítico dos efeitos decorrentes do fato tributável ou seja, considerando-se basicamente a eficácia jurídica inerente a cada um desses fenômenos (...)". (BORGES, José Souto Maior. Pequena introdução crítica ao estudo do lançamento tributário. *In*: ASSOCIAÇÃO BRASILEIRA DE DIREITO FINANCEIRO (coord.). *Proposições tributárias*: em homenagem a Rubens Gomes de Sousa. São Paulo: Resenha Tributária, p. 151-171, 1975. p. 169) Ruy Barbosa Nogueira recorda que Rubens Gomes de Sousa teria adotado e demonstrado o efeito declaratório do lançamento em seu "Compêndio de Legislação Tributária", Ed. Financeiros, 1952, e repetido em sua 2ª edição, mas adotou, mais tarde, a posição intermediária encimada, refletindo-a no art. 105 do Projeto do CTN. (NOGUEIRA, Ruy Barbosa. *Teoria do lançamento tributário*. Reprodução eletrofotostática do original impresso em 1965. São Paulo: Resenha Tributária, 1973. p. 36, citado em nota de rodapé.)

374 A exemplo dos autores a seguir referenciados e seus dizeres:
- Paulo de Barros Carvalho: "Só existe "auto de infração" onde há infração da lei tributária. Não se pode cogitar de auto de infração para simples lançamento do tributo. A infringência de dispositivo tributário pode ou não estar ligada à falta de cumprimento da obrigação tributária. É apenas um característico secundário. Pode haver o auto de infração ou pelo descumprimento de um dever acessório, ou pela falta de recolhimento de um tributo. Todavia, a essência do auto

possibilidade de interpretação em tal sentido, mormente no contexto do fluxo de formação do crédito tributário, mediante o contencioso administrativo, onde o lançamento seria apenas o ato inicial e a constituição definitiva daquele jungida à aplicação da penalidade competiriam à autoridade julgadora.

Frise-se que o art. 142, *caput, in fine,* do CTN, encerra dois comandos igualmente relevantes ao exercício da pretensão punitiva pelo Fisco: o *primeiro* liga-se à expressão "sendo o caso", definindo que pode haver lançamento desacompanhado de penalidade; e o *segundo* refere-se à ação "propor", no sentido de que a penalidade não é aplicada pelo agente fiscal, mas proposta para que uma outra autoridade – no caso, a julgadora – delibere a sua aplicação.

Essa dicotomia assume especial relevância no estudo da pretensão punitiva do Fisco, pois aclara a autonomia dos comandos acima referidos,

de infração é o registro, que um funcionário externo da fiscalização faz, da existência de infringência de um dispositivo tributário. Concordamos que é uma simples proposta, pois, o Código diz "ou propor a aplicação de penalidades pecuniárias". Nesse caso, talvez seja correta essa conclusão, que diz que o auto de infração constitui o início de um lançamento. Evidentemente, essa proposta será ou não aceita. Quem tiver competência para acolher ou não essa proposta fará definitivamente o lançamento (...)". (*Apud* BARROS, José Eduardo Monteiro de. Teoria geral do lançamento. *In*: ATALIBA, Geraldo. *Elementos de direito tributário*: notas taquigráficas do III Curso de Especialização em Direito Tributário, realizado na Pontifícia Universidade Católica de São Paulo, São Paulo: Revista dos Tribunais, p. 411-445, 1978. p. 440.)

– Noé Winkler: "Proposição, num certo sentido, pode ser até do próprio lançamento sem multa." (WINKLER, Noé. Aspectos do imprescindível esforço para demonstração da inércia e outras considerações. *In*: MARTINS, Ives Gandra da Silva (coord.). *Caderno de Pesquisas Tributárias n. 1*: decadência e prescrição. São Paulo: Resenha Tributária, p. 285-312, 1976. p. 299.)

– Marcelo Guerra Martins: "É importante notar que, enumerando os atos que compõem o procedimento de lançamento, o art. 142 não estabeleceu a proposta de aplicação da penalidade como regra geral e única. A aplicação da penalidade será proposta, sendo o caso, diz o artigo. E em que caso a penalidade será apenas proposta, e não diretamente aplicada e lançada? O CTN não esclarece que caso seria esse, mas é possível admitir que seja aquele em que, por exemplo, (...) a penalidade, embora pecuniária, deva ser confirmada ou dosada por outra autoridade, havendo, em razão disso, simples proposta para aplicação da multa em lançamento que, de todo modo, será obrigatoriamente feito, em outro momento.". (*In:* FREITAS, Vladimir Passos (coord). *Código tributário nacional comentado.* 8. ed. São Paulo: RT, 2020. E-book. Disponível em: https://proview.thomsonreuters.com/launchapp/title/rt/codigos/72655091/v8/page/1. Acesso em: 7 set. 2020.)

implicando que a natureza propositiva é a regra definida pelo dispositivo à cominação de penalidade no ato do lançamento. Ou seja, pode não ser caso de penalidade. Mas, se for cabível, será proposta pelo agente fiscal, mediante a necessária valoração dos fatos e, especialmente, dos aspectos subjetivos da conduta do sujeito passivo.

E a compreensão da expressão "sendo o caso" demanda uma interpretação sistemática do próprio CTN, antes de se descer à legislação ordinária, a exemplo da Lei n. 9.430/1996, sob pena de se inverter o plano hierárquico das normas e alijar a antecedência natural do CTN na atividade hermenêutica.

Um dos comandos do CTN que orienta o (não) cabimento de penalidade – mais precisamente a multa de ofício básica – é o seu art. 100, ao definir hipóteses *numerus clausus* em que o lançamento de ofício de tributo deverá ser desacompanhado de penalidade.

Contudo, tal dispositivo não encerra as únicas hipóteses em que *não seria caso* de cominação da multa de ofício básica no lançamento de ofício de tributo, seja porque a sua redação não elimina outras hipóteses previstas no próprio CTN, ou em legislação ordinária – a exemplo do art. 63 da Lei n. 9.430/1996[375-376] e do art. 5º, §2º, do Decreto-lei n. 2.124/1984 –[377] seja porque não vincula a etapa judicante do fluxo de formação do crédito tributário, onde o julgador administrativo está a analisar a proposta de penalidade formulada pelo agente fiscal e, para tanto, aprecia, dentre outros, aspectos subjetivos da conduta do sujeito passivo, sendo

[375] "Art. 63: Na constituição de crédito tributário destinada a prevenir a decadência, relativo a tributo de competência da União, cuja exigibilidade houver sido suspensa na forma dos incisos IV e V do art. 151 da Lei n. 5.172, de 25 de outubro de 1966, não caberá lançamento de multa de ofício".

[376] Em adição às duas causas suspensivas previstas no art. 63, *caput*, da Lei n. 9.430/1996, a Secretaria da Receita Federal do Brasil e a Procuradoria-Geral da Fazenda Nacional reconheceram o descabimento de multa de ofício, também, na hipótese de depósito judicial integral (art. 151, II, do CTN), incluindo multa e juros de após o vencimento, por meio do Parecer Cosit n. 2/1999 e Parecer PGFN/CAT n. 507/2001, respectivamente.

[377] "Art. 5º (...) §2º: Não pago no prazo estabelecido pela legislação o crédito, corrigido monetariamente e acrescido da multa de vinte por cento e dos juros de mora devidos, poderá ser imediatamente inscrito em dívida ativa, para efeito de cobrança executiva, observado o disposto no § 2º do artigo 7º do Decreto-lei n. 2.065, de 26 de outubro de 1983".

competente para deliberar, também, pelo descabimento da multa de ofício básica.

A Secretaria da Receita Federal do Brasil (RFB), na função de autoridade lançadora de tributos federais considerados devidos e não recolhidos, impõe a penalidade prevista no art. 44, I, da Lei n. 9.430/1996, de forma automática e vinculada ao tributo,[378] arvorada no entendimento de que tal dispositivo vincularia e obrigaria a sua atividade à cominação de tal penalidade, enquadrando-se no Parágrafo único do art. 142 do CTN.

Ou seja, afora as hipóteses previstas em legislação ordinária que estabelecem, expressamente, a dispensa de penalidades, um auto de infração necessariamente consigna a multa de ofício prevista no art. 44, I, da Lei n. 9.430/1996.

Tal postura fiscal parece considerar que o art. 142 do CTN permitiria a aplicação de penalidade *ab initio* no procedimento de constituição do crédito tributário, como resultado de uma fiscalização que constata infração(ões) à legislação tributária.

Em verdade, o que está previsto na norma é que existem multas aplicáveis nas hipóteses especificadas de forma objetiva e clara.

Embora o art. 44, *caput,* da Lei n. 9.430/1996 disponha sobre a aplicação de multas em casos de lançamento de ofício, há que se observar que não foi dado ao legislador ordinário definir ou aplicar a penalidade como

[378] A RFB assinala em seus planos de ação anuais o caráter vinculado da multa de ofício básica em relação ao tributo não recolhido e lançado de ofício, inclusive como forma de motivar a autorregularização anterior à ação fiscal por parte de pessoas físicas, conforme consta dos seguintes excertos: "Quem se autorregulariza evita o procedimento fiscal, e multa de, no mínimo, 75% sobre o valor de imposto a pagar que vier a ser apurado no procedimento."(Relatório Anual de Fiscalização – Resultados de 2019 e Plano de Ação para 2020, p. 18. Disponível em: https://receita.economia.gov.br/dados/resultados/fiscalizacao/arquivos-e-imagens/plano-anual-de-fiscalizacao-resultados-de-2019-e-plano-para-2020.pdf. Acesso em: 19 jun. 2020.); "A autorregularização só é permitida se feita antes de o contribuinte ser intimado ou notificado pela Receita Federal. A vantagem para o contribuinte é evitar o início de procedimento fiscal e o pagamento de multa de, no mínimo, 75% sobre o valor do imposto não pago que vier a ser apurado pelo Auditor-Fiscal." (Plano Anual da Fiscalização da Secretaria da Receita Federal do Brasil para o ano-calendário de 2019: quantidade, principais operações fiscais e valores esperados de recuperação de crédito tributário, p. 19. Disponível em: https://receita.economia.gov.br/dados/resultados/fiscalizacao/arquivos-e-imagens/2019_05_06-plano-anual-de-fiscalizacao-2019.pdf. Acesso em: 19 jun. 2020.)

mera consequência do lançamento de ofício de imposto ou contribuição, como se *vinculada* ao principal fosse.

Ora, é o Código Tributário Nacional que consigna a forma de constituição do crédito tributário e, *sendo caso*, proposição da penalidade aplicável, mediante o *lançamento*.

De fato, parece haver um dissenso entre os comandos contidos na Lei n. 9.430/1996 e no art. 142 do CTN relativamente à penalidade que se repute aplicável em caso de lançamento de ofício de tributo.[379]

Na prática, a multa de 75% do tributo devido majora a multa de mora (20%) pelo fato de o lançamento ser feito de ofício,[380] independentemente da natureza da infração – excepcionada a hipótese de caracterização de sonegação, fraude ou conluio que qualifica tal penalidade, duplicando o seu percentual, nos termos do art. 44, §1º, da Lei n. 9.430/1996.

Schubert de Farias Machado critica tal penalidade por prescindir do motivo que acarreta a falta de pagamento e mesmo a forma de acesso do Fisco às informações necessárias ao lançamento, o que classifica como essenciais à adequada fixação da penalidade.[381]

O autor também sublinha a desproporção da multa nos casos de simples falta de pagamento frente às hipóteses em que tal falta é cumulada com ausência de declaração ou inexatidão de informações em obrigação acessória, dado que em todos esses casos o percentual é o mesmo: 75% do tributo devido.[382]

[379] Excetua-se dessa análise a hipótese do art. 63 da Lei n. 9.430/1996, por conter regra expressa e específica de descabimento de multa de ofício sobre tributo com exigibilidade suspensa: "Art. 63. Na constituição de crédito tributário destinada a prevenir a decadência, relativo a tributo de competência da União, cuja exigibilidade houver sido suspensa na forma dos incisos IV e V do art. 151 da Lei n. 5.172, de 25 de outubro de 1966, não caberá lançamento de multa de ofício".

[380] MACHADO, Schubert de Farias. O ilícito como pressuposto da sanção e a proporcionalidade nas multas tributárias. In: ROCHA, Valdir de Oliveira (org.). *Grandes questões atuais do direito tributário*. São Paulo: Dialética, p. 367-383, 2012. v. 16.

[381] MACHADO, Schubert de Farias. O ilícito como pressuposto da sanção e a proporcionalidade nas multas tributárias. In: ROCHA, Valdir de Oliveira (org.). *Grandes questões atuais do direito tributário*. São Paulo: Dialética, p. 367-383, 2012. v. 16.

[382] MACHADO, Schubert de Farias. O ilícito como pressuposto da sanção e a proporcionalidade nas multas tributárias. In: ROCHA, Valdir de Oliveira (org.). *Grandes questões atuais do direito tributário*. São Paulo: Dialética, p. 367-383, 2012. v. 16.

Também, no plano do julgamento administrativo, afora as hipóteses mencionadas linhas acima,[383] é praxe não haver discussão da multa de ofício básica, ou a sua impugnação ser rechaçada por seu alegado caráter *ex lege*, decorrente do inadimplemento do principal, equiparável ao racional de que *o acessório seguiria o principal*,[384] ou seja, se mantida a exigência do tributo, manter-se-ia de forma automática e infalível a multa de ofício *vinculada* de forma proporcional na composição do crédito tributário.

Nesse sentido, a jurisprudência do CARF[385] é no sentido de que a multa de ofício básica seria de aplicação obrigatória pela autoridade fiscal em auto de infração para lançamento de ofício de tributo e insuscetível de ser afastada ou reduzida pela autoridade julgadora,[386] por decorrer de

[383] No âmbito federal, seriam as hipóteses de lançamento de ofício de tributo com exigibilidade suspensa ou já declarado ao Fisco.

[384] Brocardo do Direito Romano que era refletido no art. 59 do Código Civil de 1916 ("Salvo disposição em contrário, a coisa acessória segue a principal.") e não foi repetido no Código Civil de 2002. Não obstante, dentre os dispositivos que tratam de diferentes tipos de bens acessórios (frutos, produtos, benfeitorias, acessões, pertenças e partes), é possível inferi-lo da regra do art. 92 do Código Civil: "Art. 92. Principal é o bem que existe sobre si, abstrata ou concretamente; acessório, aquele cuja existência supõe a do principal".

[385] Nesse sentido, os julgados colacionados a seguir: "COLABORAÇÃO PREMIADA. REDUÇÃO DA MULTA DE OFÍCIO. NÃO CABIMENTO. A atividade administrativa do lançamento é obrigatória e vinculada, sendo assim, não há como afastar a aplicação da multa de ofício ou mesmo reduzi-la, com base em acordo de colaboração premiada, em face de ausência de determinação expressa em Lei, nesse sentido." (Acórdão n. 3002-001.372, de 16/07/2020); "MULTA DE OFÍCIO E VEDAÇÃO AO CONFISCO. No lançamento de ofício a multa a ser aplicada é de 75% conforme estabelece a legislação. Uma vez positivada a norma, é dever da autoridade administrativa aplicá-la, não lhe competindo o exame da constitucionalidade das Leis, nem deixar de aplicá-las, salvo se já houver decisão do Supremo Tribunal Federal neste sentido. Art. 44, I da Lei 9.430/96 (...)" (Acórdão n. 2301-007.429, de 07/07/2020); "MULTA DE OFÍCIO DE 75%. A multa de ofício de 75% está prevista em lei, razão pela qual deve ser exigida." (Acórdão n. 1201-003.797, de 17/06/2020); "MULTA DE OFÍCIO. DECORRÊNCIA DA LEGISLAÇÃO TRIBUTÁRIA. A aplicação da multa de ofício, constatado o não pagamento ou pagamento parcial do tributo devido, é decorrência da legislação tributária, devendo ser efetuado o correspondente lançamento pelo autuante, a teor do art. 142 do CTN". (Acórdão n. 2402-008.473, de 06/07/2020).

[386] Exceto nas hipóteses de lançamento de ofício de tributo com exigibilidade suspensa ou já declarado ao Fisco, ou em caso de aplicação do art. 100 do CTN, este último ilustrado pelo seguinte julgado: "DECISÃO JUDICIAL TRANSITADA EM JULGADO. AFASTAMENTO DA MULTA E DOS JUROS. CABIMENTO. As decisões dos órgãos singulares ou coletivos de jurisdição administrativa, a que a lei atribua eficácia normativa excluem a imposição de

comando legal encerrado no art. 44, I, da Lei n. 9.430/1996, alegando-se, no mais das vezes, ser defeso ao CARF se pronunciar sobre a inconstitucionalidade de lei tributária, a teor da sua Súmula n. 2.[387]

Sob os argumentos de (i) ser vinculado o ato do lançamento tributário (pressupondo incorporar a penalidade) e (ii) de que a apuração de crédito tributário implicaria necessária imposição de multa de ofício, a Autoridade Administrativa, seja na função lançadora, seja na função julgadora, considera-se obrigada a aplicar penalidade e incompetente à sua revisão, respectivamente, independentemente das circunstâncias de fato do caso concreto, mais precisamente dos aspectos subjetivos na infração decorrente do inadimplemento do tributo, incluindo-se hipóteses de induzimento a erro ou qualquer outra razão capaz de afastar sua *culpabilidade*.

De fato, parece-nos que a penalidade importa no debate tributário, e mais, na própria atuação da Secretaria Receita Federal do Brasil, notadamente no papel de lançadora de ofício, mais precisamente sobre a influência que a penalidade exerce sobre a postura da autoridade fiscal.

Sobre esse tema, o Tribunal de Contas da União (TCU) elaborou um importante estudo ao julgamento da TC 005.283/2019-1,[388] por meio do acórdão n. 1921/2019,[389] que demonstra a variação nominal da arrecadação com multas tributárias e aduaneiras, as quais compunham

penalidades e a cobrança de juros de mora (parágrafo único do artigo 100 do CTN); com muito mais razão, a observância de decisão judicial transitada em julgado deve ter as mesmas consequências." (Acórdão n. 1302-002.934, de 25/07/2018)

[387] "Súmula CARF n. 2: O CARF não é competente para se pronunciar sobre a inconstitucionalidade de lei tributária". Disponível em: http://idg.carf.fazenda.gov.br/jurisprudencia/sumulas-carf/quadro-geral-de-sumulas-1. Acesso em: 13 jun. 2020.

[388] Originada de Representação com vistas a avaliar a conformidade do pagamento do Bônus de Eficiência e Produtividade na Atividade Tributária e Aduaneira e na Atividade de Auditoria-Fiscal do Trabalho, instituído pela Medida Provisória 765/2016, posteriormente convertida na Lei 13.464/2017, e dos Honorários Advocatícios de Sucumbência a servidores públicos, regulamentados pela Lei 13.327/2016, diante dos requisitos exigidos na Lei Complementar 101/2000 (Lei de Responsabilidade Fiscal – LRF), na Lei de Diretrizes Orçamentárias (LDO) e, ainda, no art. 113 do Ato das Disposições Constitucionais Transitórias (ADCT).

[389] Disponível em: https://portal.tcu.gov.br/data/files/AA/75/6D/09/7AABC6105B9484B6F18818A8/005.283-209-1%20-%20BD%20-%20bonus%20da%20receita.pdf. Acesso em: 14 abr. 2020.

a base de cálculo do bônus de eficiência e produtividade da carreira Tributária e Aduaneira, conforme a Medida Provisória n. 765/2016, com representatividade na composição daquela base de cálculo – cerca de 90% do total.

Merece destaque o relatório do Ministro Bruno Dantas, que demonstra, entre outros, a aparente influência exercida pela instituição do referido bônus, adotando por base de cálculo as multas arrecadadas pela RFB, na forma do art. 5º, §4º, da MPV n. 765/2016, e o volume dessas multas no mesmo período comparado com períodos anteriores. Em números, identificou-se que "(...) **a arrecadação total** de tributos federais apresentou crescimento nominal de 70%, entre 2010 a 2018 (...), e (...) a arrecadação de multas tributárias e aduaneiras nesse mesmo período aumentou 164%. (...)", conforme ilustra o Gráfico 1 a seguir:[390]

GRÁFICO 1 – **Comparação entre a variação das receitas arrecadadas com multas tributárias e aduaneiras* e a variação da arrecadação total de tributos federais pela RFB**

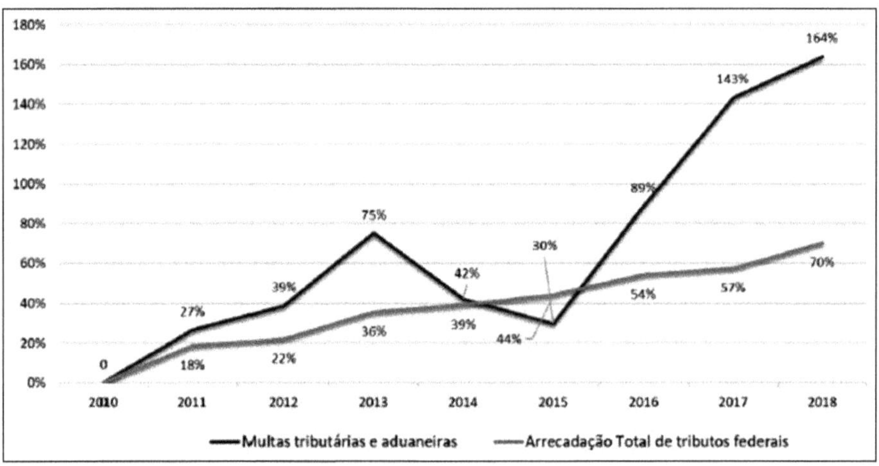

* Já aplicados os percentuais previstos na legislação do Fundaf.
Fonte: Ministério da Economia e Resultado do Tesouro Nacional – Elaboração própria.

[390] Extraído do acórdão do TCU referido em nota anterior, p. 28.

Segundo destacou o relator, esses dados mostram que, em 2017, "(...) ano em que, de fato, os BEP foram implementados, a arrecadação de multas tributárias e aduaneiras apresentou crescimento real de cerca de 27% em relação ao período compreendido de 2010 a 2016", evidenciando possível influência exercida pela criação do Bônus de Eficiência e Produtividade na Atividade Tributária e Aduaneira (BEP) calculado sobre multas arrecadadas e a prática da pretensão punitiva pelo Fisco federal.[391]

Outrossim, no tênue relacionamento entre Fisco e contribuinte, tendemos a ponderar a importância de uma boa convivência, em oposição ao conflito e à agressão que podem se originar numa acusação de ilícito tributário formulada em atuação fiscal sem precedente, inclusive cominando multa qualificada e lavrando Representação Fiscal para Fins Penais (RFFP).[392]

Estamos convictos da natureza propositiva da pretensão punitiva tal como encetada pelo art. 142, *caput, in fine,* do CTN, servindo de baliza fundamental ao respeito do *due process of law* e da cidadania no Estado Democrático de Direito que abriga a sociedade brasileira, valorizando-se a licitude e a boa-fé da conduta do sujeito passivo na relação fisco-contribuinte, mormente para fins de regras sancionatórias, conforme assegurado pela Constituição Federal de 1988.

4.2. Discussões de multas tributárias com repercussão geral reconhecida no STF

Em setembro de 2020, identificamos, no STF,[393] seis temas de repercussão geral acerca da constitucionalidade de multas fiscais,[394] com julgamento

[391] Essa discussão perdeu o objeto a partir do período em que o Congresso Nacional não admitiu as receitas de multas tributárias e aduaneiras e de multas trabalhistas como integrantes das bases de cálculo do BEP na respectiva Lei de Conversão da MPV n. 765/2016.

[392] Prevista na Portaria RFB n. 1.750, de 12 de novembro de 2018. Disponível em: http://normas.receita.fazenda.gov.br/sijut2consulta/link.action?visao=anotado&idAto=96434. Acesso em: 14 abr. 2020.

[393] Mediante pesquisa realizada em 10 set. 2020 em: http://www.stf.jus.br/portal/jurisprudenciaRepercussao/pesquisarProcesso.asp, com as seguintes classificações: Situação do Processo Paradigma: "Todas"; Palavra Chave: "multa"; Análise de Repercussão Geral: "Com Repercussão Geral"; Ramo do Direito: "DIREITO TRIBUTÁRIO".

[394] – **Tema: 214**; fundamento legal discutido: arts. 87 e 98 da Lei n. 6.374/1991 (SP); natureza da multa: moratória; percentual da multa: 20%; paradigma: RE 582.461; relator: Min. Gilmar

findo em dois deles (temas 214 e 872), julgamento em curso noutro (tema 736) e três temas com julgamento ainda não iniciado (temas 487, 816 e 863).

Note-se que os temas encimados não têm por objeto específico a multa de ofício vinculada de 75% do tributo devido prevista no art. 44, I, da Lei n. 9.430/1996.

Contudo, no esforço de inferir um entendimento da Corte Constitucional aplicável ao tema em estudo, mais precisamente sobre a natureza

Mendes; situação: julgado; tese: "I – É constitucional a inclusão do valor do Imposto sobre Circulação de Mercadorias e Serviços – ICMS na sua própria base de cálculo; II – É legítima a utilização, por lei, da taxa SELIC como índice de atualização de débitos tributários; III- Não é confiscatória a multa moratória no patamar de 20%.";
– **Tema: 487**; fundamento legal discutido: art. 78, III, "i", da Lei n. 688, de 1996 (RO); natureza da multa: isolada; percentual da multa: 40%-5%; paradigma: RE 640.452; relator: Min. Roberto Barroso; situação: aguarda julgamento; título: "Caráter confiscatório da "multa isolada" por descumprimento de obrigação acessória decorrente de dever instrumental";
– **Tema: 736**; fundamento legal discutido: art.74, §§ 15 e 17, da Lei n. 9.430/1996; natureza da multa: isolada (declaração de compensação não homologada); percentual da multa: 50%; paradigma: RE 796.939; relator: Min. Edson Fachin; situação: julgamento interrompido por pedido de destaque; título: "Constitucionalidade da multa prevista no art. 74, §§ 15 e 17, da Lei 9.430/1996 para os casos de indeferimento dos pedidos de ressarcimento e de não homologação das declarações de compensação de créditos perante a Receita Federal.";
– **Tema: 816**; fundamento legal discutido: art. 36, I, "b", da Lei n. 1.611/1986, do Município de Contagem; natureza da multa: moratória; percentual da multa: 50%; paradigma: RE 882.461; relator: Min. Luiz Fux; situação: aguarda julgamento; título: "a) Incidência do ISSQN em operação de industrialização por encomenda, realizada em materiais fornecidos pelo contratante, quando referida operação configura etapa intermediária do ciclo produtivo de mercadoria. b) Limites para a fixação da multa fiscal moratória, tendo em vista a vedação constitucional ao efeito confiscatório.";
– **Tema: 863**; fundamento legal discutido: art. 44, §1º, da Lei n. 9.430/1996; natureza da multa: qualificada e vinculada a tributo devido (sonegação, fraude ou conluio); percentual da multa: 150%; paradigma: RE 736.090; relator: Min. Luiz Fux; tese: aguarda julgamento; título: "Limites da multa fiscal qualificada em razão de sonegação, fraude ou conluio, tendo em vista a vedação constitucional ao efeito confiscatório.";
– **Tema: 872**; fundamento legal discutido: art. 7º, II, da Lei n. 10.426/2002; natureza da multa: isolada (por ausência ou atraso na entrega de DCTF); percentual da multa: 2% a 20%; paradigma: RE 606.010; relator: Min. Marco Aurélio; situação: julgado; tese: "Revela-se constitucional a sanção prevista no artigo 7º, inciso II, da Lei n. 10.426/2002, ante a ausência de ofensa aos princípios da proporcionalidade e da vedação de tributo com efeito confiscatório".

da pretensão punitiva – se propositiva ou impositiva –, analisamos os votos proferidos até o momento nos casos encimados.

Dos votos vazados no julgamento do RE 606.010,[395] sob a Relatoria do Ministro Marco Aurélio, cujo entendimento se sagrou vencedor, mostra-se relevante a percepção da maioria[396] dos Ministros no sentido de que a punição pela conduta prevista no antecedente da norma punitiva – atraso ou falta de apresentação de DCTF – seria constitucional, em razão da importância da referida obrigação acessória no âmbito federal, por ser indispensável ao conhecimento do Fisco acerca dos débitos apurados e recolhidos, viabilizando eventual lançamento de ofício de diferenças.

Ou seja, o traço marcante do entendimento firmado seria a devida delimitação da conduta considerada infracional pelo comando sancionatório *sub judice*, reputando-se apropriado coibir (e punir) a falta de informação via DCTF, dada a sua importância à consecução da atividade fiscalizatória do Fisco federal, além da ausência de efeito confiscatório e da aderência ao princípio da proporcionalidade.

No julgamento do RE 606.010, não se discutiu a perspectiva subjetiva da conduta do sujeito passivo,[397] ou seja, o que teria levado a empresa a entregar a obrigação acessória de forma extemporânea, tampouco influenciou a tese definida: "Revela-se constitucional a sanção prevista no artigo 7º, inciso II, da Lei n. 10.426/2002, ante a ausência de ofensa aos princípios da proporcionalidade e da vedação de tributo com efeito confiscatório".

Por sua vez, o julgamento do RE 796.939 – que se encontra interrompido por pedido de destaque – contribui ao tema em estudo neste trabalho.

[395] Julgado pelo Plenário do STF em sessão virtual realizada de 14.8.2020 a 21.8.2020. Disponível em: http://portal.stf.jus.br/processos/detalhe.asp?incidente=3797543. Acesso em: 10 set. 2020.

[396] Decisão: O Tribunal, por maioria, apreciando o tema 872 da repercussão geral, conheceu do recurso extraordinário e negou-lhe provimento, nos termos do voto do Relator, vencido o Ministro Edson Fachin. Não participou do julgamento, por motivo de licença médica, o Ministro Celso de Mello. Disponível em: http://portal.stf.jus.br/processos/detalhe.asp?incidente=3797543. Acesso em: 10 set. 2020.

[397] Não obstante, observe-se que o voto do Ministro Alexandre de Moraes consigna, dentre usas razões de decidir, a contumácia da recorrente no descumprimento de obrigações acessórias.

O voto do Ministro Edson Fachin, na condição de Relator do RE 796.939,[398] é especialmente interessante ao criticar a índole automática e indiferente à conduta do agente, por parte da penalidade em análise, nas seguintes palavras:

> (...) a automaticidade da sanção, sem quaisquer considerações de índole subjetiva acerca do animus do agente, representaria, ao fim e ao cabo, imputar ilicitude ao próprio exercício de um direito subjetivo público com guarida constitucional.

Ressalta que "(...) a mera não homologação de compensação tributária não consiste em ato ilícito com aptidão para ensejar sanção tributária (...)", novamente sublinhando o despropósito de uma multa cujo antecedente é o exercício de um direito do contribuinte (no caso, a compensação) e sem aferir qualquer ilicitude no seu exercício para justificar a penalidade.

Citando o art. 110 do CTN, também destaca o texto constitucional quanto à utilização iterativa da *ilicitude* para fins de responsabilização, notadamente nos âmbitos penal (arts. 5º, XLIII, LI e LVI; 144, II; 243, Parágrafo único; e 245 da CF/88) e cível (arts. 37, §§5º e 6º; e 141 da CF/88), sendo a conceituação de ato ilícito pela legislação cível[399] também aplicável para fins tributários.

E, na ótica do CTN, a própria diferenciação entre tributo e sanção – frisada pelo art. 113 do CTN – repercutiria na configuração dos fatos geradores possíveis à configuração do preceito cominatório, definindo o perfil normativo das penalidades pecuniárias, de acordo com os arts. 113, 115 e 122, todos do CTN.

Tal compreensão endereça o entendimento do Relator do RE 796.939 no sentido de que o exercício de um direito (pedido de compensação

[398] Disponível em: http://portal.stf.jus.br/processos/detalhe.asp?incidente=4531713. Acesso em: 8 maio. 2020.

[399] Código Civil de 2002:
"Art. 186. Aquele que, por ação ou omissão voluntária, negligência ou imprudência, violar direito e causar dano a outrem, ainda que exclusivamente moral, comete ato ilícito.
Art. 187. Também comete ato ilícito o titular de um direito que, ao exercê-lo, excede manifestamente os limites impostos pelo seu fim econômico ou social, pela boa-fé ou pelos bons costumes".

tributária) não se compatibilizaria com a função teleológica repressora das multas tributárias, mormente por faltar a devida aferição da correção material da conduta do contribuinte que exerce o direito de compensação tributária na via administrativa, e carecer de um juízo concreto e fundamentado acerca da (in)observância do princípio da boa-fé em sua dimensão objetiva a justificar a punição.

Noutro giro, o seu voto também critica o modo de aplicação da penalidade à luz do princípio do devido processo legal, reputando violadas as suas dimensões processual e substancial,[400] por não garantir às partes, no bojo do processo administrativo, a ampla defesa e o contraditório acerca do antecedente da norma punitiva, e, no plano substancial, por carência de legitimidade tributária fundada no binômio *eficiência* e *justiça fiscal* por parte do Poder Público.[401]

Por fim, também relevante ao tema é a decisão do Ministro Edson Fachin quanto ao pedido subsidiário da Fazenda Nacional de aplicação da técnica da interpretação conforme a Constituição aos dispositivos questionados, para manter a aplicação da multa à hipótese de comprovado abuso de direito por parte do contribuinte, considerado como tal a reiteração de compensação de rubricas rejeitadas anteriormente.

Indefere o pleito de forma coerente com sua premissa maior de descabimento de uma penalidade automática e indiferente à licitude e boa-fé da conduta do contribuinte, asseverando que tal solução não afastaria o despropósito da multa frente ao regular exercício do direito do contribuinte (de compensar tributos), pois a mera iteração de compensações permitiria que se reputasse configurado *abuso*, igualmente ofendendo o direito de petição e desprestigiando a boa-fé do jurisdicionado.

Em conclusão, propõe a seguinte tese:

[400] FONSECA, Reynaldo Soares da. *A conciliação à luz do princípio constitucional da fraternidade*: a experiência da justiça federal da primeira região. 120 f. Dissertação (Mestrado) – Faculdade de Direito, Pontifícia Universidade de São Paulo, São Paulo, 2014. p. 36.

[401] O Ministro Edson Fachin arrima o seu entendimento nos seguintes julgados da Corte Constitucional: ADI 173, de RE 796939/RS, relatoria do Ministro Joaquim Barbosa, Tribunal Pleno, DJe 20.03.2009; ARE-AgR 915.424, de relatoria do Ministro Celso de Mello, Segunda Turma, DJe 30.11.2015; e ADPF 156, de relatoria da Ministra Cármen Lúcia, Tribunal Pleno, DJe 28.10.2011.

> É inconstitucional a multa isolada prevista em lei para incidir diante da mera negativa de homologação de compensação tributária por não consistir em ato ilícito com aptidão para propiciar automática penalidade pecuniária.

O julgamento foi interrompido por pedido de destaque do Ministro Luiz Fux, na sessão virtual de 12/05/2020, após os votos dos Ministros Gilmar Mendes, Luiz Fux, Celso de Mello, Alexandre de Moraes, acompanhando o Relator.[402]

O entendimento vazado na tese proposta pelo Ministro Edson Fachin denota especial valoração do aspecto subjetivo da conduta do contribuinte, ao fundamentar a inconstitucionalidade da multa no fato de ser aplicável *de forma automática* a uma conduta que não configura ato ilícito.

A *forma automática* de aplicação da penalidade decorreria do fato de prescindir da verificação da regularidade material da conduta do contribuinte e da sua boa-fé, sendo que efeito repressor da punição recairia sobre o mero exercício de um direito e sem a prévia oportunidade do uso dos poderes e faculdades assegurados no bojo do devido processo legal.

É possível inferir da visão encimada que, à luz do texto constitucional, não se admitiria uma pretensão punitiva de natureza impositiva indiferente à licitude e boa-fé da conduta do contribuinte – diga-se, à efetiva aferição desses elementos no plano concreto – e anterior ao exercício do contraditório e da ampla defesa pelas partes, antes demandando uma análise da índole subjetiva da vontade do agente, o que seria insuscetível de se realizar de forma automática, tampouco por mera vinculação a um crédito tributário.

Nessa perspectiva, parece-nos que o entendimento do Ministro Edson Fachin tenderia à natureza propositiva da pretensão punitiva, mormente por prestigiar a necessária aferição *in concreto* do aspecto subjetivo da conduta do contribuinte e a garantia do *due process of law* no bojo do processo administrativo tributário.

Na leitura de Celso de Barros Correia Neto, tal voto demonstra de per si uma relevante mudança de perspectiva e abordagem das multas

[402] Disponível em: http://portal.stf.jus.br/processos/detalhe.asp?incidente=4531713. Acesso em: 12 maio. 2020.

tributárias no STF, ao superar a questão do seu percentual na ótica de confisco, para também valorar as condutas do Fisco e do contribuinte e na maneira como as sanções afetam o exercício de seus direitos e deveres.[403]

Em conjunto com o RE 796.939, está em julgamento a Ação Direta de Inconstitucionalidade (ADI) n. 4.905, sob a relatoria do Ministro Gilmar Mendes, também relativa à multa prevista no art.74, §17, da Lei n. 9.430/1996. Na sessão virtual de 08/05/2020, o Relator apresentou o seu voto no sentido da inconstitucionalidade do §17 do art. 74 da Lei n. 9.430/1996, no que foi acompanhado pelo Ministro Luiz Fux, seguindo-se o pedido de destaque deste último e a consequente retirada do julgamento virtual.[404-405].

Por meio de uma análise iluminada pelo princípio da proporcionalidade e do direito de petição, o Ministro Gilmar Mendes conclui que a multa descumpriria ambos, por desatender os requisitos de adequação, necessidade e proporcionalidade em sentido estrito, e repreender o exercício do direito assegurado no art. 5º, XXXIV, "a", da CF/88.

Cotejando essa penalidade com outras também relacionadas à compensação tributária, o Relator da ADI n. 4.905 assevera que aquelas possuiriam pressupostos bem delimitados e definidos, cumprindo suas funções pedagógica e preventiva sem implicar insegurança jurídica, ou inibir o exercício do direito subjetivo à compensação tributária.

Ou seja, a inconstitucionalidade da multa residiria no fato de o antecedente da norma não definir a conduta vedada, mas prever a aplicação de multa pela mera discordância fiscal quanto ao direito de compensação. Por sua vez, as penalidades consideradas pelo Ministro como corretamente construídas delimitam as condutas em função da sua ilicitude, a exemplo de falsidade quanto ao crédito compensado,[406] a utilização de

[403] CORREIA NETO, Celso de Barros. Ainda não sabemos como se define uma multa confiscatória. *Consultor Jurídico*, 5 set 2020. Disponível em: https://www.conjur.com.br/2020-set-05/observatorio-constitucional-ainda-nao-sabemos-define-multa-confiscatoria. Acesso em: 8 set. 2020.

[404] Disponível em: http://portal.stf.jus.br/processos/detalhe.asp?incidente=4357242. Acesso em: 12 maio. 2020.

[405] A ADI n. 4.905 foi incluída no calendário de julgamento de 10/12/2020, conforme a pauta n. 126/2020, DJE edição extra n. 227, de 14/09/2020.

[406] A multa aplicável é de 150% sobre o valor total do débito indevidamente compensado, nos termos do art. 18, §2º, da Lei n. 10.833/2003 c/c art. 44, I, da Lei n. 9.430/1996.

créditos vedados por lei,[407] ou na hipótese de compensação que configure sonegação, fraude ou conluio.[408]

De fato, nas três situações encimadas, o legislador ordinário define o antecedente da norma punitiva em função de compensações expressamente proibidas *ex lege* e atribui qualificação da penalidade em função de conduta tipificada como crime contra a ordem tributária ou dolo – este no caso de falsidade. Difere – e muito – do mero exercício do direito à compensação indeferido pelo Fisco por razões quaisquer.

O Ministro prossegue em seu voto abordando a classificação das multas tributárias, segundo a sua natureza – em multas moratórias e multas punitivas, e estas últimas classificadas em isoladas ou de ofício[409] –, e demonstra

[407] Nos termos do art. 74, §12, II, da Lei n. 9.430/1996, considera-se "não declarada" a compensação de créditos vedados, não surtindo efeito de extinção do débito compensado passível de homologação e a multa aplicável é de 75% do débito indevidamente compensado, de acordo com o art. 18, §4º, da Lei n. 10.833/2003 c/c art. 44, I, da Lei n. 9.430/1996.

[408] A multa aplicável é de 150% do débito indevidamente compensado, na forma do art. 18, §4º, da Lei n. 10.833/2003 c/c art. 44, I e §1º, da Lei n. 9.430/1996 c/c arts. 71 a 73 da Lei n. 4.502/1964.

[409] "Esta Corte já teve a oportunidade de se manifestar de forma a esclarecer sobre a referida classificação:
"No direito tributário, existem basicamente três tipos de multas: as moratórias, as punitivas isoladas e as punitivas acompanhadas do lançamento de ofício. As multas moratórias são devidas em decorrência da impontualidade injustificada no adimplemento da obrigação tributária. As multas punitivas visam coibir o descumprimento às previsões da legislação tributária. Se o ilícito é relativo a um dever instrumental, sem que ocorra repercussão no montante do tributo devido, diz-se isolada a multa. No caso dos tributos sujeitos a homologação, a constatação de uma violação geralmente vem acompanhada da supressão de pelo menos uma parcela do tributo devido. Nesse caso, aplica-se a multa e promove-se o lançamento do valor devido de ofício. Esta é a multa mais comum, aplicada nos casos de sonegação". (AI-AgR 727.872/RS, Rel. Min. Roberto Barroso, Primeira Turma, DJe. 18.5.2015) (realce atual). As multas punitivas incidem, também, no caso de descumprimento de deveres instrumentais, reforçando o dever de todos em colaborar com o Fisco na arrecadação e fiscalização de tributos. As multas punitivas tributárias podem ser classificadas em isoladas, de ofício, qualificadas e agravadas. São isoladas: "as multas punitivas aplicáveis diretamente pelo Fisco "de ofício" em face do descumprimento do contribuinte de suas obrigações. Sem observância pelo sujeito passivo de seus deveres de informar ou pagar antecipadamente, tanto a obrigação principal quanto as sanções decorrentes de seu descumprimento dependem de ato do Fisco, constituindo e sancionando, de ofício, os deveres inobservados pelo agente particular". (Multas Tributárias de Ofício, Isolada, Qualificada e Agravada – Considerações sobre Cumulação de Multas e sobre o Entendimento Jurisprudencial dos Princípios da Proporcionalidade e do não Confisco

o descumprimento dos requisitos da proporcionalidade, pela carência de previsão no antecedente da norma da prática de fraude, falsidade ou abuso de direito, pelo risco de atingimento de contribuintes de boa-fé que tiveram a sua compensação não homologada por erro formal em sua declaração, bem como por inibir o sujeito passivo de exercer o direito de compensação tributária. E, conclui:

> Isso posto, tenho que a aplicação de multa isolada pela mera não homologação de declaração de compensação, sem que esteja caracterizada a má-fé, falsidade, dolo ou fraude, fere o direito fundamental de petição e o princípio da proporcionalidade.

Como se nota, o Relator da ADI n. 4.905 critica o comando punitivo encerrado no art. 74, §17, da Lei n. 9.430/1996, por carecer da necessária definição de um ilícito no seu antecedente e por ferir um direito assegurado pelo ordenamento jurídico.

Também no prisma da análise encetada pelo Ministro Gilmar Mendes, exsurge descabida a pretensão punitiva de feição exclusivamente impositiva – como tal definida por lei ordinária, permitindo-nos elucubrar sua tendência de admitir a sua natureza como propositiva, como pedra de toque da proporcionalidade da punição e do respeito ao direito do contribuinte de não ser punido por conduta não vedada *ex lege*.

Realizando um exercício exegético do efeito de tal entendimento sobre o art. 44, I, da Lei n. 9.430/1996, permitimo-nos admitir que as críticas e conclusões vazadas pelos Ministros Edson Fachin e Gilmar Mendes seriam igualmente aplicáveis, mormente em razão da ausência de ato ilícito previsto no antecedente da norma – à cominação de multa bastaria um tributo devido sob alegação de falta ou insuficiência de recolhimento – e da forma automática de aplicação – a automaticidade da multa de ofício vinculada decorre de programação de sistema para ser aplicada em todo e qualquer auto de infração.[410]

Aplicados às Multas Tributárias. Revista Dialética de Direito Tributário, São Paulo: Dialética, n. 225, jun/2014, p. 62)".

[410] Exceto nos casos enquadrados pelo agente fiscal em hipótese legal de não aplicação de penalidade, a exemplo do art. 100 do CTN, ou do art. 63 da Lei n. 9.430/1966, ou, ainda, do art. 5º, §2º, do Decreto-lei n. 2.124/1984.

Conclusão

Parece-nos que a resposta mais apropriada à indagação apresentada no capítulo introdutório deste trabalho seria pela natureza **propositiva** da pretensão punitiva prevista no art. 142, *caput, in fine,* do CTN, servindo tal característica de vetor à toda legislação tributária, considerando que o CTN abriga as normas gerais de Direito Tributário, conforme competência atribuída pelo art. 146 da CF/88.

O fato de o art. 44 da Lei n. 9.430/1996 conter comando de aplicação de penalidade de forma vinculada ao lançamento de tributo não seria razão a justificar o desrespeito ao CTN, seja por abrir, este último, normas gerais de Direito Tributário, seja porque se afigura plenamente possível a interpretação e aplicação daquele dispositivo *conforme* o art. 142 do CTN, a começar por admitir que o lançamento apenas inaugura o processo de constituição do crédito tributário *lato sensu,* com especial foco na penalidade indicada pela Autoridade Administrativa, sendo caso.

Disso já decorreria, a nosso ver, boa parte da solução da *quaestio,* por implicar que a penalidade não é aplicada antes da decisão final no contencioso administrativo provocado pela impugnação do sujeito passivo.

A redação do art. 142 do CTN é precisa e relevante à correta interpretação acerca da natureza da pretensão punitiva fiscal.

A natureza propositiva da pretensão punitiva decorreria não apenas da interpretação literal do art. 142, *caput,* do CTN, mas de uma análise sistemática das normas gerais consignadas no *Codex* tributário, que definem o auto de infração – na acepção de lançamento de tributo e cominação de penalidade – como um plexo de atos tendentes à constituição definitiva do crédito tributário e que compõem um *procedimento* a cargo do Fisco, iniciado pela notificação, ao sujeito passivo, de qualquer medida preparatória indispensável ao lançamento, nos termos do art. 173, Parágrafo único, do CTN, e, no caso de impugnação do sujeito passivo, encerrado com a decisão administrativa definitiva que mantém o crédito tributário *lato sensu* (tributo e penalidade), conforme art. 201, *caput,* do CTN.

A penalidade é proposta (e não imposta) pela autoridade fiscal no exercício da sua função de formalizar, unilateralmente, a ocorrência do que classifica como infração decorrente do inadimplemento de obrigação tributária, originando o procedimento do lançamento, sendo que a sua definitividade dependerá, necessariamente, da concordância do sujeito passivo acerca do crédito tributário, mediante pagamento, parcelamento ou compensação, ou, no caso de irresignação, de decisão de órgão julgador administrativo, este sim investido da competência de aplicar a penalidade ou de afastar aquela proposta pela autoridade fiscal.

Considera-se *aplicada* a penalidade no momento em que o crédito tributário *lato sensu* (tributo e penalidade) se afigura constituído em definitivo – e não antes.

É dizer: a natureza propositiva da pretensão punitiva prevista decorre do CTN, notadamente em razão do modelo de lançamento escolhido pelo legislador, que não se encerra num só ato isolado, mas resulta da realização de um conjunto encadeado de atos voltados ao fim de constituição definitiva do crédito tributário *lato sensu* (tributo e penalidade).

Também, à luz do texto constitucional, não se admitiria uma pretensão punitiva de natureza impositiva cujo exercício prescinda de concreta aferição da licitude e boa-fé da conduta do sujeito passivo e que anteceda a realização do contraditório e da ampla defesa pelas partes. Estamos convictos de que há de se assegurar o *due process of law* antes de se considerar aplicada a penalidade e valorar a índole subjetiva da vontade do sujeito passivo na prática da conduta reputada infracional, o que afastaria de per si a automaticidade da multa em função da mera acusação da existência de um crédito tributário ainda não constituído em definitivo.

Disso decorrem diversos efeitos jurídicos relevantes, a começar pela limitação da competência do legislador ordinário à definição de penalidades, ficando vedado prever a sua *aplicação* antes de encerrado o *iter* do lançamento, mormente no bojo do contencioso administrativo em que o sujeito passivo impugna o auto de infração.

As normas ordinárias que versam sobre penalidade tributária hão de ser interpretadas à luz de tal comando. Um exemplo importante é a Lei n. 9.430/1996, cujo art. 44, I, utiliza a expressão "Nos casos de lançamento de ofício, serão aplicadas as seguintes multas (...)", que deve ser compreendida nos lindes do CTN, inclusive como condição de legalidade, no sentido de que tal *aplicação* possui cunho propositivo e não impositivo.

Um outro efeito fundamental ecoado de tal compreensão é a competência do julgador administrativo de *aplicar* penalidade, seja aquela proposta pelo agente fiscal, outra menos gravosa, ou mesmo entender ser o caso de não caber penalidade, não apenas por reconhecer o enquadramento em hipótese de afastamento de penalidade, a exemplo dos arts. 100 e 112, ambos do CTN, mas também por valorar aspectos subjetivos da conduta do contribuinte e concluir não caracterizar *ipso facto* infração sujeita à punição.

Ponderamos que os dois efeitos encimados seriam suficientes para justificar uma ampla revisão da atual prática do contencioso administrativo tributário, em prol da sua coerência com as normas gerais preconizadas pelo CTN, notadamente quanto ao exercício da pretensão punitiva, o que prescindiria de alteração do ordenamento jurídico, antes demandando a sua plena observância.

REFERÊNCIAS

AMARO, Luciano. *Direito tributário brasileiro.* 22. ed. São Paulo: Saraiva, 2017. E-book. (1 recurso online). ISBN 9788547221744. Disponível em: https://integrada.minhabiblioteca.com.br/books/9788547221744. Acesso em: 9 set. 2020.

AMED, Fernando José; NEGREIROS, Plínio José Labriola de Campos. *História dos tributos no Brasil.* São Paulo: Sinapesp, 2000.

ANDRADE, Leonardo Aguirra de. A impossibilidade de a Receita Federal aplicar a multa qualificada federal de 150%. *Revista Direito Tributário Atual,* São Paulo: Instituto Brasileiro de Direito Tributário, v. 37, p. 283-307, 2017.

ARANHA, Oswaldo. Exposição de Motivos do Ministro da Fazenda, Dr. Oswaldo Aranha, encaminhado ao Sr. Presidente da República o Projeto do Código Tributário Nacional. *In*: BRASIL. Ministério da Fazenda. *Trabalhos da Comissão Especial do Código Tributário Nacional.* Rio de Janeiro: IBGE, 1954. p. 1-15. Disponível em: http://www2.senado.leg.br/bdsf/handle/id/511517. Acesso em: 10 maio 2020.

ATALIBA, Geraldo. Multa de mora: exames de razoabilidade, proporcionalidade e excessividade. *In*: ÁVILA, Humberto (org.). *Fundamentos do estado de direito*: estudos em homenagem ao Professor Almiro do Couto e Silva. São Paulo: Malheiros, p. 149-168, 2005.

ATALIBA, Geraldo. *República e constituição.* 3. ed. São Paulo: Malheiros, 2011.

ATALIBA, Geraldo. *Sistema constitucional tributário brasileiro.* São Paulo: RT, 1968.

AYALA, José Luiz Perez de. Função tributária e o procedimento do lançamento. *Revista de Direito Público – RDP*, n. 32. São Paulo: Revista dos Tribunais, VII, p. 196-213, nov./dez.1974.

BALEEIRO, Aliomar. *Direito tributário brasileiro.* Atualização de Misabel de Abreu Machado Derzi. 11. ed. Rio de Janeiro: Forense, 2011.

BALEEIRO, Aliomar. *Direito tributário brasileiro.* Atualização de Misabel de Abreu Machado Derzi. 13. ed. Rio de Janeiro: Forense, 2015.

BALEEIRO, Aliomar. *Direito tributário brasileiro*. 14. ed. Rio de Janeiro: Forense, 2018. E-book. (1 recurso online). ISBN 9788530980726. Disponível em: https://integrada.minhabiblioteca.com.br/books/9788530980726. Acesso em: 9 set. 2020.

BARROS, José Eduardo Monteiro de. Teoria geral do lançamento. *In*: ATALIBA, Geraldo. *Elementos de direito tributário*: notas taquigráficas do III Curso de Especialização em Direito Tributário, realizado na Pontifícia Universidade Católica de São Paulo, São Paulo: Revista dos Tribunais, p. 411-445, 1978.

BECHO, Renato Lopes; PIRES, Danilo Barth. As multas tributárias e o princípio do não confisco na jurisprudência do Supremo Tribunal Federal. *Revista Direito Tributário Atual*, v. 36, p. 290-306, São Paulo: IBDT, 2016.

BENEVIDES, M. V. *O governo Kubitschek*: desenvolvimento econômico e estabilidade política,1956-1961. Rio de Janeiro: Paz e Terra, 1976.

BIANCO, João Francisco. Sonegação, fraude e conluio como hipóteses de agravamento da multa na legislação tributária federal. *Revista Dialética do Direito Tributário*, n. 133, p. 35-42, São Paulo: Dialética, out. 2006.

BORGES, José Souto Maior. *Lançamento tributário*. 2. ed. São Paulo: Malheiros, 1999.

BORGES, José Souto Maior. *Tratado de direito tributário brasileiro*, v. IV: lançamento tributário. Rio de Janeiro: Forense, 1981.

BORGES, José Souto Maior. *Lei Complementar Tributária*. São Paulo: Revista dos Tribunais, 1975.

BORGES, José Souto Maior. Pequena introdução crítica ao estudo do lançamento tributário. *In*: ASSOCIAÇÃO BRASILEIRA DE DIREITO FINANCEIRO (coord.). *Proposições tributárias*: em homenagem a Rubens Gomes de Sousa. São Paulo: Resenha Tributária, p. 151-171, 1975.

BRITO, Edvaldo. Lançamento. *Revista Dialética de Direito Tributário*, n. 42, ano 11, p. 186-198, RT, out./dez. 1987.

CALCINI, Fábio Pallaretti. A Imposição de Multa no Planejamento Tributário. *In*: ANAN JR. Pedro (coord.). *Planejamento Fiscal*: análise de casos. São Paulo: Quartier Latin,2013. v. III.

CANOTILHO, José Joaquim Gomes. *Direito constitucional e teoria da constituição*. 7. ed. Coimbra: Almedina, 2000.

CANTO, Gilberto de Ulhôa. Do Processo Tributário Administrativo. *In*: *Teoria do Direito Tributário*. Curso Editado pela Secretaria da Fazenda de São Paulo, São Paulo: 1975.

CARRAZZA, Roque Antonio. *Curso de direito constitucional tributário*. 30. ed. São Paulo: Malheiros, 2015.

CARVALHO, Paulo de Barros. *Curso de direito tributário*. 24. ed. São Paulo: Saraiva, 2012.

CARVALHO, Paulo de Barros. *Curso de direito tributário*. 28. ed. São Paulo: Saraiva, 2017.

CASTRO, J. A.; SANTOS, C. H.; RIBEIRO, J. A. C. *Tributação e equidade no Brasil:* um registro da reflexão do Ipea no Biênio 2008-2009. Brasília: Ipea, 2010. Disponível em: http://repositorio.ipea.gov.br/handle/11058/3273. Acesso em: 26 jan. 2020.

CEZAROTI, Guilherme. Individualização das penas e aplicação do art. 49 do Código Penal: novos limites para a imposição de multas tributárias. *Revista Dialética de Direito Tributário*, n. 208, p. 59-68, São Paulo: Dialética, 2013.

COÊLHO, Sacha Calmon Navarro. *Curso de direito tributário brasileiro*. 15. ed. Rio de Janeiro: Forense, 2016.

CORREIA NETO, Celso de Barros. Ainda não sabemos como se define uma multa confiscatória. *Consultor Jurídico*, 5 set 2020. Disponível em: https://www.conjur.com.br/2020-set-05/observatorio-constitucional-ainda-nao-sabemos-define-multa-confiscatoria. Acesso em: 8 set. 2020.

COSTA, Ramón Valdés. A Codificação Tributária na América Latina. (tradução Brandão Machado). *Direito tributário*: Estudos em Homenagem ao Prof. Ruy Barbosa Nogueira (coord. Brandão Machado). São Paulo: Saraiva, 1984.

COSTA, Regina Helena. *Curso de direito tributário:* Constituição e Código Tributário Nacional. 9. ed. São Paulo: Saraiva, 2018. Livro. (1 recurso online). ISBN 9788553609772. Disponível em: https://integrada.minhabiblioteca.com.br/books/9788553609772. Acesso em: 12 abr. 2020.

COUTO E SILVA, Almiro do. Princípios da legalidade da administração pública e da segurança jurídica no estado de direito contemporâneo. *Revista da Procuradoria-Geral do Estado*, Porto Alegre, v. 27, n. 57, p. 13-33, 2003.

DÓRIA, Hélio Ivo. *Direito processual tributário*. São Paulo: José Bushatsky, 1963.

FAGUNDES, Miguel Seabra. *Controle dos atos administrativos pelo poder judiciário*. 6. ed. São Paulo: Saraiva, 1984.

FAJERSZTAJN, Bruno. *Multas no direito tributário*. 1. ed. São Paulo: Quartier Latin, 2019. v. 1.

FAJERSZTAJN, Bruno. *Multas tributárias*: regime jurídico, fundamentação e limites. 2016. Dissertação (Mestrado) – Universidade de São Paulo (USP), São Paulo, 2016.

FANUCCHI, Fabio. Curso de direito tributário brasileiro. 3. ed. São Paulo: IBET; Resenha Tributária, 1975. v. I.

FERRAZ JÚNIOR, Tércio Sampaio. *Introdução ao estudo do direito*: técnica, decisão, dominação. 6. ed. São Paulo: Atlas, 2008.

FONSECA, Reynaldo Soares da. *A conciliação à luz do princípio constitucional da fraternidade*: a experiência da justiça federal da primeira região. 120 f. Dissertação (Mestrado) – Faculdade de Direito, Pontifícia Universidade de São Paulo, São Paulo, 2014.

FREITAS, Vladimir Passos (coord). *Código tributário nacional comentado*. 8. ed. São Paulo: RT, 2020. E-book. Disponível em: https://proview.thomsonreuters.com/launchapp/title/rt/codigos/72655091/v8/page/1. Acesso em: 7 set. 2020.

FREITAS, Vladimir Passos (coord). *Código tributário nacional comentado*. 7. ed. São Paulo: RT, 2017. E-book. ISBN 9788520373118. Disponível em: https://proview.

thomsonreuters.com/launchapp/title/rt/codigos/72655091/v7 ^u25abr.2018. Acesso em: 21 mai. 2020.

GIACOMUZZI, José Guilherme. *A moralidade administrativa e a boa-fé da administração pública*: o conteúdo dogmático da moralidade administrativa. São Paulo: Malheiros, 2002.

GRECO, Marco Aurélio. Crise do formalismo no direito tributário brasileiro. *Revista da PGFN*, Brasília, v. 1, n. 1, p. 9-18, 2011. Disponível em: http://www.pgfn.fazenda.gov.br/revista-pgfn/revista-pgfn/ano-i-numero-i/greco.pdf. Acesso em: 26 jan. 2020.

GRECO, Marco Aurélio. Multa agravada e em duplicidade. *Revista Dialética de Direito Tributário*, São Paulo: Dialética, n. 76, p. 148- 161, jan. 2002.

GRECO, Marco Aurélio. Perempção no lançamento tributário. *In*: TAVOLARO, Agostinho Toffoli; MACHADO, Brandão; MARTINS, Ives Gandra da Silva (coord.). *Princípios tributários no direito brasileiro e comparado*: estudos jurídicos em homenagem a Gilberto de Ulhôa Canto. Rio de Janeiro: Forense, p. 502-517, 1988.

GRECO, Marco Aurélio. Planejamento tributário revisitado. *In*: OLIVEIRA, Francisco Marconi de; GOMES, Marcus Lívio, VALADÃO, Marcos Aurélio Pereira (coord.). *Estudos tributários do II Seminário CARF*. Brasília: CNI, p. 17-34, 2017.

GRECO, Marco Aurélio. *Planejamento tributário*. 2. ed. São Paulo: Dialética, 2008.

GRECO, Marco Aurélio. *Planejamento tributário*. 3. ed. São Paulo: Dialética, 2011.

GRECO, Marco Aurélio. *Planejamento tributário*. 4. ed. São Paulo: Quartier Latin, 2019.

GRECO, Marco Aurélio. Solidariedade social e tributação. *In*: GRECO, Marco Aurélio; GODOI, Marciano Seabra (coord.) *Solidariedade social e tributação*. São Paulo: Dialética, p. 168-189, 2005.

GUIMARÃES, Carlos da Rocha. Crédito tributário e prescrição. *In*: MARTINS, Ives Gandra da Silva (coord.). *Caderno de Pesquisas Tributárias n. 1*: decadência e prescrição. São Paulo: Resenha Tributária, p. 61-82, 1976.

INSTITUTO BRASILEIRO DE DIREITO FINANCEIRO (IBDF). *Codificação do direito tributário*. Rio de Janeiro: IBDF, 1955.

JÉZE, Gaston. Natureza e regime jurídico do crédito fiscal. *Revista de Direito Administrativo*, São Paulo: RT, v. III, p. 59-68, 1946. Tradução Carlos da Rocha Guimarães.

LUQUI, Juan Carlo. O projeto de Código tributário nacional do Brasil. *Revista de Direito Administrativo – RDA*, n. 44, p. 540-547, 1956.

MACHADO, Hugo de Brito. *Crimes contra a ordem tributária*. 4. ed. São Paulo: Atlas, 2015.

MACHADO, Hugo de Brito. *Curso de direito tributário*. 24. ed. São Paulo: Malheiros, 2004.

MACHADO, Hugo de Brito. *Curso de direito tributário*. 30. ed. São Paulo: Malheiros, 2009.

MACHADO, Hugo de Brito. *Curso de direito tributário*. 31. ed. São Paulo: Malheiros, 2010.

MACHADO, Hugo de Brito. *Curso de direito tributário*. 33. ed. São Paulo: Malheiros, 2012.

MACHADO, Schubert de Farias. O ilícito como pressuposto da sanção e a proporcionalidade nas multas tributárias. In: ROCHA, Valdir de Oliveira (org.). *Grandes questões atuais do direito tributário*. São Paulo: Dialética, p. 367-383, 2012, v. 16.

MACHADO, Schubert de Farias. Sanções tributárias. *In*: MACHADO, Hugo de Brito (coord.). *Sanções administrativas tributárias*. São Paulo: Dialética; Fortaleza: ICET, p. 445-477, 2004.

MARINS, James. *Direito processual tributário brasileiro*: administrativo e judicial. 5. ed. São Paulo: Dialética, 2010.

MARTINS, Ives Gandra da Silva. De volta à tirania fiscal. *Revista Opção*, p. 17, nov. 1999. Disponível em: http://187.33.2.163/project/ives-gandra/public/uploads/2013/02/07/4a3dc65artigo_156.pdf. Acesso em 10 maio 2020.

MARTINS, Ives Gandra da Silva. Decadência e prescrição. *In*: MARTINS, Ives Gandra da Silva (coord.). *Caderno de Pesquisas Tributárias n. 1*: decadência e prescrição. São Paulo: Resenha Tributária, p. 183-206, 1976.

MASINA, Gustavo. *Sanções tributárias*: definições e limites. São Paulo: Malheiros, 2016.

MAXIMILIANO, Carlos. *Hermenêutica e* aplicação do direito. 20. ed. Rio de Janeiro: Forense, 2011.

MELLO, Roque Gadelha de. *Teoria e prática do processo fiscal*. Imprenta: Curitiba: Guaira, 1946.

MICHELI, Gian Antonio. Considerações sobre a disciplina do lançamento na lei brasileira. *Revista de Direito Público – RDP*, São Paulo: Revista dos Tribunais, n. 32, VII, p. 193-195, 1974.

MORAES, Bernardo Ribeiro de. *Compêndio de direito tributário*. Rio de Janeiro: Forense, 1994. v. II.

NOGUEIRA, Ruy Barbosa (direção e colaboração). *Estudos tributários*. (Em homenagem à memória de Rubens Gomes de Sousa). São Paulo: Resenha Tributária, 1974.

NOGUEIRA, Ruy Barbosa. *Curso de direito tributário*. 10. ed. São Paulo: Saraiva. 1990.

NOGUEIRA, Ruy Barbosa. *Curso de direito tributário*. 14. ed. São Paulo: Saraiva. 1995.

NOGUEIRA, Ruy Barbosa. *Teoria do lançamento tributário*. Reprodução eletrofotostática do original impresso em 1965. São Paulo: Resenha Tributária, 1973.

NOGUEIRA, Ruy Barbosa. Do lançamento tributário e suas modalidades. *In:* NOGUEIRA, Ruy Barbosa; NOGUEIRA, Paulo Roberto Cabral. *Teoria e Prática de Direito Tributário*. São Paulo: Resenha Tributária, p. 11-59, 1975.

OLIVEIRA, Fabrício Augusto de. A evolução da estrutura tributária e do fisco brasileiro: 1889-2009. *In:* CASTRO, J. A.; SANTOS, C. H. M.; RIBEIRO, J. A. C. (org.). *Tributação e equidade no Brasil:* um registro da reflexão do IPEA no biênio 2008--2009. Brasília: IPEA, p. 153-212, 2010.

OLIVEIRA, Ricardo Mariz de. Cabimento e dimensionamento das penalidades por planejamentos fiscais inaceitáveis: breves notas. *Revista Dialética de Direito Tributário*, São Paulo: Dialética, n. 197, p. 138-153, 2012.

OLIVEIRA, Ricardo Mariz de. Sanções tributárias e denúncia espontânea. *In*: MACHADO, Hugo de Brito (coord.). *Sanções administrativas tributárias*. São Paulo: Dialética, Fortaleza: ICET, p. 400-419, 2004.

PADILHA, Maria Ângela Lopes Paulino. *As sanções no direito tributário*. São Paulo: Noeses, 2015.

PAULSEN, Leandro. *Direito tributário*: Constituição e Código tributário à luz da doutrina e da jurisprudência. 12. ed. Porto Alegre: Livraria do Advogado, 2010.

PAULSEN, Leandro. *Segurança jurídica, certeza do direito e tributação:* a concretização da certeza quanto à instituição de tributos através das garantias da legalidade, da irretroatividade e da anterioridade. Porto Alegre: Livraria do Advogado, 2006.

PEREIRA, Caio Mário da Silva. *Instituições de direito civil*. 8. ed. Rio de Janeiro: Forense, 1986. v. 2.

ROCHA, Sergio André. Lançamento tributário. *In*: ROCHA, Sergio André (coord.). *Curso de direito tributário*. São Paulo: Quartier Latin, 2011.

ROCHA, Sergio André. *Planejamento tributário na obra de Marco Aurélio Greco*. Rio de Janeiro: Lumen Juris, 2019.

ROCHA, Sergio André. *Processo administrativo fiscal*: controle administrativo do lançamento tributário. 4. ed. Rio de Janeiro: Almedina, 2018.

ROTHMANN, Gerd Willi. Afinal, o planejamento tributário pode ser criminoso? *In*: PRETO, Raquel Elita Alves. *Tributação brasileira em evolução*: estudos em homenagem ao Professor Alcides Jorge Costa. São Paulo: IASP, p. 675-698, 2015. v. 1.

SALUSSE, Eduardo Perez. *Moderação sancionatória no processo administrativo tributário paulista*: uma análise empírica e teórica. São Paulo: Quartier Latin, 2016.

SANTI, Eurico Marcos Diniz de. *Lançamento tributário*. 3. ed. São Paulo: Saraiva, 2010. E-book. (1 recurso online). ISBN 9788502140066. Disponível em: https://integrada.minhabiblioteca.com.br/books/9788502140066. Acesso em: 9 set. 2020.

SCHOUERI, Luís Eduardo. *Direito tributário*. 3. ed. São Paulo: Saraiva, 2013.

SCHOUERI, Luís Eduardo. *Direito tributário*. 9. ed. São Paulo: Saraiva, 2018. E-book. (1 recurso online). ISBN 9788553610174. Disponível em: https://integrada.minhabiblioteca.com.br/books/9788553610174. Acesso em: 10 maio 2020.

SCHOUERI, Luís Eduardo. Planejamento tributário: limites à norma antiabuso. *Revista Direito Tributário Atual*, São Paulo: Dialética e IBDT, v. 24, p. 345-370, 2010.

SCHOUERI, Luís Eduardo. Voto de qualidade e "chibatadas". **Jota**, 16 de abril de 2020. Disponível em: https://www.jota.info/opiniao-e-analise/artigos/voto-de-qualidade-e-chibatadas-16042020. Acesso em: 17 abr. 2020.

SILVA, Fabiana Carsoni Alves Fernandes. A individualização da pena no direito tributário sancionador: competência para a graduação da penalidade fiscal e princípios e direitos que autorizam tal atividade. *Revista Direito Tributário Atual*, n. 37. São Paulo: Instituto Brasileiro de Direito Tributário, p. 121-145, 2017.

SILVA, José Afonso da. *Comentário contextual à Constituição*. 4. ed. São Paulo: Malheiros, 2007.

SILVA, Paulo Roberto Coimbra. *Direito tributário sancionador*. São Paulo: Quartier Latin, 2007.

SILVEIRA, Renato M. J.; GOMES JR., João F. S. Direito penal, direito administrativo sancionador e a questão do *ne bis in idem*: o parâmetro da jurisprudência internacional. *In*: BLAZECK, Luiz M. S.; MARZAGÃO Jr., Laerte I. (coord.). *Direito administrativo sancionador*. São Paulo: Quartier Latin, p. 287-306, 2014.

SOUSA, Rubens Gomes de. Anteprojeto de autoria do Prof. Rubens Gomes de Sousa, que serviu de base aos trabalhos da Comissão Especial do Código Tributário Nacional. *In*: BRASIL. Ministério da Fazenda. *Trabalhos da Comissão Especial do Código Tributário Nacional*. Rio de Janeiro: IBGE, p. 263-406, 1954. Disponível em: http://www2.senado.leg.br/bdsf/handle/id/511517. Acesso em: 10 maio 2020.

SOUSA, Rubens Gomes de. *Compêndio de legislação tributária*. Edição póstuma. São Paulo: IBET; Resenha tributária, 1981.

SOUSA, Rubens Gomes de. Do procedimento tributário. *In*: ATALIBA, Geraldo. *Elementos de direito tributário*: notas taquigráficas do III Curso de Especialização em Direito Tributário, realizado na Pontifícia Universidade Católica de São Paulo, São Paulo: Revista dos Tribunais, p. 369-409, 1978.

SOUSA, Rubens Gomes de. Prefácio da 1. edição. *In*: FANUCCHI, Fabio. *Curso de Direito Tributário*. 2. ed. São Paulo: IBET; Resenha Tributária, 1971. v. I.

SOUSA, Rubens Gomes de. Prefácio da 2. edição. *In*: FANUCCHI, Fabio. *Curso de Direito Tributário*. 2. ed. São Paulo: IBET; Resenha Tributária, 1973. v. I.

SOUSA, Rubens Gomes de. Relatório apresentado pelo Prof. Rubens Gomes de Souza, relator geral, e aprovado pela Comissão Especial nomeada pelo Ministro da Fazenda para elaborar o Projeto de Código Tributário Nacional. *In*: BRASIL. Ministério da Fazenda. *Trabalhos da Comissão Especial do Código Tributário Nacional*. Rio de Janeiro: IBGE, p. 79-261, 1954. Disponível em: http://www2.senado.leg.br/bdsf/handle/id/511517. Acesso em: 10 maio 2020.

SOUSA, Rubens Gomes de. Sistema tributário federal. *Revista de Direito Administrativo*, Rio de Janeiro: FGV, p. 1-22, 1963. v. 72.

SOUSA, Rubens Gomes de. Normas de interpretação no Código tributário nacional. *In*: MORAES, Bernardo Ribeiro de (org.). *Interpretação no direito tributário*. São Paulo: EDUC/Saraiva, p. 361-402, 1975.

SOUSA, Rubens Gomes de; ATALIBA, Geraldo; CARVALHO, Paulo de Barros. *Comentários ao Código tributário nacional*: parte geral. 2. ed. São Paulo: Revista dos Tribunais, 1985.

TORRES, Heleno Taveira. Boa-fé e confiança são elementares no direito tributário. *Consultor Jurídico*, 24 de abril de 2013. Disponível em: https://www.conjur.com.br/2013-abr-24/consultor-tributario-boa-fe-confianca-sao-elementares-direito-tributario. Acesso em 10 de março de 2020.

TROIANELLI, Gabriel Lacerda. Planejamento tributário e multa qualificada. *In: Revista Dialética de Direito Tributário*, São Paulo: Dialética, n. 179, p. 43-55, ago. 2010.

VANONI, Ezio. *Natureza e interpretação das leis tributárias*. Tradução Rubens Gomes de Sousa. Rio de Janeiro: Edições Financeiras, 1932.

VELLOSO, Leonel de Andrade. Decadência e prescrição. *In*: MARTINS, Ives Gandra da Silva (coord.). *Caderno de Pesquisas Tributárias n. 1*: decadência e prescrição, São Paulo: Resenha Tributária, p. 257-284, 1976.

VILANOVA, Lourival. *Causalidade e relação no direito*. São Paulo: Saraiva, 1989.

WAGNER, José Carlos Graça. Aspectos da decadência e prescrição no direito tributário. *In*: MARTINS, Ives Gandra da Silva (coord.). *Caderno de Pesquisas Tributárias n. 1*: decadência e prescrição. São Paulo: Resenha Tributária, p. 207-256, 1976.

WINKLER, Noé. Aspectos do imprescindível esforço para demonstração da inércia e outras considerações. *In*: MARTINS, Ives Gandra da Silva (coord.). *Caderno de Pesquisas Tributárias n. 1*: decadência e prescrição. São Paulo: Resenha Tributária, p. 285-312, 1976.

XAVIER, Alberto. *Conceito e natureza do acto tributário*. Coimbra: Almedina, 1972.

XAVIER, Alberto. *Do procedimento administrativo*. São Paulo: José Bushatsky, 1976.

XAVIER, Alberto. *Do lançamento no direito tributário brasileiro*. São Paulo: Resenha Tributária, 1977.

XAVIER, Alberto. *Do lançamento no direito tributário*. Rio de Janeiro: Forense, 2005.

ZILVETI, Fernando Aurelio. *Princípios de direito tributário e a capacidade contributiva*. São Paulo: Quartier Latin, 2004.

LEGISLAÇÃO E JURISPRUDÊNCIA

BRASIL. (1946). *Constituição dos Estados Unidos do Brasil.* Disponível em: http://www.planalto.gov.br/ccivil_03/Constituicao/Constituicao46.htm. Acesso em: 2 dez. 2019

BRASIL. (1988). *Constituição da República Federativa do Brasil.* Diário Oficial da União, 1988. Disponível em: http://www.planalto.gov.br/ccivil_03/constituicao/constituicaocompilado.htm. Acesso em: 10 mar. 2020.

BRASIL. Congresso Nacional. Projeto n. 13, de 1966. Dispõe sobre o Sistema Tributário Nacional e institui normas gerais de direito tributário aplicáveis à União, aos Estados e aos Municípios. *Diário do Congresso Nacional,* Seção I, [Capital Federal], ano 21, n. 131, p. 5.790-5.799, 15 set. 1966. Disponível em: http://imagem.camara.gov.br/montaPdf.asp?narquivo=DCD15SET1966.pdf&npagina=. Acesso em: 14 fev. 2020.

BRASIL. Congresso Nacional. Projeto n. 4.834, de 1954. Institui o Código Tributário Nacional. *Diário do Congresso Nacional,* [Rio de Janeiro], ano 9, n. 149, p. 6.071-6.080, 7 set. 1954. Disponível em: http://imagem.camara.gov.br/Imagem/d/pdf/DCD07SET1954.pdf#page=11. Acesso em: 14 fev. 2020.

BRASIL. *Decreto n. 2.848, de 7 de dezembro de 1940.* Código Penal. Diário Oficial da União, 1940.Disponível em: http://www.planalto.gov.br/ccivil_03/decreto-lei/del2848compilado.htm. Acesso em: 20 fev. 2020.

BRASIL. *Decreto n. 24.643, de 10 de julho de 1934.* Decreta o Código de Águas. Diário Oficial da União, 1934. Disponível em: http://www.planalto.gov.br/ccivil_03/decreto/D24643.htm. Acesso em: 20 fev. 2020.

BRASIL. *Decreto n. 26.149, de 5 de janeiro de 1949.* Decreta o Código de Águas. Diário Oficial da União, 1934. Disponível em: http://www.planalto.gov.br/ccivil_03/decreto/D24643.htm. Acesso em: 20 fev. 2020

BRASIL. *Decreto n. 3.689, de 3 de outubro de 1941.* Código de Processo Penal. Diário Oficial da União, 1941. Disponível em: http://www.planalto.gov.br/ccivil_03/decreto-lei/del3689.htm. Acesso em: 20 fev. 2020.

BRASIL. *Decreto n. 5.452, de 1º de maio de 1943*. Aprova a Consolidação das Leis do Trabalho. Diário Oficial da União, 1943. Disponível em: http://www.planalto.gov.br/ccivil_03/decreto-lei/del5452.htm. Acesso em: 20 fev. 2020.

BRASIL. *Decreto-Lei n. 2.124, de 13 de junho de 1984*. Altera a legislação do imposto de renda, e dá outras providências. Diário Oficial da União, 1984. Disponível em: http://www.planalto.gov.br/ccivil_03/Decreto-Lei/1965-1988/Del2124.htm. Acesso em: 22 dez. 2019.

BRASIL. *Emenda Constitucional n. 1, de 17 de outubro de 1969*. Edita o novo texto da Constituição Federal de 24 de janeiro de 1967. Disponível em: http://www.planalto.gov.br/ccivil_03/constituicao/Emendas/Emc_anterior1988/emc01-69.htm. Acesso em: 24 abr. 2020.

BRASIL. *Lei n. 13.988, de 14 de abril de 2020*. Dispõe sobre a transação nas hipóteses que especifica; e altera as Leis n.os 13.464, de 10 de julho de 2017, e 10.522, de 19 de julho de 2002. Diário Oficial da União, 2020. Disponível em: http://www.planalto.gov.br/ccivil_03/_ato2019-2022/2020/lei/l13988.htm. Acesso em: 24 abr. 2020.

BRASIL. *Lei n. 4.117, de 27 de agosto de 1962*. Institui o Código Brasileiro de Telecomunicações. Diário Oficial da União, 1962. Disponível em: http://www.planalto.gov.br/ccivil_03/leis/L4117.htm. Acesso em: 20 fev. 2020.

BRASIL. *Lei n. 4.502, de 30 de novembro de 1964*. Dispõe Sôbre o Impôsto de Consumo e reorganiza a Diretoria de Rendas Internas. Diário Oficial da União, 1964. Disponível em: http://www.planalto.gov.br/ccivil_03/leis/l4502.htm. Acesso em: 22 dez. 2019.

BRASIL. *Lei n. 4.737, de 15 de julho de 1965*. Institui o Código Eleitoral. Diário Oficial da União, 1965. Disponível em: http://www.planalto.gov.br/ccivil_03/LEIS/L4737.htm. Acesso em: 20 fev. 2020.

BRASIL. *Lei n. 5.172, de 25 de outubro de 1996*. Dispõe sobre o Sistema Tributário Nacional e institui normas gerais de direito tributário aplicáveis à União, Estados e Municípios. Diário Oficial da União, 1966. Disponível em: http://www.planalto.gov.br/ccivil_03/leis/l5172.htm. Acesso em: 12 dez. 2019.

BRASIL. *Lei n. 9.430, de 27 de dezembro de 1996*. Dispõe sobre a legislação tributária federal, as contribuições para a seguridade social, o processo administrativo de consulta e dá outras providências. Diário Oficial da União, 1996. Disponível em: http://www.planalto.gov.br/ccivil_03/leis/l9430.htm. Acesso em: 22 dez. 2019.

BRASIL. Ministério da Fazenda. Portaria do Ministério da Fazenda n. 784, de 19 de agosto de 1953. *Diário Oficial*: 20 de agosto de 1953, p. 14.362.

BRASIL. Ministério da Fazenda. Projeto de Código Tributário Nacional. *In*: *Trabalhos da Comissão Especial do Código Tributário Nacional*. Rio de Janeiro: IBGE, 1954. p. 17-78. Disponível em: http://www2.senado.leg.br/bdsf/handle/id/511517. Acesso em: 10 maio 2020.

BRASIL. Ministério da Fazenda. *Trabalhos da Comissão Especial do Código Tributário Nacional*. Rio de Janeiro, 1954. Disponível em: http://www2.senado.leg.br/bdsf/handle/i d/511517. Acesso em 10 maio 2020.

BRASIL. Senado Federal. *Código de processo civil e normas correlatas*. Brasília: Coordenação de Edições Técnicas, 2015.

BRASIL. *Lei n. 10.426, de 24 de abril de 2002*. Altera a legislação tributária federal e dá outras providências. Diário Oficial da União, 2002. Disponível em: http://www.planalto.gov.br/ccivil_03/leis/2002/l10426.htm. Acesso em: 22 set. 2020.

BRASIL. *Medida Provisória n. 765, de 29 de dezembro de 2016*. Altera a remuneração de servidores de ex-Territórios e de servidores públicos federais; reorganiza cargos e carreiras, estabelece regras de incorporação de gratificação de desempenho a aposentadorias e pensões, e dá outras providências. Diário Oficial da União, 2016. Disponível em: http://www.planalto.gov.br/ccivil_03/_ato2015-2018/2016/mpv/mpv765.htm. Acesso em: 22 dez. 2019.

BRASIL. Supremo Tribunal Federal (Tribunal Pleno). *RE n. 94.462 EDv/SP*. Relator: Ministro Moreira Alves, em 6 de outubro de 1982. Disponível em: https://jurisprudencia.stf.jus.br/pages/search/sjur109883/false. Acesso em: 14 abr. 2020.

BRASIL. Supremo Tribunal Federal (Tribunal Pleno). *RE n. .010/PR*. Relator: Ministro Marco Aurélio Mello, em 21 de agosto de 2020. Disponível em: https://jurisprudencia.stf.jus.br/pages/search/sjur304805/false. Acesso em: 10 set. 2020.

BRASIL. Supremo Tribunal Federal (Primeira Turma). *AI-AgR 727.872/RS*. Relator: Min. Roberto Barroso, em 28 de abril de 2015. Disponível em: http://portal.stf.jus.br/processos/detalhe.asp?incidente=3797543. Acesso em: 10 set. 2020.

BRASIL. Supremo Tribunal Federal (Tribunal Pleno). *ADI n. 173*. Relator: Min. Joaquim Barbosa, em 25 de setembro de 2008. Disponível em: https://jurisprudencia.stf.jus.br/pages/search?classeNumeroIncidente=%22ADI%20173%22&base=acordaos&sinonimo=true&plural=true&page=1&pageSize=10&sort=_score&sortBy=desc&isAdvanced=true. Acesso em: 10 set. 2020.

BRASIL. Supremo Tribunal Federal (Segunda Turma). *ARE-AgR n. 915.424*. Relator: Min. Celso de Mello, em 20 de outubro de 2015. Disponível em: https://jurisprudencia.stf.jus.br/pages/search?classeNumeroIncidente=%22ARE%20915424%22&base=acordaos&sinonimo=true&plural=true&page=1&pageSize=10&sort=_score&sortBy=desc&isAdvanced=true. Acesso em: 10 set. 2020.

BRASIL. Supremo Tribunal Federal (Tribunal Pleno). *ADPF n. 156*. Relatora: Min. Cármen Lúcia, em 18 de agosto de 2011. Disponível em: https://jurisprudencia.stf.jus.br/pages/search?classeNumeroIncidente=%22ADPF%20156%22&base=acordaos&sinonimo=true&plural=true&page=1&pageSize=10&sort=_score&sortBy=desc&isAdvanced=true. Acesso em: 10 set. 2020.

BRASIL. Superior Tribunal de Justiça (Primeira Turma). *AgInt no REsp 1.587.540/PE*. Relatora: Min. Regina Helena Costa, 18 de agosto de 2016. Disponível em: https://

processo.stj.jus.br/processo/revista/documento/mediado/?componente=ITA&sequencial=1532003&num_registro=201600521239&data=20160829&formato=PDF. Acesso em: 14 abr. 2020.

BRASIL. Superior Tribunal de Justiça (Primeira Turma). *REsp 488.326/RS*. Relator: Min. Teori Albino Zavascki, em 3 de fevereiro de 2005. Disponível em: https://processo.stj.jus.br/processo/pesquisa/?tipoPesquisa=tipoPesquisaNumeroRegistro&termo=200201704570&totalRegistrosPorPagina=40&aplicacao=processos.ea. Acesso em: 14 abr. 2020.

BRASIL. Superior Tribunal de Justiça (Segunda Turma). *REsp 295.762/RS*. Relator: Min. Franciulli Netto, em 5 de agosto de 2004. Disponível em: https://processo.stj.jus.br/processo/pesquisa/?tipoPesquisa=tipoPesquisaNumeroRegistro&termo=200001402161&totalRegistrosPorPagina=40&aplicacao=processos.ea. Acesso em: 14 abr. 2020.

BRASIL. Superior Tribunal de Justiça (Segunda Turma). *REsp 187.051/SP*. Relator: Min. Ari Pargendler, em 15 de outubro de 1998. Disponível em: https://processo.stj.jus.br/processo/pesquisa/?tipoPesquisa=tipoPesquisaNumeroRegistro&termo=199800634657&totalRegistrosPorPagina=40&aplicacao=processos.ea. Acesso em: 14 abr. 2020.

BRASIL. Superior Tribunal de Justiça (Primeira Seção). *EREsp 184.642/SP*. Relator: Min. Garcia Vieira, em 26 de maio de 1999. Disponível em: https://processo.stj.jus.br/processo/pesquisa/?tipoPesquisa=tipoPesquisaNumeroRegistro&termo=199900096240&totalRegistrosPorPagina=40&aplicacao=processos.ea. Acesso em: 14 abr. 2020.

BRASIL. Superior Tribunal de Justiça (Segunda Turma). *REsp 1.142.739/PR*. Relator: Min. Herman Benjamin, em 16 de março de 2010. Disponível em: https://processo.stj.jus.br/processo/pesquisa/?tipoPesquisa=tipoPesquisaNumeroRegistro&termo=200901791123&totalRegistrosPorPagina=40&aplicacao=processos.ea. Acesso em: 14 abr. 2020.

BRASIL. Superior Tribunal de Justiça (Primeira Seção). *REsp 1.148.444/MG*. Relator: Min. Luiz Fux, em 14 de abril de 2010. Disponível em: https://processo.stj.jus.br/processo/pesquisa/?tipoPesquisa=tipoPesquisaNumeroRegistro&termo=200900143826&totalRegistrosPorPagina=40&aplicacao=processos.ea. Acesso em: 14 abr. 2020.

BRASIL. Superior Tribunal de Justiça (Primeira Turma). *REsp 699.700/RS*. Relator: Min. Francisco Falcão, em 21 de junho de 2005. Disponível em: https://processo.stj.jus.br/processo/pesquisa/?tipoPesquisa=tipoPesquisaNumeroRegistro&termo=200401545571&totalRegistrosPorPagina=40&aplicacao=processos.ea. Acesso em: 14 abr. 2020.

BRASIL. Superior Tribunal de Justiça (Segunda Turma). *REsp 267.546/MG*. Relator: Min. João Otávio de Noronha, em 6 de dezembro de 2005. Disponível em: https://

processo.stj.jus.br/processo/pesquisa/?tipoPesquisa=tipoPesquisaNumeroRegistro&termo=200000718475&totalRegistrosPorPagina=40&aplicacao=processos.ea. Acesso em: 14 abr. 2020.

BRASIL. Superior Tribunal de Justiça (Primeira Turma). *REsp 494.080/RJ*. Relator: Min. Teori Albino Zavascki, em 19 de outubro de 2004. Disponível em: https://processo.stj.jus.br/processo/pesquisa/?tipoPesquisa=tipoPesquisaNumeroRegistro&termo=200201616072&totalRegistrosPorPagina=40&aplicacao=processos.ea. Acesso em: 14 abr. 2020.

BRASIL. Tribunal de Contas da União (Plenário). *TC 005.283/2019-1* [Apenso: TC 005.975/2019-0]. Relator: Min. Bruno Dantas, em 21 de agosto de 2019. Disponível em: https://portal.tcu.gov.br/data/files/AA/75/6D/09/7AABC6105B9484B6F18818A8/005.283-209-1%20-%20BD%20-%20bonus%20da%20receita.pdf. Acesso em: 14 abr. 2020.

BRASIL. Primeiro Conselho de Contribuintes do Ministério da Fazenda. *Processo n. 11065.001589/2004-67*. Acórdão n. 101-95.537. Relatora: Sandra Maria Faroni, em 24 de maio de 2006. Data de publicação: 2 de junho de 2007. Ementa: OPERAÇÃO ÁGIO – SUBSCRIÇÃO DE PARTICIPAÇÃO COM ÁGIO E SUBSEQÜENTE CISÃO – VERDADEIRA ALIENÇÃO (sic) DE PARTICIPAÇÃO – Se os atos formalmente praticados, analisados pelo seu todo, demonstram não terem as partes outro objetivo que não se livrar de uma tributação específica, e seus substratos estão alheios às finalidades dos institutos utilizados ou não correspondem a uma verdadeira vivência dos riscos envolvidos no negócio escolhido, tais atos não são oponíveis ao fisco, devendo merecer o tratamento tributário que o verdadeiro ato dissimulado produz. Subscrição de participação com ágio, seguida de imediata cisão e entrega dos valores monetários referentes ao ágio, traduz verdadeira alienação de participação societária. PENALIDADE QUALIFICADA – INOCORRÊNCIA DE VERDADEIRO INTUITO DE FRAUDE – ERRO DE PROIBIÇÃO – ARTIGO 112 DO CTN – SIMULAÇÃO RELATIVA – FRAUDE À LEI – Independentemente da patologia presente no negócio jurídico analisado em um planejamento tributário, se simulação relativa ou fraude à lei, a existência de conflitantes e respeitáveis correntes doutrinárias, bem como de precedentes jurisprudenciais contrários à nova interpretação dos fatos pelo seu verdadeiro conteúdo, e não pelo aspecto meramente formal, implica em escusável desconhecimento da ilicitude do conjunto de atos praticados, ocorrendo na espécie o erro de proibição. Pelo mesmo motivo, bem como por ter o contribuinte registrado todos os atos formais em sua escrituração, cumprindo todas as obrigações acessórias cabíveis, inclusive a entrega de declarações quando da cisão, e assim permitindo ao fisco plena possibilidade de fiscalização e qualificação dos fatos, aplicáveis as determinações do artigo 112 do CTN. Fraude à lei não se confunde com fraude criminal. Recurso provido parcialmente.

BRASIL Conselho Administrativo de Recursos Fiscais do Ministério da Economia (Primeira Turma da Câmara Superior de Recursos Fiscais). *Processo n. 11065.001589/2004-67*. Acórdão n. 9101-003.168. Relatora: Daniele Souto Rodrigues Amadio, em 7 de novembro de 2017. Data de publicação: 9 de fevereiro de 2018. Ementa: Assunto: Imposto sobre a Renda de Pessoa Jurídica – IRPJ. Ano-calendário: 1999. INTEGRALIZAÇÃO DE CAPITAL SEGUIDA DE CISÃO. ÁGIO. A situação autuada contém elementos que, malgrado não constituam ilícitos, reunidos, são capazes de demonstrar não se haver atendido a referida causa do negócio jurídico declarado, como de aumento de capital com a itenção (sic) de associação entre as empresas Nacional Administração e Participações S.A. e a SONAE, como o exíguo prazo de um dia entre o aumento de capital, a incorporação da reserva de ágio e a cisão, em que esta sociedade assumiu, ao afinal, praticamente a integralidade do negócio pretendido; a expressividade do valor do ágio de R$ 296.331.177,00 no total de R$ 300.000.000,00; o pagamento pela SONAE deste valor da totalidade do negócio, segundo o laudo de avaliação, por uma participação de cerca de 9%; para enumerar alguns fatores. Revelam, assim, a possibilidade de requalificação dos fatos como efetiva integralização e incorporação da reserva de ágio para aumento do valor patrimonial, seguida de cisão, que corresponderiam a uma efetiva alienação de participações, sem tributação do ganho de capital que haveria, se realizada a compra e venda efetiva, razão pela qual considera-se prodecente (sic) a autuação fiscal quanto ao principal. LEGALIDADE. APRECIAÇÃO INTEGRADA. PLUS NA CONDUTA. DOLO. SIMULAÇÃO. MULTA QUALIFICADA. 1 – Não há que se tolerar o desvirtuamento dos institutos jurídicos. Legalidade não é dizer que se o negócio jurídico é legal para um ramo do direito (civil, empresarial, dentre outros) encontra-se intocável para todo o ordenamento jurídico. Legalidade é verificar se o negócio jurídico é legal sob o âmbito de todo o direito. Princípio da liberdade negocial não se encontra no topo da pirâmide constitucional, mas caminha ao lado do princípio da legalidade (que predica a apreciação do ordenamento jurídico de maneira integrada), e dos princípios que zelam pela manutenção do Estado, com a capacidade contribuinte e isonomia entre contribuintes. 2 – Transação de alienação de investimento escamoteada. Adquirente aumenta capital social do investimento, investimento é cindido no dia seguinte, a participação societária do investimento é vertida para a adquirente, e o caixa do investimento é vertido para a alienante, esquivando-se da tributação do ganho de capital. 2 – Afronta à legislação tributária, nos temos dos art. 149, inciso VII do CTN, art. 44, § 1º da Lei n. 9.430, de 1996 e arts. 71, 72 e 73 da Lei n. 4.502, de 1964. Caracterizada a ocorrência do dolo (presença dos elementos cognitivo e volitivo), simulação, fraude e conluio, ensejando a qualificação da multa de ofício para 150%.

BRASIL. Conselho Administrativo de Recursos Fiscais do Ministério da Economia (Terceira Turma da Câmara Superior de Recursos Fiscais). *Processo n.*

10768.016718/2002-70. Acórdão n. 9303-009.808. Relatora: Vanessa Marini Cecconello, em 13 de novembro de 2019. Data de publicação: 23 de janeiro de 2020. Ementa: ASSUNTO: CONTRIBUIÇÃO PROVISÓRIA SOBRE MOVIMENTAÇÃO OU TRANSMISSÃO DE VALORES E DE CRÉDITOS E DIREITOS DE NATUREZA FINANCEIRA (CPMF). Ano-calendário: 1998, 1999, 2000. CPMF. MULTA POR ATRASO NA ENTREGA. INFRAÇÃO ÚNICA. APLICAÇÃO DE PENALIDADE ÚNICA. A entrega a destempo das declarações de CPMF enseja a aplicação de multa, consoante art. 11, §2º da Lei n.º 9.311/96. Para gradação da penalidade, frente às interpretações possíveis a serem atribuídas ao disposto nos artigos 11, do Decreto-lei n.º 1.968/82 e 47, da Medida Provisória n.º 2.037-21/2000, de acordo com o art. 112 do Código Tributário Nacional – CTN, a mais adequada é a conclusão pela aplicação da sanção pecuniária para cada "mês-calendário ou fração" em que não foram prestadas as informações exigidas, ou seja, mês-calendário ou fração omitidos, sendo irrelevante por quanto tempo a omissão perdurou. Assim, para os casos de declaração mensal, cabível a aplicação da sanção por uma única vez; já para as obrigações de declaração trimestrais, deve ser exigida a sanção por três vezes apenas, em nenhuma das hipóteses importando a duração da mora.

BRASIL. Conselho Administrativo de Recursos Fiscais do Ministério da Economia (Segunda Turma Extraordinária da Terceira Seção). *Processo n. 10314.722963/2017-34*. Acórdão n. 3002-001.372. Relatora: Sabrina Coutinho Barbosa, em 16 de julho de 2020. Data de publicação: 10 de agosto de 2020. Ementa: ASSUNTO: PROCESSO ADMINISTRATIVO FISCAL. Ano-calendário: 2012. PRELIMINAR. NULIDADE DO PROCEDIMENTO FISCAL. ENCERRAMENTO PARCIAL. VIOLAÇÃO AO CERCEAMENTO DE DEFESA. IMPROCEDÊNCIA. O procedimento fiscal é ato preparatório para que sejam colhidos dados e informações sobre eventual descumprimento das obrigações tributárias ou do regime aduaneiro pelo sujeito passivo, cujo encerramento se dá com a expedição de relatório fiscal conclusivo pela autoridade fiscal. A partir de então, dar-se-á inicio ao processo administrativo fiscal com a abertura da fase litigiosa quando serão atendidos os princípios basilares do direito, em especial do contraditório e da ampla defesa. ASSUNTO: NORMAS GERAIS DE DIREITO TRIBUTÁRIO. Ano-calendário: 2012. COLABORAÇÃO PREMIADA. DENÚNCIA ESPONTÂNEA. NÃO CABIMENTO. A denúncia espontânea não tem o condão de alcançar a exclusão de responsabilidade tributária, porque ausente diploma legal. É possível a sua fruição se enquadrado o sujeito passivo nas hipóteses previstas no art. 138 do CTN. COLABORAÇÃO PREMIADA. BENEFÍCIOS DA LEI Nº 12.850/2013. APROVEITAMENTO NA ESFERA TRIBUTÁRIA. NÃO CABIMENTO. Compete a autoridade fiscal apurar o descumprimento de obrigações tributárias pelo sujeito passivo, enquanto que pela autoridade policial os crimes contra a ordem tributária por ausência de previsão legal. COLABORAÇÃO PREMIADA. REDUÇÃO DA MULTA DE OFÍCIO.

NÃO CABIMENTO. A atividade administrativa do lançamento é obrigatória e vinculada, sendo assim, não há como afastar a aplicação da multa de ofício ou mesmo reduzí-la, com base em acordo de colaboração premiada, em face de ausência de determinação expressa em Lei, nesse sentido. ASSUNTO: NORMAS DE ADMINISTRAÇÃO TRIBUTÁRIA. Ano-calendário: 2012. ARGUIÇÕES DE INCONSTITUCIONALIDADE. NÃO CABIMENTO. O CARF não possui competência para apreciar inconstitucionalidade de lei. Inteligência da Súmula CARF n. 2.

BRASIL. Conselho Administrativo de Recursos Fiscais do Ministério da Economia (Primeira Turma Extraordinária da Segunda Seção). *Processo n. 19647.000856/2005-21*. Acórdão n. 2001-002.054. Relator: André Luis Ulrich Pinto, em 17 de março de 2020. Data de publicação: 13 de maio de 2020. Ementa: ASSUNTO: NORMAS GERAIS DE DIREITO TRIBUTÁRIO. Ano-calendário: 2000. DÚVIDA QUANTO À MATERIALIDADE DO FATO. INTERPRETAÇÃO MAIS FAVORÁVEL AO CONTRIBUINTE. DIVERGÊNCIA ENTRE INFORMAÇÕES CONSTANTES EM DIRF E DAA. Em caso de divergência entre as informações contidas na DIRF apresentada por fonte pagadora e as informações constantes na DAA apresentada pelo contribuinte, configura-se hipótese prevista no art. 112, II, do Código Tributário Nacional, que determina a adoção de uma interpretação mais favorável ao contribuinte.

BRASIL. Conselho Administrativo de Recursos Fiscais do Ministério da Economia (Primeira Turma Ordinária da Terceira Câmara da Segunda Seção). *Processo n. 10580.723868/2009-06*. Acórdão n. 2301-007.429. Relatora: Fernanda Melo Leal, em 7 de julho de 2020. Data de publicação: 11 de agosto de 2020. Ementa: ASSUNTO: CONTRIBUIÇÕES SOCIAIS PREVIDENCIÁRIAS. Período de apuração: 01/01/2005 a 31/12/2005. NULIDADE. INOCORRÊNCIA. Afasta-se a hipótese de ocorrência de nulidade do lançamento quando resta configurado que não houve o alegado cerceamento de defesa e nem vícios durante o procedimento fiscal. Verificada correta adequação do sujeito passivo da obrigação tributária principal, deve ser afastado o argumento de ilegitimidade passiva. ALEGAÇÃO ABSTRATA. A mera alegação abstrata e sem qualquer elemento de prova não é suficiente para a desconstituição do lançamento tributário. Não há fundamento fático que autorize alteração ou cancelamento do lançamento original. MULTA DE OFÍCIO E VEDAÇÃO AO CONFISCO. No lançamento de ofício a multa a ser aplicada é de 75% conforme estabelece a legislação. Uma vez positivada a norma, é dever da autoridade administrativa aplicá-la, não lhe competindo o exame da constitucionalidade das Leis, nem deixar de aplicá-las, salvo se já houver decisão do Supremo Tribunal Federal neste sentido. Art. 44, I da Lei 9.430/96.

BRASIL. Conselho Administrativo de Recursos Fiscais do Ministério da Economia (Primeira Turma Ordinária da Segunda Câmara da Primeira Seção). *Processo n. 16095.000087/2008-17*. Acórdão n. 1201-003.797. Relator: Luis Henrique Marotti

Toselli, em 17 de junho de 2020. Data de publicação: 3 de julho de 2020. Ementa: ASSUNTO: SISTEMA INTEGRADO DE PAGAMENTO DE IMPOSTOS E CONTRIBUIÇÕES DAS MICROEMPRESAS E DAS EMPRESAS DE PEQUENO PORTE (SIMPLES). Ano-calendário: 2004. NULIDADE DO AUTO DE INFRAÇÃO. INOCORRÊNCIA. Não ocorre a nulidade do auto de infração quando forem observadas as disposições do artigo 142 do Código Tributário Nacional e os requisitos previstos na legislação que rege o processo administrativo fiscal. SIMPLES. OMISSÃO DE RECEITAS. DIFERENÇA ENTRE OS VALORES FATURADOS E OS VALORES DECLARADOS. Caracteriza omissão de receitas a diferença apurada entre o faturamento calculado com base nas notas fiscais emitidas e apresentadas pelos clientes e os valores declarados a menor. SIMPLES. OMISSÃO DE RECEITA. FALTA E/OU INSUFICIÊNCIA DE RECOLHIMENTO. Verificada a falta ou insuficiência de recolhimento em decorrência de omissão de receita comprovada, é cabível o lançamento de ofício da diferença dos tributos que deixaram de ser recolhidos na sistemática do Simples, com alíquotas ajustadas, quando aplicável. ARGUIÇÃO DE INCONSTITUCIONALIDADE. INCOMPETÊNCIA. A apreciação de argumentos de inconstitucionalidade resta prejudicada na esfera administrativa, conforme Súmula CARF nº 2: O CARF não é competente para se pronunciar sobre a inconstitucionalidade de lei tributária. MULTA DE OFÍCIO DE 75%. A multa de ofício de 75% está prevista em lei, razão pela qual deve ser exigida. JUROS DE MORA COM BASE NA TAXA SELIC. De acordo com a Súmula CARF nº 4, a partir de 1º de abril de 1995, os juros moratórios incidentes sobre débitos tributários administrados pela Secretaria da Receita Federal são devidos, no período de inadimplência, à taxa referencial do Sistema Especial de Liquidação e Custódia SELIC para títulos federais. CSLL. PIS. COFINS. IPI. CONTRIBUIÇÃO PREVIDENCIÁRIA. LANÇAMENTOS DECORRENTES. Por se tratarem de exigências reflexas, realizadas com base nos mesmos fatos, a decisão de mérito prolatada quanto ao lançamento matriz, de IRPJ, aplica-se aos lançamentos reflexos.

BRASIL. Conselho Administrativo de Recursos Fiscais do Ministério da Economia (Segunda Turma Ordinária da Quarta Câmara da Segunda Seção). *Processo n. 35266.001044/2003-71*. Acórdão n. 2402-008.473. Relator: Gregorio Rechmann Junior, em 6 de julho de 2020. Data de publicação: 30 de julho de 2020. Ementa: ASSUNTO: CONTRIBUIÇÕES SOCIAIS PREVIDENCIÁRIAS. Período de apuração: 01/01/1999 a 30/06/2003. PREVIDENCIÁRIO. CUSTEIO. NOTIFICAÇÃO FISCAL DE LANÇAMENTO DE DÉBITO. CONTRIBUIÇÃO DOS SEGURADOS EMPREGADOS. NÃO RECOLHIMENTO. LANÇAMENTO PROCEDENTE. ENTIDADE FILANTRÓPICA. NÃO ENQUADRAMENTO. Diante da inobservância dos requisitos legais do direito à isenção decorrente do art. 195, § 7º, da Constituição, impõe-se a imediata lavratura de auto de infração, a partir do relato dos fatos caracterizadores do não atendimento dos requisitos legais para o gozo da isenção. MULTA DE OFÍCIO. DECORRÊNCIA DA LEGISLAÇÃO TRIBUTÁRIA. A aplicação da multa de ofício, constatado o não pagamento ou pagamento parcial do tributo devido, é decorrência da legislação tributária, devendo ser efetuado o correspondente lançamento pelo autuante, a teor do art. 142 do CTN.

BRASIL. Conselho Administrativo de Recursos Fiscais do Ministério da Economia (Segunda Turma Ordinária da Terceira Câmara da Primeira Seção). *Processo n. 19515.000797/2004-13*. Acórdão n. 1302-002.934. Relator: Carlos Cesar Candal Moreira Filho, em 25 de julho de 2018. Data de publicação: 3 de agosto de 2018. Ementa: Assunto: Contribuição Social sobre o Lucro Líquido – CSLL. Ano-calendário: 1999, 2000, 2001, 2002, 2003. DECISÃO JUDICIAL TRANSITADA EM JULGADO. AFASTAMENTO DA MULTA E DOS JUROS. CABIMENTO. As decisões dos órgãos singulares ou coletivos de jurisdição administrativa, a que a lei atribua eficácia normativa excluem a imposição de penalidades e a cobrança de juros de mora (parágrafo único do artigo 100 do CTN); com muito mais razão, a observância de decisão judicial transitada em julgado deve ter as mesmas consequências.

TRIBUNAL DE CONTAS DA UNIÃO (TCU). Plenário. Relator: Bruno Dantas, Data do julgamento: 21/08/2019, SUMÁRIO: REPRESENTAÇÃO SOBRE IRREGULARIDADES NA INSTITUIÇÃO E NO PAGAMENTO DO BÔNUS DE EFICIÊNCIA E PRODUTIVIDADE NA ATIVIDADE TRIBUTÁRIA E ADUANEIRA E NA ATIVIDADE DE AUDITORIA-FISCAL DO TRABALHO. IRREGULARIDADES RELATIVAS À INOBSERVÂNCIA DAS NORMAS DE FINANÇAS PÚBLICAS. OITIVA DO MINISTÉRIO DA ECONOMIA E DA SECRETARIA DA RECEITA FEDERAL. DETERMINAÇÕES E RECOMENDAÇÕES. EXPEDIÇÃO DE ALERTA PREVISTO NA LEI DE RESPONSABILIDADE POR MEIO DO ACÓRDÃO 1.840/2019-TCU PLENÁRIO. EMBARGOS DE DECLARAÇÃO. AUSÊNCIA DE CONTRADIÇÃO, OBSCURIDADE OU OMISSÃO. CONHECIMENTO E REJEIÇÃO.